認認真真講歷史

天涯社区人气佳作

西晋风云

卷三

全三卷

孙峰·著

中国文史出版社

图书在版编目（CIP）数据

西晋风云. 卷三 / 孙峰著. -- 北京 : 中国文史出版社, 2019.7

（认认真真讲历史）

ISBN 978-7-5205-1065-3

Ⅰ. ①西… Ⅱ. ①孙… Ⅲ. ①中国历史—西晋时代—通俗读物 Ⅳ. ①K237.109

中国版本图书馆CIP数据核字(2019)第066570号

责任编辑：刘　夏
封面设计：陈欣欣

出版发行：中国文史出版社
社　　址：北京市海淀区西八里庄路 69 号　邮编：100036
电　　话：010-81136606 81136602 81136603（发行部）
传　　真：010-81136655
印　　装：北京温林源印刷有限公司
经　　销：全国新华书店
开　　本：1/16
印　　张：19　　字数：328 千字
版　　次：2019 年 8 月北京第 1 版
印　　次：2019 年 8 月第 1 次印刷
定　　价：53.00 元

目 录

第十部　建兴悲歌

第九部 永嘉之乱

二一四　怀帝新政

如今，在司马炎的二十五个儿子中，只剩下了比司马衷还愚蠢的吴王司马晏和当今的皇上司马炽。

司马炽，这个司马炎最小的儿子，却很有些父亲司马炎之风。在诸王争斗最激烈的这六年中，司马炽一直低调做人，不交游，不贪权，每天都是抱着书本看书学习。如果不是风云际会，这个老幺是如何也不可能成为皇帝的，也许一辈子就是个优哉游哉的豫章郡王了。

公元307年，司马炽改元为永嘉元年，大赦天下，从此，历史步入了一个让后世永远铭记的年代——永嘉年间。

司马炽继位以后，以太傅司马越辅政，但是，年轻的司马炽面对着千疮百孔的帝国局势，也不甘心只做一个司马衷一样的任人摆布的木偶人，长期以来，晋惠帝司马衷根本无能力在朝堂之上讨论治国大计，也没有能力解决实际问题。司马炽登基以后，恢复了晋武帝时期的传统制度，在太极殿东堂听取大臣们的御前汇报；在宴会的时候，跟文武官员讨论政务，研究各类经典，探讨理论问题。黄门侍郎傅宣叹息说："今天，才又重现武帝时代的盛事啊！"

司马炽的这一做法，当然引起了野心勃勃的司马越的不快。

不过，在司马炽继位之初，新任皇帝和太傅还有一段短暂的蜜月期。当时，司马越的姑家表兄弟周穆是吏部郎，周穆的一个妹妹就是清河王司马覃的母亲，另一个妹妹嫁给了司马炎的诸葛夫人的弟弟诸葛玫（时任御史中丞），按道理说司马越也是清河王司马覃的表舅。因此，周穆就和诸葛玫商量劝说司马越废黜司马炽，而改立清河王司马覃为皇帝，他们的理由是："如今的司马炽被立为皇太弟，那是张方的主意。清河王本来就是皇太子，被司马伦、张方等人所废。先帝司马衷暴死，大家都怀疑是司马炽暗害。请您执行伊尹、霍光曾经做过的废掉皇帝的大事，来安定社稷。”司马越不同意。可是，这两个人鬼迷心窍，反复在司马越耳边絮叨，把司马越给逼火了，说：“难道这是你们该讨论的事情吗！”命令手下把二人推出斩首。拉到刑场，诸葛玫对周穆说：“你看我是怎么说你的？”周穆回答：“事到如今，还说那干啥！”这时，大家才明白主意是周穆出的，诸葛玫只是从犯。

由于周家和诸葛家都是大族，司马越也不想打击面过大，就上表司马炽，请求只处罚这两个人，不再株连他们的家族，并由这一个个案，申请废除株连三族的法律。株连三族之法，是司马懿为了打击对立面，制造政治恐怖而多次采用的严酷手法，至此被废除。

司马炽为司马颙和张方所立，司马越并无佐命之功，但是，司马越通过诛杀自己的表弟周穆以及周穆的妹夫诸葛玫，向司马炽表明了自己支持司马炽的态度，也想让司马炽暂时安心，并对自己心存感激。

然而，司马炽似乎并没有充分照顾司马越的感受，给予司马越足够的回报，他依然留心军国大事，亲自过问各种具体事务，这让司马越十分不快。

三月，司马越无视二十三岁的司马炽的生育能力，强行将清河王司马覃的弟弟司马铨立为皇太子。（关于此点，《司马铨本传》记载的时间是永嘉二年，也就是司马越在杀掉清河王司马覃以后，而《晋怀帝本纪》的记载却是永嘉元年的三月。）

在册立了司马铨为太子以后，司马越请求司马炽同意自己带领部队镇守许昌，对付日益严重的东部汲桑、王弥的叛乱。这明显是赌气行为，把大部队从首都全部带走，在许昌拥兵自重，剩下孤零零的皇帝守着洛阳城，不是想让皇帝被人弄死，又是什么呢?

司马炽当然不同意。

不过，此时的司马越决心已定，皇帝您同意也好，不同意也罢，我还是要走了。说是给您上表请求您批准，您还真的当真了，其实就是给你打个招呼而已。

就在永嘉元年的三月，也就是晋怀帝司马炽刚刚登基后的三个多月，司马越就带着晋国唯一一支尚具规模的部队离开了洛阳，浩浩荡荡地开往许昌去了。

司马越置皇帝的安危于不顾，断然离开洛阳去营护自己的老巢，这无异于向全体大臣公开了自己与皇帝的矛盾，也预示着未来帝国的皇帝和宰相将很难和平相处。

二一五　二定江南

就在司马炽上任之初，割据江南一年之久的陈敏政权却发生了危机。

发生危机的原因在于：陈敏作为没有名望的一介寒族，骤然之间登上大位，江南豪族虽然慑于兵威而暂时屈从，但是，内心很不服气。更何况外界舆论对于投身于陈敏的江东大族造成了巨大的压力，使得这些人的内心开始动摇。

本来就没有多少吸引力的陈敏政权，不仅政令不统一，而且，身处各郡的陈敏兄弟们却十分凶暴，为患当地，这直接与盘踞当地的江东大族产生了冲突，也更加剧了暂时投靠的顾荣等人的忧惧。

名气很大的庐江内史（《晋书·陈敏传》记载为东海王司马越的军咨祭酒）广陵人华谭对于顾荣等人投靠陈敏感到十分不满，到处宣扬顾荣等人的不是，让顾荣、甘卓等人心里很不爽。到了公元307年初，华谭更是直接给顾荣写信反复说明道理，他在信中说："石冰叛乱，朝廷犒劳陈敏的平叛之功，越级提拔，授予他上将的职位，寄希望于他能够为国效力。可是，此人却本性凶狠狡猾，没有大的见识，企图逆天而行，占据江南。……你们都号称为名士君子，深受国恩，有的列为近臣，有的位居地方官，君子当为了大义而生，你们怎能辱身立于奸人之朝，和叛逆罪臣同流合污呢！……即使是孙坚这样的能人，虽然在南阳建立功勋，但是也曾经兵败襄阳；孙策那么勇猛豪气，也在丹徒被杀，还有大帝孙权那么厉害的一个人，还要依靠慈母的教诲，张昭的忠诚，以及诸葛、顾、步、张、朱、陆、全等江东大家族的共同辅佐，才能在江南站住脚跟。如今，陈敏不过是一个凡庸下才，还想去学孙策、孙权，这是根本不可能成功的。皇帝的大驾已经回到了洛阳，很快就会命令大军前去讨伐，等到灭了陈敏以后，我看各位名士你们还有什么脸面再见中州的人士呢！……"

得到华谭义正词严的书信，顾荣等人心跳加速，面红耳赤，感到无地自容。

于是，周玘和顾荣秘密商定讨伐陈敏，他们派遣心腹渡江见到征东大将军刘准〔时驻寿春（今安徽省寿县）〕，让刘准兵临长江北岸，作出要渡江讨伐的样子，引诱陈敏将主力部队调出首都，这样，顾荣等人再从中取事。为了消除刘准的疑虑，周玘把自己的头发剪下，作为凭据。

刘准见信大喜，立即派遣扬州刺史刘机、宁远将军衡彦等率军进攻历阳（今安徽省和县）。

听到刘准要渡江讨伐，陈敏赶紧派遣弟弟陈昶（时任广武将军、历阳内史）及将军吴兴人钱广率军进抵乌江（今安徽省和县东北乌江镇），进行防守；并任命另外一个弟弟陈闳为历阳太守，率军戍守牛渚（今安徽省马鞍山市西南采石矶）。

此时，陈敏的一个弟弟陈处觉察出事情有点不对劲，就对陈敏建议把顾荣、周玘等人全部诛杀，以免他们反叛，但是，陈敏没有听从。

钱广是周玘的老乡，周玘秘密派人让钱广见机行事，在军中杀掉陈昶。钱广派遣自己的下属何康和钱象，趁着黄昏的时候，来到主帅大营谎称有军情汇报，陈昶接过二人送上的书信，何康趁着陈昶低头看信的一刹那，突然拔出佩刀，一刀砍了陈昶。

此招屡屡出现，看来，战争中主帅的自身警惕性必须要高，对于主帅的警卫必须要严啊。

钱广等人杀掉陈昶以后，走出帐来，高声对军士说：“建业城内已经把陈敏杀掉了，敢有动者诛三族！”

一时之间无人敢动。

然后，军中吹号角向周玘等人报信。

陈昶被杀、前线哗变的消息也同时传到了陈敏这里。

陈敏连忙派遣甘卓率军出横江，把能给的精兵、坚甲利器，全都给了甘卓。顾荣知道：陈敏虽然没有听从陈处的话杀掉自己，但是，陈敏的心中也许还有疑虑，顾荣故意去见陈敏，陈敏一看顾荣在如此危急时刻还来到自己身边护卫，悬着的一颗心马上落了下来，他对顾荣说：“你还去外面总招呼去吧，别只顾管我！”

顾荣这才“恋恋不舍”地离开了陈敏宫中。

出得宫来，顾荣赶忙找到周玘，二人来到甘卓的军中，一起做甘卓的思想工作："如果割据江东的计划能成，那我们肯定同心协力。可是，你看如今的局势能有成功的道理吗？陈敏只是一个普通人，原本就没有什么雄才大略，政令反复，心无定见，再加上他的那些个子弟们又一个比一个自以为是，失败是早晚的事。可是，你我却心安理得地给他做官，等到事情失败的时候，朝廷大军把你我的人头送往洛阳，标明逆贼顾荣、甘卓之首，那不只是咱自己小命没了，更会让后世蒙羞。这可不是玩的，能不早做打算吗！"

甘卓本来就是一个没有主见的人，他素来敬重顾荣，再加上陈昶已经被杀，如果不答应，也许自己的人头很快也将移位，在顾荣、周玘二人的反复劝说下，甘卓犹豫了好长时间，才点头表示同意。

不过，甘卓的女儿不是嫁给了陈敏的儿子了吗？甘卓还考虑到女儿的安危，他假装自己突然得了急病，派人到女婿的府上让女儿回家来看望自己，等到把女儿接出了城，甘卓这才派兵把朱雀桥截断，把船只收到秦淮河的南岸，跟周玘、顾荣以及前松滋国相纪瞻，开始联合攻击陈敏。

派出的两拨人马全部哗变，这让陈敏又羞又愧。

当初为什么没有听从弟弟的建议，果断地把顾荣等人诛杀掉呢？顾荣你好狡猾啊，刚刚还在我的面前晃悠，顷刻之间就成了贼首！还有这个甘卓，竟然忘记了一年以前的交情，忘记了儿女亲家的情谊，你以为你跟着别人屁股后面跑能有什么功劳？你不想想如果我陈敏割据江东成功了，能没有你的好处！

想到这里，陈敏急火攻心，盛怒之下亲自带领身边仅有的一万多护卫亲兵，出城前去平叛。

可是，等到陈敏的部队来到河边，却发现桥梁已经被毁，也没有船只渡河。

两军隔河对峙，陈敏正无计可施，只听对面甘卓、周玘部队的军士齐声大喊，开始瓦解陈敏军心："我们之所以投靠陈敏，就是因为顾荣和周玘追随他，如今，二位大人都已经心向朝廷了，你们还想怎么办啊？""赶快各自逃命吧！"

说得陈敏军心开始动摇，大家正在狐疑不定的时候，一幅经典画面出现了：

只见河对岸站出一人，大家一看正是那个江东名士顾荣。

顾荣潇洒地将白羽扇子一挥，那意思是说，你们还是早点各自逃散吧。

顾荣的扇子挥了两下，只见陈敏的一万多将士一阵骚动，最后是一哄而散，陈敏见状，身上连冷汗都没有了，两腿一夹，一个人骑着马掉头就往北没命逃窜。

他在江乘（今江苏省南京市东北）被捕，叹息说：“大家误了我，才到了今天。”

押到建业刑场，陈敏见到自己的弟弟陈处说：“是我辜负了你，你没有辜负我。”

陈敏在建业被杀，他的母亲、妻子也被杀，并被屠灭三族。

消息传来，江南各地诸如会稽郡（今浙江省绍兴市）等郡的豪强也一起发动，把陈敏所有的弟弟也都全部诛杀。

这就是周玘的二定江南，司马越听说周玘的事迹，招周玘为参军，但是，周玘拒绝应招，而是像上一次那样平静地回到家里。

二一六　并州刘琨

公元307年三月，新任平东将军周馥将陈敏的头颅送到了京师洛阳。这标志着江南又重新恢复了平静。然而，令司马越烦恼的除了朝中的英明君主司马炽以外，还有并州的刘渊，还有冀州的石勒、汲桑，还有死灰复燃的青州王弥……

就在前一个月，青州的王弥突然从山中出来，率众出现在青州地面，攻城略地，诛杀两千人，司马越派遣公车令（宫门接待官）东莱郡人鞠羡回到自己的老家做郡长，率兵讨伐王弥，却被王弥击败，并阵亡。

司马越出镇许昌，也是以自己的藩国东海国受到王弥威胁为由的，不过，在他出镇许昌之前，需要先把朝中的事情安排妥当，他做了以下安排。

一是，把显然没有能力的弟弟高密王司马略从纷乱的青州调到安全平静的荆州，任使持节、都督荆州诸军事、征南大将军、开府仪同三司。

二是，任命驻屯在许昌的弟弟南阳王司马模为征西大将军，开府，都督秦州、雍州、梁州、益州诸军事，代替死去的河间王司马颙镇守关中。

三是，改封弟弟东燕王司马腾为新蔡王，都督司州、冀州诸军事，镇守邺城。

四是，任命投靠自己的琅邪王司马睿为安东将军、都督扬州江南诸军事，假节，镇守建业。

此时，并州刺史刘琨已经上路，刘琨刚刚走到上党地区（今山西省黎城县西南），距离并州治所晋阳（今山西省太原市）还很远，可是，司马腾早已等不及了，也不等交接什么的，直接就率众仓皇从井陉（太行山八陉之一，今河北省井陉县西）东下。连年的饥荒让并州再也留不住一个人了，如今领头的司马腾走了，新来的刺史还没有到，谁知道刘琨能否顺利到达？失去了主心骨的人们只想跟随着司马腾东下。这些人中有州政府的将领田甄、田甄老弟田兰、任祉、祁济、李恽、薄盛等官员、民众，共约一万余人。司马腾也感到不好意思，对不住刘琨，就给这伙人起了一个奇怪的名字，叫作“乞活”，意思是我司马腾不是不讲义气，把并州的兵民带走，而是他们自愿跟着我到冀州讨生活来了。

过去，我们多次提到过刘琨，他做过贾谧的“二十四友”，也曾帮助过司马虓，不能不说是一时的活跃人士。但是，经历了人生的起起伏伏以后，此时的刘琨才闪烁出动人心魄的光辉，也才值得我们注目着，认真地看看他。

刘琨，字越石，中山魏昌人，是汉中山靖王之后，与刘备是一家。很小的时候都被人品评为“隽朗”，与祖逖的异母哥哥祖纳都因为雄豪而闻名天下。《晋书》有这样一段非常有趣的记载，说的是：东晋大司马桓温自视甚高，但却十分敬重刘琨，桓温常常自以为自己的雄姿风气堪比司马懿和刘琨，有人把他比作王敦，他都很不满意。等到桓温北伐回来，在北方正好得到一个老婢女，相问之下方知此女年轻的时候曾为刘琨的伎女，该女一见桓温，就潸然而泣。桓温莫名其妙，忙问原因，老婢女回答说：“大人和刘琨刘司空长得很像。”桓温闻言大悦，但是心里还是有点不自信，赶忙出去重新整理衣冠，自我修饰一番，然后又传老婢来问自己到底是真的像吗？这次，老婢女仔细看看，说：“脸庞长得很像，只是有点瘦薄；眼睛也很像，可惜就是太小；胡须也很像，可惜就是发黄；个子也很像，就是没人家高大；声音也很像，就是没有人家的雄气。”桓温一听，当时把帽子也扔了，衣服的带子也解了，回屋倒头就睡，连着很长时间见人都噘着嘴，满脸的不高兴。

可见刘琨是何等的豪气，也是何等的迷人。

刘琨年少的时候就抱有很大的志向，善于结交比自己能力强的人为友，但是，刘琨的缺点也是十分明显，那就是沾染了西晋高层士大夫的那种奢靡浮夸之气，嗜好声色，尤其喜爱并精通音乐。他与祖逖同为司州主簿，两人私交甚好，在历史上留下了著名的“闻鸡起舞”的典故。等到后来祖逖被司马睿委以北伐重任，消息传到北方，刘琨与亲友写信称：“我枕戈待旦，志在灭胡，经常恐怕落到了祖生的身后。”两人一南一北，是如此的以报国意气相磨砺、相期许。

而此时的并州（今山西省中部）灾荒饥馑，又不断受到汉赵帝国〔首都黎亭（今山西省壶关县西南）〕军民的抢劫，郡县没有自卫能力。仅仅残留不满两万户人家，而又遍地盗匪，路断人绝。也就是此时，刘琨写下了著名的《扶风歌》："朝发广莫门，暮宿丹水山。左手弯繁弱，右手挥龙渊。顾瞻望宫阙，俯仰御飞轩。据鞍长叹息，泪下如流泉。系马长松下，废鞍高岳头。烈烈悲风起，泠泠涧水流。挥手长相谢，哽咽不能言。浮云为我结，归鸟为我旋。去家日已远，安知存与亡。慷慨穷林中，抱膝独摧藏。麋鹿游我前，猿猴戏我侧。资粮既乏尽，薇蕨安可食。揽辔命徒侣，吟啸绝岩中。君子道微矣，夫子故有穷。惟昔李骞期，寄在匈奴庭。忠信反获罪，汉武不见明。我欲竟此曲，此曲悲且长。弃置勿重陈，重陈令心伤。" 全诗辞旨愀怆悲壮，千载之下，感人犹深。

刘琨一面停留在上党郡招兵买马，一面上书皇帝，他在上表中说："臣在光熙元年九月末从洛阳出发〔《晋书·刘琨传》在此表以前说是永嘉元年，根据《晋书·晋怀帝本纪》记载'永嘉元年三月……并州诸郡为刘元海所陷，刺史刘琨独保晋阳'句，结合此句九月出发，可以推断刘琨是在永嘉元年（公元307年）以前，这个九月当是光熙元年（公元306年）的九月，可见《晋书·刘琨传》记载错误。〕，山路险峻，胡寇遍布，总是以少击众，冒险前进，一路上辛苦备尝，危机四伏，如今到达了壶关。我刚刚到达并州州境，目睹了州内的困乏，贫苦百姓流移四散，十户不存二户，路上满眼携老扶弱流亡的人们。至于那些没有能力流亡的，更是困守家里，卖妻卖儿，生下的孩子也养活不了，丢弃于野，死亡的人一个接一个，白骨纵横在田野里。而胡人数万，满山都是，出门就会遇到抢劫，睁开眼睛就能看到强盗。现在只有壶关，能够买得粮食。而这里是并州通向中原的钥匙，地理位置十分重要，可是，独独的坚守此城，既不能出去砍柴，耕牛也没有了，还缺乏耕种的工具……并州虽说是靠近边境的州，但是，却直接连接着京师，南面通向河内郡，东边连接着司冀二州，北面捍御鲜卑，西面抗拒刘渊，这里还是出产强弓、良马、勇士的地方。请求给予此州谷五百万斛，绢五百万匹，绵五百万斤。"

朝廷答应了刘琨的要求。

然后，刘琨在壶关召集了近千人，他们一路往西北，转斗而前，根据《晋书·刘元海载记》的记载，当时，刘渊曾经派遣前将军刘景为使持节、征讨大都督、大将军率军在刘琨的必经之路上邀击刘琨，结果在版桥一战中被刘琨打得大败而逃，这样，刘琨才艰难地来到了晋阳。进得城里，满目疮痍，城内的房舍大部分都被烧毁，街上堆满了僵硬的尸体，活着的人也都饿得面无人色，到处都是长得像树林一样的荒草荆棘，夜晚甚至白天四处游荡着成群觅食的豺狼，整个城市笼罩在一片死寂荒凉之中。

刘琨来到以后，立即组织赈济灾民，整修道路，建设府舍，剪除荆棘，掩埋尸体，招徕饥民。一股一股的强盗不时前来骚扰，刘琨的部队无力出门迎战，只能坚守在晋阳的城门与敌厮杀，而百姓则在城外拿着盾牌耕作，处境异常艰险。由于并州的饥馑，刘琨派人去离石刘渊的大本营说服同样饥饿困顿的流民，致使本来投靠刘渊的杂胡一万余落前来投降，弄得刘渊十分害怕，这也是刘渊离开离石，迁都蒲子的一个重要原因。

刘琨骨子里是豪爽奢靡的本性，自己时常感到也应节俭自励，老是痛下决心，可是，转眼就忘，还是故态复萌。他虽然善于招徕，但却不善于控驭部众，以致每天来投靠的人常达数千，而走的人也为数不少。不过，总的来说，刘琨逐渐在并州站稳了脚跟，受到当地各族民众的信任和支持，也正是刘琨的到来，稍稍改变了司马腾在时的处处被动局面。

二一七　冀州乞活

天灾人祸让流民遍及整个中国，而如何妥善地解决流民问题，已经成为晋王朝的一个重要的问题。

司马腾在离开并州的时候，不管他是基于什么样的考虑，可以说，对此作了有益的尝试。以“乞求生活”为号召，把没有组织的流民召集到政府身边，使之半民半兵，避免了流民无组织的流亡和被野心家所利用。这是因为，流民所到之处必然会与当地原住居民发生冲突，极易被野心家用作对付政府的力量，而把流民组织起来为我所用，一方面使这些流民有了依靠，另一方面，正是因为流民为了活命而乞食，没有后顾之忧，作战十分勇敢，的确是一个一举两得的做法。

司马腾离开并州、走到真定的时候，正值大雪纷飞，平地雪厚数尺，但是，在军营门前却有几丈空地雪融不积，司马腾见到以后，十分奇怪，就命人把那块地挖开，竟然发现地下埋着一尊一尺多高的玉马，司马腾以为这是一个好兆头，就把那匹玉马献给了皇帝。

这件小插曲也许预示着战无不胜、威名持续百年之久的“乞活军”的诞生，然而，却并没有改变作为这支军队最高统帅司马腾，乃至整个晋帝国的命运。

到达邺城的司马腾所面临的情形比并州好不了多少。

虽然，公师藩的反叛大军被丁绍和苟晞联合打散，并且，公师藩本人也被苟晞所杀，但是，逃回牧苑的汲桑和石勒在短暂的沉寂以后，又慢慢活跃起来了。因为，在乱世里什么都缺少，就是不缺少为了生存不得不落草的亡命之徒。汲桑任命石勒为伏夜牙门（听这名号就知道是专干夜间抢掠的活），率领牧人劫掠郡县，释放关押的犯人，招徕落草的小股强盗，部众人数逐渐又壮大起来。汲桑对外自号大将军，宣称要诛杀东海王司马越和东瀛公司马腾兄弟俩，替成都王司马颖报仇，汲桑封石勒为扫虏将军、忠明亭侯，常常以石勒所部为先锋，以庄平马牧场为中心，四处出击，攻略晋军。

东瀛公司马腾是公元307年三月被加封为新蔡王的，可是，仅仅两个月不到，汲桑的部队就黑压压地进抵邺城城下，此时的汲桑以石勒为前锋都督，纠合了曾为张泓（司马伦将）部将的李丰所部，联合进攻邺城。

司马腾第一时间接到了汲桑将要进攻邺城的战报，对此，司马腾似乎毫不介意，他对属下说：“孤在并州七年，其间，匈奴刘渊围城也不能攻克。如今汲桑不过是个小贼，不足忧虑。”他派遣魏郡太守冯嵩领兵前去迎击石勒，结果，冯嵩所部被石勒击败，随即，石勒、李丰等部队直奔邺城而来。

当时，邺城府库空竭，兵民困乏。但是，新蔡王司马腾本性却十分吝啬，王府中囤聚了大量从并州带来的资财宝物，就是舍不得给士兵发饷，祸到临头，司马腾才恋恋不舍地赏赐给士兵们几升米、几尺布帛，因此，士兵们都不愿意为其所用。

眼看冯嵩主力被汲桑石勒军击败，司马腾这才如梦初醒，他感到了末日来临，看看手下这些垂头丧气的士兵，他知道坐困邺城根本是不可能的事情，连忙带领属下、家眷弃城南逃。不过，还是逃得太慢了。

李丰率军紧紧追赶，咬住司马腾一行不放，终于追上了司马腾等人，乱军中，司马腾被杀。司马腾共有四个儿子：司马虞、司马矫、司马绍、司马确。司马虞十分骁勇，当他看到自己的父亲被杀，狂呼挺枪直取李丰，惶急之下，李丰被司马虞追得竟然跳到了水中而死。

这一天，司马腾的三子司马虞、司马矫、司马绍，巨鹿太守崔曼，车骑将军长史羊恒、从事中郎蔡克以及跟随司马腾逃亡的高门名士们又被李丰的手下杀戮殆尽。

当时，天气炎热，尸体很快发臭烂掉，后来，等到苟晞奉司马越将令率兵救援邺城的时候，已经找不到司马腾的尸首了。

兵不血刃进入邺城以后，汲桑部队大肆抢掠邺城的妇女、财宝，杀掉士民一万多人。邺城在三年前遭到王浚及其鲜卑乌丸骑兵洗劫以后的第二次洗劫。在洗劫完以后，汲桑这次做得更绝，他放一把火烧毁了整个邺城，大火一直烧了将近十天才熄灭。

汲桑不仅从邺城弄来了大批妇女、珍宝，而且，还把司马颖的棺材又从土里给挖了出来，他命人把司马颖的棺材放在车上，人模人样地遇到什么事情都在司马颖的棺材边禀报（司马颖死后还不安生），结果嘛，可想而知，事事肯定是司马颖都是同意的啦。

虽然汲桑的这一招蒙蔽了一些司马颖的旧将，但是，司马腾的手下——那帮在司马腾死后，真正成为无人管理的“乞活”们，却立志要替司马腾报仇雪恨，他们听从司马越的指挥，加入到了讨伐汲桑的军队中去。

攻陷邺城以后，汲桑乘胜南下，从黄河延津渡口渡过黄河，企图进攻兖州。

司马越闻讯大惊，立即作出如下部署：

一是，命令兖州刺史苟晞、王赞率军迎击；

二是，命令幽州刺史石鲜自北向南包围汲桑、石勒军；

三是，命令司马腾遗留下的“乞活军”协同作战；

四是，自己也亲率大军从许昌北上，屯军官渡，作为苟晞的后援。

汲桑不是没有领教过苟晞的厉害，那还是一年前，汲桑和石勒均在公师藩的军中，公师藩率军从白马渡河而南，也是遇到了战将苟晞，一战被苟晞打得大败，此战苟晞军阵斩了公师藩。那一战让汲桑如今仍然记忆犹新，从心底深处对苟晞感到畏惧。可能就是心理作用作怪吧。汲桑、石勒不战而离开面前的强敌苟晞，折往北面，突袭驻屯于乐陵（今山东省德州市境内）的幽州刺史石鲜。

遭到汲桑、石勒优势兵力全力打击的石鲜军，立刻瓦解，石鲜本人战死。“乞活军”田禋率五万“乞活军”前去救援石鲜，但是，石鲜军已经被击败，石勒乘胜迎战田禋，又击败了田禋的军队。接着，入掠平原国，山阳公刘秋被杀。〔刘协玄孙。刘协—子：刘冯（早死）—孙：刘康（二任山阳公）—曾孙：刘瑾（三任山阳公）—玄孙：刘秋（四任山阳公）〕。

苟晞跟踪追击。

八月，在东武阳（今山东省莘县南）遭遇汲桑，双方展开了一场激战，苟晞大破汲桑军，逼得汲桑退保清渊（今山东省临清市）。

那么，等待他的又是什么样的命运呢？

二一八 兖州苟晞

苟晞，可谓是西晋末年名震一时的名将。

他是河内山阳人，与司马氏是同乡，据后人考证，他的家乡应在今焦作市中站区府城街道（原朱村乡）北敬村和南敬村。

在此之前，他兵进邺城，救援司马模；兵出青州，把王弥打得满地找牙；在白马，一战而击斩公师藩；在平原郡（今山东省平原县）、阳平郡（今河北省大名县东北）一带与石勒对峙，大小三十余战，互有胜负。

苟晞的军队之所以能够取得这样的胜利，这与苟晞本人的性格不无关系。史料记载，苟晞此人精力十分旺盛，长期的官场经历使他对事务洞悉于心，处理起来得心应手，各种事务堆积如山，苟晞都能应对如流，属下不敢欺瞒。

同时，苟晞用法严厉，执法如山。苟晞的姨娘跟着苟晞生活，苟晞对姨娘十分尊敬爱戴，供养很是周到，姨家表弟也想当苟晞手下的将军，苟晞对他说："我执起法来是不徇私情的，你可不要后悔啊！"拒绝了表弟的请求。可是，表弟只想到当官的威风和权势，一心一意想当将军，并让自己的母亲去央求苟晞，苟晞无奈，只好把自己的表弟任命为都护。后来，表弟犯法，苟晞拿出代表皇帝的节杖，要杀掉表弟。姨娘闻讯跑到苟晞面前，亲自跪下给苟晞磕头哀求赦免儿子，苟晞置之不理，还是诛杀了表弟。杀掉表弟以后，他换上白色衣服，哭吊表弟，说："刚才杀你的是兖州刺史，现在哭吊弟弟你的是苟晞苟道将啊！"

就是这样一个人！

有人说苟晞所为，是在作秀。但是，如果一个人一辈子都能这样作秀的话，又有什么不好呢？毕竟自己的亲表弟被杀掉了，这是事实，也毕竟苟晞的这种不徇私情的行为对所部产生了巨大的震慑作用，这也是事实。那么，又有什么不对的呢？

常常想，人世间之所以纷纷攘攘，对事务有各种各样的解读和看法，大约只是形形色色的看客们自身的境界各不相同罢了，每个人总爱以自己之心度他人之腹吧。

话说远了，让我们再回到那如火如荼的前线。

被苟晞打得人心惶惶的汲桑、石勒退到清渊以后，苟晞并没有给他们太多喘息的机会。

汲桑感觉即使身处高高的城墙之内还不安全，他又命人在城外建立不少营栅和堡垒，以增加防御纵深。

面对惶惶不可终日的汲桑所部，苟晞来到城外，安营扎寨，按兵不动，让士兵们充分休息，只派出一个壮士单骑接近敌人的营栅一一晓谕祸福。

听了苟晞使者的宣讲，汲桑部众十分惊恐，趁着夜色全部逃离了城外的营栅，回到了城内。

苟晞攻破汲桑、石勒九座营垒，（《资治通鉴》称八座）大败汲桑、石勒军，斩杀一万多人。

汲桑、石勒收拾残兵败将，准备逃往山西投奔刘渊。结果，在路上又被冀州刺史丁绍在赤桥（今山东省临清市境）阻截，再次受到重创。汲桑又一次往东逃回在平牧马场，石勒则往西逃到了乐平（今山西省昔阳县）。

冀州的变民已经溃散，太傅司马越遂回到许昌；加授苟晞为抚军将军、假节、都督青兖诸军事（青兖军区司令），封东平郡侯，食邑一万户；加授丁绍为宁北将军、假节、监冀州诸军事（冀州军区司令）。

如今的苟晞可谓是如日中天，他转战青州、兖州、冀州，把公师藩、王弥、汲桑、石勒、吕朗等击灭的击灭、打散的打散，居功至伟。因此，被朝廷视为中流砥柱，甚至有人把苟晞比作韩信、白起再世。司马越也对苟晞感恩戴德，与苟晞相互之间拜见对方的母亲（升堂拜母），结为异姓兄弟。即便如此，苟晞也深知，如今的朝廷内部各个阶层、不同阵营钩心斗角，政治混乱，他在兖州任上生怕受到朝中权贵的陷害，每次得到珍宝，都送给洛阳城里的亲贵大人们。其实，苟晞之所以这么做，和杜预的心态是一样的，不求为福，但求无祸罢了。兖州距离洛阳有五百里地，苟晞恐怕送去的食物不鲜美，就买来了一头千里牛，每次去洛阳送礼物或者书信，都是早上去，晚上就回来了，过了一段时间，苟晞很奇怪这牛怎么那么厉害，他好奇心大增，想看个究竟，后来就把牛给杀了，剥开牛鞬果然与寻常的牛不同。

不过，即使苟晞再三讨好，还是免不了小人离间。

司马越的司马潘滔（就是那位给司马越出主意，让张方残害司马乂的那位爷），就给司马越建议道："兖州之地处于交通要冲，魏武帝曹操就是以兖州为据点而拿下天下。苟晞素来怀有大志，不是一位纯粹忠心的大臣，如果让他长久地占据兖州的话，那么，将会是朝廷的心腹之患啊。如果把他迁往东北面的青州，给他升官的话，苟晞肯定会高兴的。大人您自己担任兖州刺史，这样一来，就可以防患于未然了。"其实，小人和君子的区别并不大，小人也是形形色色，小人也是聪明伶俐，他们的区别就是在一个特定的时期，君子所想更多一点的是为国家和民族，小人想的更多的是小团体、小利益。你看，潘滔这个害人精多会说话啊：先说兖州的重要性，说的时候以一个篡夺了汉室江山的曹操作为例子，这不但立即引起了司马越的警惕，而且，也让这个自己有心篡位的司马越更是产生要回兖州的强烈欲望；其次，说苟晞不是一个"纯臣"。纯臣这个词又很模糊，他既可以指人的道德有瑕疵，又可以指此人会图谋不轨，犯上作乱。苟晞个性方面的确有不少缺点，比如严酷、屠杀等等，从个人道德修养上来说，的确不纯，不过，潘滔绝对没有证据说苟晞会图谋不轨。但是，潘滔用这个极易产生歧义的词，再加上前面的渲染，对司马越无形中产生心理上的暗示。然后，潘滔又给司马越指明了一条出路，并且保证这条明升暗降的出路，苟晞肯定会欣然接受！

司马越听后果然接受，升苟晞为征东大将军、开府仪同三司、加侍中、假节、都督青州诸军事，领青州刺史，晋侯为公。

那么，我们要问，为什么潘滔要这样对付苟晞呢？难道说苟晞抓住了潘滔什么把柄了吗？

可以肯定的是，没有。唯一能够解释得通的是：小人喜乱乐祸，见不得别人得意，尤其是过去地位比自己低的人或者是自己在心理上一直自我感觉高于人家的那个人，突然有一天飞黄腾达了，小人就失落了，嫉妒了，根本不从大局出发好好想想，如今的晋朝局面除了苟晞还有几个人能够支撑？不是去以心换心，极力拉拢，反而去落井下石。

这就是那些个所谓"聪明"的小人所为。

二一九　坐镇江南

司马越除了自领兖州刺史，自为丞相，都督兖州、豫州、司州、冀州、幽州、并州共六州诸军事，任命和郁（和峤之弟）代任冀州刺史，镇守邺城，并把自己的内兄裴盾安排为徐州刺史，巩固自己的后方。

这个裴盾，是玉人裴楷的侄儿，父亲裴康是裴楷的二哥。司马越的老婆是裴盾的妹妹，因此，让裴盾处于这么重要的位置。裴盾上任以后，委任长史司马奥，司马奥劝说裴盾严刑峻法，确立威信，裴盾听从了，征发老百姓当兵，不从的，一旦发现，就被砍头，弄得上至徐州的官吏，下到徐州的百姓，到处都是埋怨之声。

再说司马越任命内兄裴盾为徐州刺史以后，原驻守徐州的平东将军、都督徐州诸军事司马睿，听从了王导的建议，找到司马越的老婆裴妃，请求镇守扬州，裴妃在司马越耳边一吹枕头风，转眼之间，永嘉元年（公元307年）七月，司马睿就被任命为安东将军，都督扬州诸军事，假节，镇守建业。关于司马睿镇守建业这一过程的曲曲折折，《魏书》记载得比较详细：司马越密谋迎接晋惠帝从长安返回之时，任命司马睿为平东将军，监徐州诸军事，镇守下邳；接着，又加为安东将军，都督扬州诸军事，假节，应当镇守寿春（《太平寰宇记》卷一百二十九寿春条记载，因为东晋简文帝司马昱的母亲名字叫阿春，为了避讳，其后才改名为寿阳），但是暂时仍然驻守下邳；等到司马越西迎惠帝，让司马睿担任留后；本当迁镇江东，但是正遇上陈敏之乱，司马睿以自己的兵少为由而停驻下邳；等陈敏死后，这才到建业上任。

司马睿，字景文，是琅邪王司马伷的长孙，他的父亲是司马伷的长子司马觐。司马睿于晋武帝咸宁二年，也就是公元275年生于洛阳，到今年的永嘉元年，时年三十三岁。

东晋元帝司马睿像

关于司马睿的身世，是历史上有名的一桩公案，因为这桩公案涉及晋朝的国祚，所以被人盛传——有着一种“牛继马后”的有趣说法。

《晋书·元帝纪》记载：“初，《玄石图》有‘牛继马后’，故宣帝深忌牛氏，遂为二榼，共一口，以贮酒焉，帝先饮佳者，而以毒酒鸩其将牛金。而恭王妃夏侯氏竟通小吏牛氏而生元帝。”《魏书》卷九十六更是直接说：“僭晋司马睿，字景文，晋将牛金子也。初晋宣帝生大将军、琅邪武王伷，伷生冗从仆射、琅邪恭王觐。觐妃谯国夏侯氏，字铜环，与金奸通，遂生睿，因冒姓司马，仍为觐子。由是自言河内温人。”《宋书·符瑞志》记载：“先是，宣帝有宠将牛金，屡有功，宣帝作两口榼，一口盛毒酒，一口盛善酒，自饮善酒，毒酒与金，金饮之即毙。景帝曰：‘金名将，可大用，云何害之？’宣帝曰：‘汝忘石瑞，马后有牛乎？’元帝母夏侯妃与琅邪国小史姓牛私通，而生元帝。”

这是东晋并非司马氏的直接证据。

不过，根据牛金的年龄概算，《魏书》称司马睿就是牛金的儿子显然是错误的，因此，《晋书》称夏侯光姬（铜环）私通的那位王府小吏姓牛，倒比较可信。不过，《旧唐书·元行冲传》记载，元行冲却以为北魏的昭成帝名叫拓跋什翼犍，犍的意思就是被阉割过的公牛，因此，北魏继晋受命，应当是应了“牛继马后”的预言，这似乎也是北朝人为了证明自己正统性的一种说法，仅是一家之言，大多数的人还是比较倾向于相信东晋为牛继马后，甚至于明朝思想家李贽在他的《藏书》中就直接称东晋为“南朝晋牛氏”。

上面所说的谶纬之学，说白了，就是对未来的一种政治预言书。在两汉时期比较盛行，谶是秦汉间巫师、方士编造的隐语，纬是汉代迷信附会儒家经义的一类书。例如，“亡秦者胡”“刘秀当为天子”“代汉者当涂高”等等，东汉建初四年（公元79年），汉章帝还主持召开了一次全国经学讨论会，由班固整理成《白虎通德论》，以法令形式将谶纬之学定形，和正统经书具有同等的地位。

司马懿是很迷信的，他看到当时的谶纬书《玄石图》上有“牛继马后”的字样，就十分担心，思来想去，只有曾经为曹仁手下猛将的牛金比较可疑，于是，就发明了阴阳转向酒壶，请牛金喝酒，酒壶里却装着毒酒和没有下毒的酒，在酒壶里是分开的，倒酒的时候，给自己倒的是没有下毒的酒，然后机关一转，给对方倒的却是毒酒，用这种办法将牛金毒死。

一代名将牛金莫名其妙地死去，司马懿似乎也释然了。

不过，天道幽远，区区人怎能参透？他如何能够知晓：若干年后，夏侯光姬与俊俏的小吏小牛私通，生下了司马睿，而这个“牛睿”竟然继承了司马氏的衣钵。

从史料记载透露出来的一些蛛丝马迹来看，似乎司马睿是私生子的传闻，在东晋时期的士大夫们中间已经是一个不争的事实。史书记载，司马睿年轻的时候低调做人，故意不显山不露水的，大约也是母亲的教诲吧！夏侯光姬是夏侯湛的亲妹妹，夏侯家族在司马氏篡权的过程中，与曹氏家族同样是被排斥的，因此，夏侯湛在政治上是失意的，不过政治的失意正好让人更多地关注自身的享受，史料记载：“湛族为盛门，性颇豪侈，侯服玉食，穷滋极珍。”可见，当时的夏侯湛家是何等的奢侈。身为这样一个大家庭的贵族小姐，嫁给司马觐以后，独守空房而与小吏私通，在西晋当时比较开放的社会风气下，这似乎不是没有可能。不过，如今要真正弄清楚司马睿到底是谁的儿子，这似乎是一个永远也不可能有最终答案的问题，历史上的很多有趣的传闻，我们只能姑妄听之。

刚刚经过陈敏战乱的江南，强宗大族依然故我。过去我们说过，江南著称的大族有会稽的虞、魏、孔、贺四姓；吴郡的朱、张、顾、陆四姓；丹阳的朱、纪两姓；阳羡（今江苏省宜兴市）的周姓等等，他们在平定石冰、陈敏中起到举足轻重的作用，那么，能否在江南站稳脚跟，关键取决于江南大族是否愿意与你司马睿合作。

司马睿过去根本没有什么名气，江东人士对他深怀轻视，司马睿到任一个多月，江东士大夫没人主动前来晋见，更不可能与之合作了。对此，王导十分忧虑。正巧，王导的堂兄王敦（此时的王敦大约还是侍中，或者无职，要不然千里迢迢从洛阳来建业，就为给司马睿祝贺？）来朝见司马睿，王导对王敦说：“琅邪王司马睿仁德虽然很厚，但是名望历来很轻，哥哥您素来威风八面的，大家都知道您，请你想个法子。”接着，十月，（《晋书·王导传》记载是三月上巳日祭祀，但是与《资治通鉴》称司马睿是九月到达建业的不相符，大约是老字十月之误吧。）司马睿要到水边观看祭祀鬼神，王导就建议司马睿坐在没有篷盖的大轿，卫队壮观森严，而王敦、王导以及中原来的知名之士，都骑马随从。纪瞻、顾荣等江南的名士看见，都大为震惊，纷纷在道旁参拜。王导遂劝司马睿说：“古代的王者，没有不礼拜致敬老者，每上任一处，都是要存问风俗，谦虚谨慎，倾心结交英雄。况且如今天下纷乱，九州分裂，江南草创，正是急于用人之际。顾荣、贺循是本地的人望，应该与他们结交，来凝聚民心。他们二位肯来，其他的人没有不来的。”

于是，司马睿使王导亲自去贺循、顾荣家里拜访，二人都接受了延聘，司马睿遂任命贺循当吴国内史（今江苏省苏州市郡长），顾荣当军司（参谋长），加授散骑常侍，凡有关安东将军府及扬州（今安徽省中南部及浙江省）州政府的事情，司马睿都跟这个曾经“挥扇败万人”的顾荣磋商。慢慢地吴地的豪杰也都来到了司马睿的身边，司马睿又任命纪瞻当军咨祭酒，卞壶（被司马乂杀掉的卞粹之子）当从事中郎，周玘当仓曹属，琅邪国（今山东省临沂市）人刘超当舍人，张闿（张昭的曾孙）、孔衍当参军。司马睿初到时，常常贪杯饮酒，荒废政事。王导劝他，司马睿当即命人把酒杯斟满（司马睿有时候很幽默，让王导和我们大家以为他又要痛饮呢），又泼到地上，作为誓约，从此戒绝。

不过，即便如此，南人与北人之间的鸿沟一时半会尚难以填平，这种南北人士相互之间的对立和轻视是长期形成的。比如，《魏书》称：“中原冠带呼江东之人皆为貉子，若狐貉类云。巴、蜀、蛮、獠、溪、俚、楚、越，鸟声禽呼，言语不同，猴蛇鱼鳖，嗜欲皆异。江山辽阔将数千里，睿羁縻而已，未能制服其民。”与此相互印证的是《三国志·蜀志·关羽传》注引《典略》记载，身为北人的关羽也称吴人为“貉子”；投降晋朝的吴国皇族孙秀的老婆也曾经骂过孙秀为“貉子”。而南人同样对北人是鄙视的，《世说新语·方正》记载一件事情很有代表性，说的是王导刚到江左的时候，为了结好吴人，想和陆玩（陆机的堂弟）结为儿女亲家。陆玩回答："俺这小土丘上长了您那样的松柏，香草和臭草不能放在同一个器皿里面。我陆玩虽然不才，但是，绝不会做败坏纲常、门不当户不对的事情！"拒绝得很干脆，话也说得很难听。

这种对立随着越来越多北人南渡而更显尖锐，以致等到司马睿登基以后，还心怀不安。《世说新语·言语》记载，一次，司马睿很有策略地对江南名士代表顾荣说："我寄身在别人的国土上，心里常常感到惭愧。"顾荣赶紧跪下说："臣下听说帝王以天下为家，因此，商朝国王住在耿地（今河南省温县东）、亳地（今河南省商丘市北），并无固定的国都，周王的九鼎也曾经从镐京迁到了洛阳，愿陛下您不要把国都迁到南方这件事放在心上。"

有鉴于此，王导建议司马睿结交贤士要谦恭，开支消耗要节俭，政治措施要清静无为，用以安抚原住民的乡土人士和渡长江投奔而来的侨客。就这样，江东群众从内心对司马睿感到不错，司马睿在吴地的基础也慢慢地稳定下来。

二二〇　重新布局

空缺的职位就得马上给补上。

《资治通鉴》记载，也就是在永嘉元年的十一月，司徒王衍感到了帝国局势有可能越来越坏，“覆巢之下无完卵”，他意识到将会危及自己的身家性命。这个名士此时虽然位居重臣，却丝毫不去考虑如何扶大厦于既倾，日夜盘算的是怎么样才能保全自己和自己的家人，他冠冕堂皇地对司马越建议说：“中国正在大乱，朝廷所能依靠的全在地方大佬，必须要选拔任用能文能武的人才担任刺史才是。”于是，任命弟弟王澄为荆州刺史、持节、都督，领南蛮校尉；任命族弟王敦为广武将军、青州刺史。王衍对王澄、王敦说：“荆州有长江汉水做屏障，青州有紧接大海的险要，你们两个在外，我在朝中，这就是所谓的狡兔三窟啦。”

不过，根据《晋书·王澄传》的记载，任命王澄为荆州的事情是发生在惠帝的末年，而不是永嘉元年。关于任命王澄、王敦二人，还记述了一些细节：当时，王衍问二人到任以后，有什么方略，王敦回答：“这需要临事制变，不可提前回答。”而王澄则是夸夸其谈，算无遗策，让在座的听众都佩服得五体投地。（这的确让王敦很没面子啊！）王澄将要出发，全体朝臣都去饯行。这时候，一出滑稽剧上演了，而主角就是王澄本人。就在众人寒暄正酣、依依惜别之时，路边的大树上有一个鹊巢，王澄在众目睽睽之下，竟然脱掉衣服，爬上树梢，探手喜鹊窝，取出小喜鹊或者喜鹊蛋，拿着玩弄不止，一副苍凉寂寞的神态，好像身边的众人都是空气一般。刘琨看不下去了，他对王澄说：“您的外貌虽然爽朗潇洒，但是，内心却喜欢冒险偏执，这样处世，将死得很难看。”面对支离破碎的家国，刘琨是第一个反思自身过去荒诞人生的人，对于王澄如今的表演，在过去，也许刘琨还会像众多的人一样伸出大拇指赞许不已，然而，如今的刘琨只感到此种近乎儿戏的表演，是那么幼稚，可怜，可憎！

听了刘琨的这一番狠话，王澄怅然若失，默然不答。刘琨的话在王澄身上并没有起到太大的作用，王澄到任以后，酒虫作怪，终日酣饮，不过，王澄也不傻，他让曾为刘弘治中的郭舒（此人在刘弘死后，率领将士推举刘弘的儿子刘璠，讨灭了企图迎立逃难而来的司马颖为主的郭劢）为别驾，州事全权委托郭舒处理。荆州的大族领袖庾廞曾经酒后得罪了王澄，王澄大怒，让手下棒打庾廞。郭舒深知这棒子一旦打下，从此荆州大族与你王澄肯定是势不两立了，于是，他赶紧对左右呵斥道："使君喝得已经太多了，你们谁敢乱动！"王澄气急败坏地说："别驾，你发狂了吗？瞎说我醉了，我没醉啊！"让手下上前去掐郭舒的鼻子，用火烧他的眉毛，郭舒跪着默默地承受。过了一会儿，王澄慢慢平静下来，庾廞也因此得免。

话说远了。不过，还有一个问题，那就是，王衍狡兔三窟之计到底是像《资治通鉴》说的那样实施于永嘉元年（公元307年）的十一月，还是如《晋书·王澄传》记载的发生在惠帝末年（很可能是公元306年六月惠帝回到洛阳到十一月中毒之间）呢？根据《晋书·怀帝本纪》记载：永嘉元年三月刘琨当时已经到达晋阳；《晋书·刘琨传》的记载，刘琨在壶关的上表称公元306年九月末从洛阳出发的事实；根据《晋书·王澄传》刘琨送行王澄的记载；结合《晋书·刘弘传》推出，刘弘死时，司马颖还在新野，刘弘儿子刘璠是穿着孝服诛杀郭劢，赶跑司马颖的，刘弘当为公元306年七八月间去世，朝廷于刘弘去世以后，很快就任命王澄接替刘弘掌管荆州事务，这也是符合情理的。因此，我们可以断定，《资治通鉴》的记载是错误的，把这件事往后误记了一年，王澄、王敦被任命为荆州和青州刺史当在公元306年的八月份。同时，从王敦这方面，这样认定也才能说得通。因为，如果按照《资治通鉴》的说法，王敦在公元307年十一月被任命为青州刺史，那么，《资治通鉴》在本年的十二月，就又记载司马越让苟晞兼任青州刺史，随后，苟晞让弟弟苟纯代理青州刺史，王敦还没有走到青州，就又发生了这样的事情，这是不可能的。因为，根据《晋书·王敦传》的记载，王敦的确是做过了青州刺史，并且，当他从青州刺史卸任，史书还记载了一个细节：王敦的妻子是司马炎的女儿襄城公主（《世说新语》上称是舞阳公主），在王敦接到了任命他为中书监的命令以后，王敦把公主的一百多名侍婢全部配给手下的将士，为的是当时的青州大乱，好让将士们用心保护好公主！王敦是单车回到洛阳。这段记载说明，王敦是做过青州刺史的。并且，大概是王敦从青州刺史的任上卸任以后，顺便去到了江南，见到了司马睿，然后才折回到了洛阳。不过，关于王敦遣散侍女可能尚有其他的因素，《世说新语·纰漏》记载：王敦刚和公主结婚的时候，去厕所，看到厕所里放着一个漆箱，里面盛满了干枣，本来那是用来塞着鼻子以免难闻，虽说王敦也是琅邪王家的，也去过石崇的厕所，可是，毕竟还没有见过皇家气派，他以为是让边屙边吃呢，结果，一顿屙下来，竟然把一小箱子干枣都给吃完了；出了厕所，婢女举着金盘子装着水让他洗手，另一位婢女拿着琉璃碗，碗里盛着澡豆（用豆泥和药物制成的洗涤用品，类似如今的肥皂），王敦又一次以为是让他填肚子的，就把澡豆放到水中，一口喝完！婢女们无不掩口笑他。以王敦的性格，他奈何不了公主，但是，在此危急时刻，把一向骄傲的婢女们配给地位低贱的军士似乎也是一个冠冕堂皇的报复手段吧。

东南有司马睿，南边有王澄，不过，到了永嘉元年，司马越又官上加官，让在青州待不下去的弟弟司马略也来到了荆州，做了王澄的上司。而如今，北边呢，冀州的情况暂时好转些，尚书右仆射和郁已经接替了死去的司马腾，开始组织对汲桑的最后打击。

事实证明，往东跑就是死路一条，公元307年十二月二日，“乞活军”田甄、田兰、薄盛等率军，在乐陵郡（今山东省阳信县东南）给予汲桑以致命的打击，击斩了汲桑，并把汲桑随军携带的司马颖的棺材投到枯井之中，但是，等“乞活军”走后，司马颖的旧部又把它捞出来安葬，司马颖死后历经奔波，终于又一次入土为安了。

二二一 投奔刘汉

也许是性格使然，也许是心情郁闷，被“发配”到青州的苟晞脾气更加暴躁。

过去的他，还可以说是治军严整，在乱世中立威，如今，则不能不说是暴虐和嗜血。本来，青州就没有兖州安定，天师道在青州传播很广，王弥、刘灵又把青州搅得一塌糊涂，苟晞这样做似乎也是无奈之举，不过，异化总是在异化他人的同时，也在异化着自己，苟晞慢慢发展到一天不杀人心里都发痒难受，以致青州的老百姓们给他起了个外号，叫“屠伯”——嗜杀的大人。

此时的北中国形成了一个恶性循环：流民找食—叛乱—杀戮—更少的人耕作—更多的流民—更加没有食物—更多的叛乱……其结果是：还要更多的杀戮吗？顿丘太守魏植也被六万多流民裹胁着大肆抢劫兖州，苟晞不得不任命自己的弟弟苟纯代理青州刺史，抵抗着在青州的王弥和刘灵，自己则亲率大军西去无盐（今山东省东平县东）讨伐魏植，好在是很快把流民打散；而有样学样，暂时驻守青州的弟弟比自己的哥哥还嗜杀，老百姓说：“小苟严酷超过大苟”，不过，好在苟纯、王赞分别也击败了王弥和刘灵的流民。王弥和刘灵两人向远在并州的刘渊送去降表，刘渊分别任命王弥为镇东大将军、青徐二州牧、都督缘海诸军事，封为东莱公；任命刘灵为平北将军。

刘灵是何许人？

刘灵是阳平郡（今河北省大名县东北）人，从小贫穷微贱，但是却力大无穷，可以制服奔跑中的牛马。刘灵经常抚胸叹息说：“天啊，你什么时候才使天下大乱！”（这就是当政者任人唯亲的直接后果，没有笼络住英雄，那么，英雄就会走到你的对立面）等到公师藩起兵，刘灵也聚集壮士，自称将军，在河北省南部及河南省北部打家劫舍。陈寅恪先生根据钟嵘《诗品上·宋临川太守谢灵运》条中称，谢灵运小的时候送到钱塘杜氏家中寄养，而杜氏为天师道世家，故此，谢灵运名字中带一个“灵”字，结合青州当时为天师道广泛传播之地，断定刘灵必是天师道信徒。个人认为，可做一解，但据此就那么肯定，似乎有些武断。

此时的益州李雄和并州刘渊，被晋王朝统称为“二贼”。不过，益州李雄毕竟偏远，为疥癣之疾，而并州刘渊则是心腹大患。由于并州处于天下屋脊，正如刘琨所说，虽然是北连拓跋鲜卑，属于边州，但是，翻过太行山，顷刻之间就可以南下洛阳；东出井陉、壶关，眨眼就可以纵横冀中平原。不仅地理位置十分重要，而且，对周边的影响力也十分巨大。所以，兵败而逃的石勒第一时间就想到了西去投奔刘渊。

其实，根据刘渊起兵以后的表现，很多史学家推断，当时刘渊的力量绝不像他起事之初对臣下声称的那样“胡人以一当十”那么厉害，他北上则有晋阳坚城，西去是滔滔黄河，东出有壶关扼住咽喉，南进有太行挡住去路，刘渊占领不了东出的井陉或者壶关，那其实是个死地，如果晋朝全力围攻的话，等待刘渊的下场将会和好多年前的刘猛一样。连年的饥馑，加上并非所有的匈奴部众都服从刘渊，因此，从永兴元年（公元304年）起兵以来，直到永嘉元年（公元307年），在这长达三年的时间里，刘渊只是居处一隅，整天在山西南部地区满地找食，毫无作为。硬是晋王朝内部正热衷于如火如荼的内讧，无暇顾及刘渊，这才使他慢慢坐大。

虽然李渊暂时还没有什么，但是，他毕竟是树立在那里的一面旗帜，所有反抗晋政府的力量都往那里汇聚。王弥、刘灵如此，石勒也不例外。不过，此时的王弥和刘灵还只是遥领封号，而石勒则是要去投奔，原因是，石勒已经几乎输光了本钱，而王、刘二人还试图自立门户。

输光了本钱的石勒深知自己如今投靠刘渊，毫无分量。但石勒绝不是无能之辈，他想到了借贷，这个法子其实在他很早以前自己一贫如洗的时候，就想到过要贩卖别人为奴，此时只是习惯性地再试验一次罢了。当时，上党郡（今山西省黎城县西南）附近驻屯着一支匈奴部落，酋长叫张㔨督、冯莫突等，拥有部众数千人。石勒前往投靠，劝说张㔨督等：“刘单于起兵与晋政府作对，你拒绝听从他，自认为能一直这样独立吗？”张㔨督说：“不能。”石勒说：“如果不能自立门户，那么兵马应当有所归属。而今，你的手下都已接受了刘单于的赏赐和招募，大家经常聚集一起议论要归顺单于，你应该早作打算。”张㔨督本来就没有什么主意，听了石勒的恐吓，害怕手下背叛，杀了自己投降刘渊，倒不如自己先去投降去，于是，就和石勒两人偷偷离开部落，单骑投降了刘渊。头领都投降了，部众自然归降，石勒不费吹灰之力，就为刘渊平添了几千人马。刘渊封张訇督当亲汉王，命冯莫突为都督部大（司令），封石勒当平晋王、辅汉将军，统御张訇督等部众。但是，这还没有完，石勒是智慧还在继续发挥。他深知统御张訇督的几千部众，那只是刘渊的命令，但是，命令是一回事，要让这几千部众死心塌地地听命于自己则又是一回事。石勒又一次略施小计：第一步，他先是认张訇督为自己的兄长，这很好理解，以后我们就是一家人了，谁领你的部众不一样呢？第二步就很耐人寻味，他像汲桑给自己取名一样，也为自己的“大哥”取名（一般都是长辈给晚辈取名字的，这是不是很滑稽），既然是一家人，那你也姓石，上天让你遇到了我这个贵人，就叫你为“石会”吧。

石勒绝对是给点阳光就会灿烂的主。

已经在刘渊面前崭露头角的石勒，又一次叫刘渊刮目相看。上次，石勒毕竟说服的是同族的人（从张訇督和石勒的小名一样以及所在地域，张訇督的部众极有可能也是羯族），并且，在此之前，刘渊在张訇督的部众里也已经下了不少的功夫，所以，也不过如此而已。过去我们说过，魏晋时代，在并州、冀州、青州等地屯驻着很多大小不一的乌丸骑兵营，在乐平（今山西省昔阳县）也屯驻着一支这样的骑兵营。骑兵营的酋长叫张伏利度，共有部众两千余人，刘渊屡次征召，张伏利度就是不接受，刘渊也无可奈何。

这次，已经拥有数千之众的石勒又一次单身逃亡，前去投靠张伏利度。石勒见到了张伏利度，就谎称自己在刘渊那里犯法了，才被迫逃亡。此时的石勒也已经小有名气，张伏利度闻言大喜，二人随即结拜为兄弟，让石勒率部众劫掠。在抢掠中，石勒所向无前，勇不可当，这个中国历史上唯一的一位从奴隶到皇帝的人，自有其过人之处，令张伏利度的手下既畏惧又敬佩。石勒感到自己已经树立了威望，就找了个机会，半开玩笑，半认真地把张伏利度拿下，然后问大家：“今天我们要做大事，我跟张伏利度，谁能当头？”大家一致心甘情愿推举石勒。石勒看到自己胜券在握，就释放了张伏利度，率领张伏利度的部众回到了刘渊那里。刘渊加授石勒为督山东征讨诸军事〔山东（崤山以东）军区征剿司令〕，命他统领张伏利度的部众。

可以说，石勒投奔刘渊，等于是找到了一方兴风作浪的大河；刘渊得到石勒，就是借得了一条摧毁晋王朝的臂膀。

二二二　张轨定凉

正如吕思勉先生说的那样，“匈奴之众，虽云强劲，然在晋初，似已不甚足用，故刘渊初起时，必冒称汉后，冀得汉人扶翼也。”（见吕思勉《两晋南北朝史》第47页）吕先生进而说，当时，在刘渊的北部晋阳已经太过荒残，因此，刘渊也不想往北发展；而南下洛阳，实力又不行；几年以后仍然局促河东一隅，无所作为。如果没有王弥和石勒投奔，也成不了气候。可惜的是，当时的晋怀帝受制于东海王司马越，而司马越不仅无智无勇，而且还没有度量，与部下相互猜忌，搞不团结。各地诸侯也只有刘琨忠公，但是，晋阳却破败不堪，自守尚且感到不足，更不用说有所进取；苟晞、王浚，一个残暴，一个骄傲，都不是济世之才，才使得刘渊、石勒得逞。

不管怎么说，石勒的到来，的确给刘渊带来了转机。如果说在此之前，刘渊一直处于防守阶段的话，那么，从此以后，刘渊慢慢转入了反攻。其标志就是：刘渊派遣刘聪率部组织对战略要地壶关的进攻。

壶关县位于山西东南部，北有百谷山（今名老顶山），南有双龙山，两山夹峙，中间空断，山形似壶，且以壶口为关，而得名壶关。占领壶关，就把并州的刘琨与冀州的和郁分开，打通了通往冀中平原的门户，对于晋王朝来说，壶关是扼住刘渊东下的咽喉要道。因此，壶关之战对于双方来说都是至关重要的。

关于刘渊政权在永嘉初年的活动情况，史料的记载有不少矛盾之处。经过仔细对比，刘渊与晋帝国之间围绕壶关的争夺战，应该不止一次，第一次当属这次刘聪、石勒组织的壶关争夺战；第二次则要等到王弥、刘灵归降以后。

这次争夺战应该发生在刘渊即皇帝位以前。这是因为，根据《晋书·石勒传》的记载，此战之后，刘渊才即位，而《资治通鉴》却把壶关争夺战合二为一，放在了刘渊即位后的永嘉三年，似乎是错误的。而第一次壶关争夺战应该发生在永嘉二年，即刘渊即位以前。

回过头来继续说这次战役。

刘渊让石勒手下的七千人打前锋围攻壶关。并州刺史刘琨派遣护军黄秀（《资治通鉴》记为黄肃）、韩述等救援壶关，石勒率军迎击黄秀军，并在白田（《资治通鉴》记为封田，今山西省长治市北面）击斩黄秀，刘聪在西涧（今山西省长治市西）击斩韩述，于是，石勒顺势攻下了壶关。

壶关被攻下以后，刘渊军东出的门户洞开。

刘渊随即命令石勒与刘零、阎罴等七将军共率领三万人马，东出冀州掳掠人口，补充兵员。这支三万人的部队置大城市于不顾，只攻击魏郡、顿丘等地的堡垒，攻下堡垒以后，给垒主以将军、都尉的官职，共简拔了五万精壮补充军队，而对老弱秋毫无犯，部队纪律严明，士兵不敢私自抢掠，堪称模范军队。史书记载，刘渊的这支部队回军以后，“百姓怀之”。（此处时根据《晋书·石勒传》的记载，而《晋书·王弥传》《资治通鉴》的记载，这些事情都发生在刘渊即皇帝位以后。）但是，当石勒率军北上常山的时候，却遭到了王浚军的打击，被击败。

刚刚过去的永嘉元年就是如此的混乱。

这似乎预示着永嘉年间注定要以它的大乱让后世铭记下来。展眼就到了永嘉二年年初（公元308年），晋朝中央一次轻率的决定也险些把平静多时的遥远的凉州拖入大乱的边缘。

张轨已经在凉州刺史任上做了八年。

张轨，字士彦，是安定乌氏人（今甘肃省平凉西北），张轨年轻的时候与名士皇甫谧友善，两人一同隐居在宜阳女几山上。泰始初年，中书监张华见到张轨以后，说安定郡的中正蔽善抑才，没有发现这样的人才，于是，把张轨品评为二品——九品中正中的最高品，因为，一品是圣人，现实中是没有的。张轨后来看到天下渐乱，内心深处存有割据河西的打算，就私自占卜，占卜的结果是遇到了泰卦中的观卦，他大喜说：“这是霸王之兆啊。”就请求朝廷任命自己镇守边地。公元301年，朝廷任命张轨为凉州刺史、护羌校尉。张轨到任以后，依靠河西大族，以宋配、阴充、汜瑗、阴澹为心腹，维护着一方的平安。但是，到永嘉二年的时候，张轨却突然中风，说不成话，只好让自己的儿子张茂暂代州事。

西晋时期，在凉州有一种“张氏称霸凉州”的预言，流传很广。陇西内史晋昌的张越，是凉州的大族，自以为自己的才力足以担当这个预言，所以，一直阴谋代替张轨。当时，朝廷任命张越为梁州刺史，张越却称病拒不上任，他擅自回到河西，密谋策划代替张轨的计划。张越让自己的哥哥酒泉（今武威市西北面）太守张镇秘密联络秦州（今甘肃省天水市）刺史贾龛，请求朝廷以贾龛代替张轨；并请求朝廷以自己的死党尚书侍郎曹祛为西平（今青海省西宁县）太守，位于武威南面作为辅助力量。另外，他们联络了张轨的别驾麹晁，由麹晁前往长安去做南阳王司马模的工作，称张轨已经病得不行，请求贾龛去接任。

司马模征求贾龛的意见，贾龛蠢蠢欲动，将要接受，贾龛的哥哥说：“张轨是一时的名士，威名震于西土，你有什么能耐能代替人家呢？”

贾龛一听，就婉言谢绝了。

司马模又请求朝廷改任侍中袁瑜为凉州刺史。

张轨的治中杨澹听到这个消息，飞马来到长安，割下自己的耳朵，用盘子盛着交给司马模，极力为张轨申辩，说明张轨被人冤枉之状。

司马模这才又上表停止袁瑜的任命。

张越一看软的不成，决定铤而走险。

此时的凉州剑拔弩张，隐隐有两股阵营，张越一方的有：张越之兄张镇、新任的西平太守曹祛、凉州别驾麹晁、军司杜耽。张越让哥哥张镇发出檄文，让杜耽上表朝廷让自己当凉州刺史。

接到张镇的檄文以后，张轨先投石问路，他以退为进，下令说：“我治理凉州先后已经八年了，不能安定州境，正值中州变乱，秦陇有倒悬之急，加上自己得了大病，早就想到来让贤，只是责任重大，仓促之间还没有实现我的愿望。没有想到这些人竟然横生此变，真的是不了解我的本心啊。离开贵州，对于我而言，就像脱掉鞋子一样毫无留恋！”并装模作样地要派遣主簿尉髦带上奏表，请求朝廷赶紧派来新任刺史，自己将归老自己年轻时候曾经隐居过的宜阳。

长史王融、参军孟畅踩断写在木板上的张镇檄文，推开张轨卧室的阁门，面见张轨说：“如今朝廷多难，生灵涂炭，全靠您抚宁凉州。张镇兄弟胆敢图谋不轨，应该声讨他们的罪名，不能让他们的企图得逞！”

张轨无话可说，二人出来以后，就勒兵戒严。

正好，张轨的儿子张寔从洛阳回来（有那么巧合的吗？大约张轨在对外宣称退位的同时，已经秘密派人去京师唤张寔回来了，当时，张寔是固辞朝廷任命的骁骑将军，要返乡，这不能不让人有此猜想，以此倒推：原先张轨避贤让位的说法只不过是缓兵之计而已），大家就推选张寔为中督军，率兵西上讨伐张镇。

与此同时，张轨身边的武威太守张琠也派遣儿子张坦前往洛阳，上表说："魏尚和赵充国都是因为尽忠而被谗毁，这为史书所讥讽，应为今天之戒。顺阳老百姓思念刘陶，守在皇宫门口的有上千人上访，张轨刺史莅临本州，就像慈母对于自己的儿子一样慈爱，本州的老百姓对于张刺史也像旱苗对于春雨一样渴望，在下听到皇帝您听信了谗言，想要替换张刺史，本州的百姓就像失去了父母一样，群情大哗，如今胡人觊觎华夏，不应该再扰动一方了。"

张轨一点都不糊涂。

他一方面派人去朝廷那里争取支持，一方面采取以退为进的策略，让手下的人对自己尽心尽力；在让自己的儿子张寔为统帅动武的同时，又派遣张镇的外甥令狐亚前去瓦解张镇，先礼后兵。

令狐亚对自己的舅舅张镇说："舅舅您怎么不明白安危、成败？主公在西河威名素来很高，兵马如云，马上都到咱家门口了，这就好像烈火已经焚烧，却去坐等长江汉水的洪流、寄希望于远在越地的人们的帮助，又能有什么用处！目前，数万兵马已经接近郡境，今天只有投降，才能保万全之福啊！"

一席话把张镇说得泪流满面，只说："别人误导我啊！"委罪于功曹鲁连而杀之，亲自到张寔的军中请罪。

迅速平定了张镇，张寔又回军南下击败了西平太守曹袪，打跑了曹袪。

此时，张轨在朝廷上的工作也取得了进展。

晋怀帝和南阳王司马模都开始站在张轨一边，张坦从怀帝那里得到了皇帝的诏书，要求把曹袪杀掉。接到皇帝的诏书，张轨大喜，赦免了境内除了罪大恶极以外所有的罪犯，随即命令张寔率领尹赏、宋配带着三万步骑，名正言顺地讨伐曹袪，另外，派遣从事田迥、王丰率领八百骑兵为奇兵，从州政府所在地武威出发，自西南方向出石驴（位置不详），占据长宁（今青海省西宁市西北）。

曹怯派遣麹晁拒战于黄阪。张寔却没有正面迎击，而是避开以逸待劳的麹晁，绕道浩亹（今青海省海东市乐都区东），从东面进攻，双方战于破羌（今青海省民和县，为青海门户），此战，张寔大胜，杀掉了曹袪及其牙门将田嚣。

张越如丧家之犬，流亡到邺城。

为了对晋怀帝表示感谢，张轨派遣治中张阆往京师送去五千义兵、郡国秀才、孝廉、贡献的器甲方物等。

自此，凉州平定，凉州也完全控制在了张轨家族的手中，从此也奠定了前凉（张凉）王国的基础（因为，以后这里有很多凉国，为了避免混淆，个人倾向于用他们的姓氏和统治的范围去界定，不大愿意用“前后南北西”去称呼他们）。

二二三 王弥犯洛

公元308年年初的西凉局势危而复安。

无独有偶，这一年的洛阳同样叫人冒一身冷汗。

自太傅司马越自领兖州牧，并都督兖州、豫州、冀州、司州、冀州、幽州六州诸军事以后，他就把自己的丞相大本营从许昌迁到了鄄城，便于指挥这几个州的军事行动。尽管司马越身在朝廷之外，但是，远在洛阳的皇帝司马炽和新立的皇太子司马铨仍然让司马越不放心。一则是新上任的晋怀帝乾纲独断，令司马越不快；二则是如今的太子司马铨的哥哥前太子司马覃，也让司马越放心不下。因为，就在去年（公元301年）的年底，随着司马覃一起失势的前北军中侯吕雍、度支校尉陈颜等，就曾经阴谋迎立前太子司马覃为太子，尽管事情被司马越留在洛阳的官员及时发现，并在司马越的授意下，将司马覃软禁在金墉城，也就此避免了一场政治危机。但是，在司马越看来，留着司马覃毕竟是一颗定时炸弹，于是，司马越派人将司马覃杀死，司马覃死时年仅十四岁。

东面的青州巨贼王弥可谓是屡败屡战。

因为导致民变的根本原因没有消除，打散以后的流民，要想生存下去，除了再次聚集，别无他法。这也是王弥在数月以前被苟纯击败以后，又迅速恢复元气的主要原因。

这次，王弥兵威大振，他分遣将领四出，同时攻击青州、兖州、徐州和豫州，一下子把晋王朝给打蒙了，苟晞与之连战，不能取胜。

王弥不愧为武将世家，此时，他看到司马越移屯鄄城，晋帝国的主力部队都集中在兖州、青州地区，如果在此与晋军纠缠，吃亏的终将是自己，而此时晋帝国的国都洛阳却处于空虚之地，根据兵法“避亢捣虚”（避实击虚）之法，王弥迅速集中兵力沿着山东西南部、河南东部、中部这一条路线，从青州一路杀来，相继攻陷兖州的泰山郡、鲁国，豫州的谯郡、梁国、陈、汝南、颍川、襄城诸郡，最终攻陷了司马越原来的大本营，帝国数一数二的大都市——许昌。攻陷许昌以后，王弥大开府库，杀掉守令，夺取兵仗，此时王弥部队的人数已经发展到了数万之众。

许昌丢了，洛阳危急。

司马越赶紧从鄄城派左司马王斌率领甲士五千人火速前往洛阳救驾，司马越也因为鄄城城墙自行倒塌，而心生厌恶，他也率军向西移屯濮阳，接着，又再次移屯荥阳，距离洛阳近些。几个月来，这个司马越离开许昌，除了让王弥把自己的老窝抄了，什么也没有捞到。

对怀帝感恩戴德的凉州刺史张轨也派遣西凉都护北宫纯、张纂、马鲂、阴濬等率领州兵勤王。

在许昌休整了半个月，公元308年五月，王弥率军进入轩辕（今河南省偃师县南），在伊水之北，击败了晋军，洛阳城门和皇宫的宫门白天都是紧闭，人心惶惶。

晋怀帝司马炽任命司徒王衍为都督征讨诸军事、持节、假黄钺，总统防御军事。

五月十九日，王弥抵达洛阳近郊，在洛阳南城东头的第一门津阳门外扎营，构筑进攻前的工事。

而就在此时，两晋南北朝历史上第一场惊心动魄的战斗发生了。

只见洛阳城门徐徐打开，从城内走出一队一百余人（有说一千余人的）的壮士，他们每一个人都是身披多层的铠甲，一手拿着西凉独有的高达一点七米、宽约八十厘米的盾牌，另一只手则拿着西凉独有的长剑（从甘肃武威雷台汉墓出土的西凉长剑，形状呈柳叶形，刃长一点四五米，柄零点三米，重十二公斤，从形制上看，与中原流行的长约零点九米的双手长剑不太相同，浑似短柄长枪）。

他们缓缓从洛阳城中踱出，领头的人就是那位西凉都护北宫纯，他们是西凉剑士，西凉战无不胜的重甲步兵。

在他们的身后，是重新又紧闭起来的城门，他们依托护城河，夹门而阵展开了阵型，他们的阵型绝似罗马重装军团的布阵。很多年以后，人们从《汉书·陈汤传》的记载和《后汉书》记载："汉初设骊靬县，取国名为县"，开始了追寻消失了的罗马第一军团的足迹，人们猜测，在陈汤、甘延寿率四万将士西征匈奴于郅支城的时候，他们发现的那支奇特的“夹门鱼鳞阵”的重装步兵就是十七年前被击败的罗马第一军团的残部，此战汉军大胜，并俘虏一千余人，而当时汉朝对罗马的称呼是“骊”，这支被俘的罗马军团给西凉带来了与中国完全不同的战斗风格：长剑、重铠、投枪、鱼丽阵、斯巴达式大盾牌……

对于数万大军而言，这些人的出现无疑是一种挑衅，也是对王弥的侮辱。

“飞豹”王弥立即命令骑兵和步兵一齐朝这支小部队放箭，霎时间，箭如飞蝗，然而，那飞来的弓箭却穿不透西凉壮士的重铠和盾牌。王弥的骑兵蜂拥而上，在接近军阵以后，北宫纯一声令下，全军猛扑上去，给予敌人迎头痛击，杀得反叛军尸横遍野，落荒而逃。

北宫纯的西凉勇士初战告捷。

五月二十二日，王弥纵火焚烧建春门（洛阳东城北头第一门），向东退屯七里涧。王衍命令前将军曹武、左卫将军王秉率领城内部队，全力追击，在七里涧一战，又将王弥打得大败。王弥对刘灵说：“晋兵还比较强，我们往回走也无路可逃。刘渊过去在洛阳为人质的时候，我曾经和他玩得很好，如今他自称汉王，我想去投靠他，你看怎么样？”刘灵表示同意，二人带领残兵败将渡过黄河去投靠刘渊。

王弥渡黄河北上，与王桑会合，从太行第一陉的轵关（今河南省济源市西）抵达平阳（今山西省临汾市）。汉王刘渊派侍中、御史大夫在首都黎亭郊外迎接，他让转告王弥：“我亲自到将军下榻的宾馆，拂拭座席，洗净酒杯，恭候驾临。”王弥到后，二人相见甚欢，王弥趁机建议刘渊即皇帝位，刘渊大喜，任命他为司隶校尉，加侍中，“特进”（朝会时位置仅次于三公）；任命王桑为散骑侍郎。

赶走了王弥，西凉都护北宫纯并未善罢甘休，他率领西凉铁骑尾随其后，进军河东郡（今山西省夏县），并在那里击败了前来骚扰的汉国抚军将军刘聪。京师为之歌曰：“凉州大马，横行天下。凉州鸱苕（威猛的鸱鸟），寇贼消；鸱苕翩翩，怖杀人。”

二二四　纵横冀州

得到石勒、王弥、刘灵等人以后，刘渊的实力进一步增强。

侍中刘殷、王育建议刘渊："大王您起兵这么久了，但是还偏居一隅，王威未振。应该命将四处出击，北上杀掉刘琨，西进平定河东，即皇帝位，渡河攻克长安，定都关中，然后再以关中之众出潼关，席卷洛阳，这是汉高祖之所以能击败强大的西楚霸王项羽的原因啊！"

刘殷、王育之所以这样说，是与山西的特殊地理位置相关的。山西号称中原屋脊，对四周均具有俯瞰之势，占据山西全境，东可以挥师冀州、幽州；南可以通过太行山第一、第二陉进攻河内，进而通过河桥，进攻洛阳；西南占领蒲坂，就可以得到进攻关中的跳板，绕开潼关险隘，渡河进攻长安。二人的计划也是先占领山西的诸要地，然后进入关中。

刘渊听后马上表示同意，着手组织对河东之地的攻击，他派兵相继占领了司州的蒲坂（今山西省永济市）、平阳（今山西省临汾市西南）郡，晋河东太守路述战死，平阳太守宋抽弃郡而逃。刘渊随后又将大本营从壶关附近的黎亭迁回到了司州的蒲子（今山西省隰县东北八十里蒲子村，今属山西省交口县）。刘渊对河东的一系列攻势，让上郡（今陕西省延安市、榆中县以及内蒙古乌审旗等地）鲜卑陆逐延、氐人首领单徵十分害怕，相继归降了刘渊，其中单徵还将年轻貌美的女儿嫁给老刘渊。

在刘渊基本上控制了山西中部、南部的同时，在"先攻击弱小的堡垒，然后再攻击较强的郡县"这一正确的战略思想指导下，石勒也在冀州接连取得战果，在攻拔了冀州数十处民间自发组织的堡垒，简拔了五万名精壮以后，石勒实力大增。公元308年九月，石勒与王弥一起合力进攻邺城，征北将军和郁吓得弃城跑到了卫国。晋怀帝司马炽赶紧命令如今的豫州刺史裴宪（玉人裴楷之子）屯兵白马（今河南省滑县东）防备王弥，让车骑将军王堪屯兵东燕郡（今河南省延津县东北）抗拒石勒，平北将军曹武屯兵大阳（今山西省平陆县），以防备来自刘渊方向之敌。

受到一系列好消息的刺激，公元308年十月三日，刘渊在平阳即皇帝位，国号仍然称为“汉”，大赦境内，改元永凤。最先提出“全盘西化”这一引起广泛争议口号的陈序经先生，在他的名著《匈奴史稿》中提出，刘邦是在称汉王五年以后称帝，而刘渊也是在称王五年以后称帝，可见，刘渊是事事处处效仿刘邦的。称帝后的刘渊以儿子大将军刘和为大司马，封梁王；尚书令刘欢乐为大司徒，封陈留王；御史大夫呼延翼为大司空，封雁门郡公；儿子刘聪为车骑大将军；族子刘曜为龙骧大将军；宗室按照亲疏关系全部封为郡县王，异姓大臣根据功劳大小全部封为郡县公侯，以石勒为持节、平东大将军、校尉、都督；晋封王弥为征东大将军，东莱公——反正都是晋王朝的土地，指山卖磨的，花不了刘渊一分钱嘛。刘渊对于投靠的石勒、王弥等人给予了相当大的自主权，这固然使得他们拥有很大的自我发展的空间，但是，也埋下了尾大不掉的隐患。（不过，《十六国春秋辑补》卷二《前赵录》的记载与此稍有不同：“以卫军和为大将军，抚军聪为车骑大将军，建武曜为龙骧大将军；又以其大将军和为大司马，封梁王，尚书令刘欢乐为大司徒，封陈留王，御史大夫呼延翼为大司空，封雁门郡公，以延年为江都王。”）

刘渊正在论功行赏，身在晋阳的刘琨却没有忘记壶关——这个对于双方都具有极为重要战略意义的据点。

十一月一日，刘琨命令上党郡郡长刘惇（结合后面，此处似为庞惇之误），率鲜卑兵团攻击壶关，汉国镇东将军綦毋达战败，逃走，刘琨重新又拿下了壶关这一战略要地。

虽然刘琨再一次切断了石勒等人与刘渊本部的联系，但是，这并不妨碍石勒继续在冀州纵横驰骋。

和郁逃走以后，王濬之孙、魏郡郡长王粹依然坚守邺城，战斗是惨烈的。十一月八日，石勒大军终于攻陷了邺城，王粹退守邺城城西北的“三台”。

所谓“三台”，是指曹操于公元210年在邺城兴建的三个高台，中央一个叫铜雀台，高十丈，上面有一百零一间房子，为中台；南边的叫金雀台，高八丈，上面是一百零九间房子，称南台；北边的叫冰井台，也高八丈，有一百四十五间房间，为北台。

退守“三台”的王粹一直不降，直到战死。攻陷邺城以后，石勒紧接着又转兵扫荡赵郡，杀掉冀州西部都尉冯冲，在中丘攻杀“乞活军”的田禋、郝亭；又进攻巨鹿、常山二郡，杀掉郡将，并攻陷冀州一百多座堡垒，搜集兵士，壮大自己，人数多达十余万。

石勒在扩充实力的同时，没有忘记笼络汉族的士大夫们，他在自己的军营里专门设立了一个高规格的流动招待所，号称“君子营”，容纳汉族高级知识分子。这里需要特别提到一个为石勒问鼎中原立下汗马功劳的人——张宾。

张宾，字孟孙，是赵郡中丘人，父亲张瑶是中山太守，张宾年少好学，博览群书，曾经对自己的兄弟们说：“我自认为我的智谋不亚于张良，只是我没有能遇到像汉高祖刘邦那样的君主罢了。”当石勒大军来到常山的时候，张宾对家人说：“我看到的将军们太多了，只有这个胡人将军可以共成大事。”于是，提着宝剑，来到石勒的军门，大呼请见。刚开始的时候，石勒也并没看着他，等到相处以后，张宾算无遗策，石勒感到十分惊奇，从此引为参谋长，一举一动都要征求张宾的意见。

与此相反，小肚鸡肠的司马越却还在继续闹小性子。

本来“乞活军”是政府军的一个有力助手，是他们斩杀了汲桑，为司马腾报了仇，而石勒又杀了“乞活军”的两位重要将领田禋、郝亭，因此，战斗力很强的“乞活军”与石勒有不共戴天之仇。司马越理应认真安抚这支队伍，开始的时候，他也的确想到了这一点，他任命“乞活军”的田甄为汲郡太守，任命田兰为巨鹿太守，可是，田甄却想当魏郡太守，司马越不干，这让田甄十分恼火。在司马越屯兵荥阳的时候，他发书召“乞活军”的六帅（即田甄、田兰、任祉、祁济、李恽、薄盛）领兵前来会合，田甄等人予以拒绝。司马越大怒，不仅不去努力团结一切可以团结的人，反而去打击本来属于自己阵营的兄弟，他派遣监军刘望率领大军前去讨伐“乞活军”。

刘望渡过黄河，田甄不敌，往后撤退。面对刘望的大军，“乞活军”内部发生了分化，李恽和薄盛诛杀了田甄的弟弟田兰，率领部众投降了刘望；而田甄、任祉、祁济三人弃军逃奔上党。

二二五　排除异己

暂且不说司马越的内讧并发症，让我们再次把目光投向身在蒲子的刘渊。

此时的刘渊感觉良好，他还沉浸在登基后的喜悦之中。转眼就到了永嘉三年（公元309年），此时，刘渊正式登基已经一个多月了，就在这年的大年初一，荧惑星犯紫薇星。荧惑星就是火星，在中国古代占卜上以为，火星代表着战神，它经常时东时西，飘忽不定，一般来说，荧惑星聚集在哪里所代表的分野，哪里就会有刀兵之灾；而紫薇星，就是北极星，他是小熊座的主星，历来代表帝星。如今，在这个特定的日子，火星犯了紫薇帝星，当然是一个极其重大的天文现象。

刘渊的太史令宣于脩之不失时机地进言说："陛下你虽然登基了，但是，晋朝的余烬还没有完全消灭，不过，天象昭示，不出三年必克洛阳。只是我们身处蒲子，陛下您居住的地方还显简陋狭小，这里不是久居之地，而平阳曾经是唐尧所居住过的地方，应该迁居那里。"刘渊遂迁都平阳。

说来奇怪，迁都以后，就有人从汾河中打捞出了一枚玉玺，这枚玉玺是王莽时期所刻，上面写着"有新保之"四个字，捞上玉玺的人为了讨好刘渊，就在这四字后面加刻了"渊海光"三个字，连着读就是"有新保之渊海光"。

得到献上的玉玺，刘渊一看感到这里面肯定是说自己的事儿，十分高兴，就又一次的大赦境内，并改元为河瑞，（他的永凤年号仅仅用了两个多月）并封儿子刘裕为齐王，另一个儿子刘隆为鲁王。

公元309年的三月，司马越的弟弟、身为征南大将军的司马略去世了，晋怀帝任命名气很大的山简为征南将军，都督荆州、湘州、交州、广州四州诸军事，假节，驻屯襄阳。

山简，字季伦（和石崇的字一样），是山涛的第五子，也是山涛最小的儿子。山简二十多岁了，山涛也看不出他有什么出息，山简叹息道：“我都快三十的人了，家父竟然不知道我的能耐。”慢慢地有了些名气，与嵇绍、刘谟、杨准齐名，成为名士。在朝廷中倒是出了一些好主意，比如曾经建议朝廷注意选拔人才等等，不过，一到地方上，就变了一个样。当时，四方扰乱，只有荆州有刘弘长期镇守的底子，还稍微好些，所以，山简上任以后，啥事不做，只是优游卒岁，喝酒而已。荆州当地有一个习姓的豪族，有一个很好的园林，园林里面有一处池塘，风景优美，山简整天去人家那里喝酒，一喝就醉，为池塘起了个名字叫“高阳池”。当地的儿童们唱歌嘲笑他说：“山公出何许，往至高阳池。日夕倒载归，酩酊无所知。时时能骑马，倒著白接篱。举鞭问葛疆：何如并州儿？”葛疆是山简手下的爱将，家是并州人，所以，他喝醉了这样问人家——山简因此留下了山公酩酊、山公倒载等很多成语。

这下可好，荆州的最高长官是个醉汉，而荆州刺史王澄也是个醉汉。不过，王澄醉是醉，还知道把政事托付给郭舒，而这个山简却是个嫉贤妒能的主。别看他在朝廷上说起用人问题来，真是头头是道，可是，遇到实际却变了一副嘴脸。

高密王司马略镇守荆州的时候，还知道任用刘弘的儿子刘璠做顺阳内史，利用刘璠在荆州的威信镇抚当地，可是，到了山简，他知道刘璠深受当地群众的爱戴，竟然担心刘璠会被百姓们立为叛乱之主，就上表朝廷把刘璠征为越骑校尉。刘璠生怕自己走得慢了，被山简逼迫，甚至诛杀，接到任命，赶快只身来到京师洛阳，随后才派人回去迎接家眷。深服刘璠的流民头领侯脱、路难等人一路护送刘璠到京，然而辞别而去。自从刘璠离开荆州以后，江汉之间渐渐开始乱了起来。

善于排除异己、勤于内讧，是西晋官场上的通病，山简如此，司马越更是如此。身在荥阳的司马越早就对洛阳城内的皇帝司马炽心怀不满，理由当然还是在他出外这一年时间里，朝廷的诸多任命、决定并没有经过他这个太傅，同时，尚书省对于他的很多请求往往予以驳回，当然，那是在司马炽的授意下这么做的，这使他耿耿于怀。但是，他还不敢对司马炽本人怎么样，而是把一腔怒火发泄到司马炽的亲信身上。

也就是在三月十八日，司马越率领大军从荥阳突然返回了洛阳。他以太学作为自己的府邸，气势汹汹的要来问罪来了。

中书监王敦对他的亲信说：“太傅司马越独断独行，权高势重，但是对于太傅的任用官员奏请，国务院（尚书）仍按照过去的规章制度，加以批驳和限制。今天，太傅进京，恐怕会有所行动。”

如今的晋怀帝身边有一群自己的亲信：中书监缪播、太仆卿缪胤、散骑常侍王延、尚书何绥、太史令高堂冲等人。缪播、缪胤，本来是司马越的人，曾受司马越之托去长安说服司马颙和解，在患难中，与皇太弟司马炽结下了很深的感情，等到司马炽继位，被委以重任；散骑常侍王延是司马炽的舅舅，当然站在皇帝一边；何绥是何曾的孙子，在尚书省职责所在，也只能听命于皇帝。

越府的三才（刘舆被称为长才、潘滔为被称为大才、裴邈被称为清才）有两个刘舆（那个被称为油垢的人）和潘滔，都劝司马越把缪播等全部诛杀掉，其实，这两个所谓的人才，都是些刻薄狠毒之人，与司马越臭味相投，司马越当即表示同意，就诬陷缪播等图谋谋反——皇帝本人的亲信要谋谁的反？

三月二十六日，司马越派平东将军王秉，率领武装部队三千人突然闯入皇宫，就在晋怀帝司马炽面前，逮捕了缪播等十余人，司马炽悲愤难禁，泪流满面，唏嘘不已，他仿佛是缪播等人，也好像是对前来执行逮捕命令的士兵，更多的又像是自言自语地说：“奸臣贼子们，哪个世道里没有啊？不是从我这里开始，也不会从我这里结束，悲哀啊！”他紧紧地握着缪播等人的双手，迟迟不愿松开。（胡三省原注：“司马越因缪播兄弟，瓦解河间王司马颙，而今又杀缪播兄弟，权力斗争，可怕。”）这十余人被交付廷尉审讯，并全部被处死。王延有个爱妾荆氏，精通音乐，王延还没有入殓，刘舆就强行下聘；谁料想，好东西人人惦记，司马越府中太傅从事中郎王儁不等刘舆迎娶，提前把荆氏夺走，弄得刘舆竹篮打水一场空，御史中丞傅宣看不过眼，上书要求追究刘舆等人的伤风败俗行径，司马越偏袒刘舆，只是把王儁免官了事。

发动政变以后，司马越任命王敦为扬州刺史，司马越的长史潘滔对司马越说：“把王敦任命为扬州刺史，会使得他素来的豪强之心更加膨胀，是又树立了一个贼人。”司马越不听。

司马越诛杀皇帝亲信的行为，使司马炽与之矛盾达到了无法调和的地步，也让全体朝臣对司马越感到愤慨，因为，这些个被处死的人并无什么过错，人们都说：“善人是国家的标杆，如今却把他们杀掉了，你还能长久嘛！”

二二六 再克壶关

中国古代相信“天人合一”，天道幽远，我无法知道其中有多少的合理性。但是，就永嘉三年（公元309年）这一年来说，的确是一个在中国历史上少有的大灾之年：年初是奇异的天象；接着是天下的一幅乱局；最要命的是，这一年在全国范围内出现了罕见的大旱灾。

据史书记载，这一年的夏天，旱情竟然达到了这种骇人的程度：长江、黄河、汉江、洛水，全部断流！这四条大江大河均可以徒步穿过！谁能想象得出汹涌澎湃的长江竟然断流，大家伙一蹦一跳地就可以走过长江是什么概念啊！

而司马越似乎也想让司马炽断流。

他清楚地知道，把人家舅舅杀掉了，把人家患难与共的好朋友杀掉了，把人家的左膀右臂杀掉了，皇帝司马炽永远也不可能原谅你。为了彻底看死盯牢司马炽，司马越借口长期以来的每次政变都是由禁卫军发起的，让司马炽勒令原有的禁卫军军官中有侯爵爵位的，一律免职，以侯爵身份返回私宅；因为当时的禁卫军官全部都被封为侯爵，所以，等于是将原有的全部禁卫军官都逐出了宫廷，没有办法，大家只有流泪而别。然后，司马越让自己的封国东海国的上军将军何伦当右卫将军、王秉（《晋书·司马越传》上记载为王景）为左卫将军，率领东海国的数百名士兵，负责宫廷的警卫工作。实际上，完全是把晋怀帝司马炽软禁起来了。昔日威震华夏的晋王朝精锐的禁卫军再也看不到了，因为都被编入到了司马越的部队中去了。

司马越的专横跋扈立即引起了负面反应。

被罢免的左积弩将军朱诞对司马越痛恨之余，索性投奔了刘汉帝国，向刘渊详尽报告了洛阳的防御情况，并建议刘渊趁着洛阳防守空虚，出兵一举灭了晋王朝。在朱诞的劝说下，刘渊任命朱诞为前锋都督，灭晋大将军刘景为大都督，率军先攻下了黎阳（今河南省浚县）；又在延津（今河南省卫辉市东古黄河渡口）击败了晋车骑将军王堪的军队，刘景将被俘的男女老幼三万人驱逐黄河淹死（此时的黄河似尚未干涸）。刘渊得到这个消息，十分震怒，他说："刘景还有什么面目见我！这种暴行天道岂能容许？我所想铲除的，仅仅只限于司马一家一族，老百姓们能有什么罪过！？"立即将刘景贬降为平虏将军。

刘渊没有忘记眼前的壶关。占领壶关，控制上党，东下太行山可以经浊漳水谷地，越太行第四陉——滏口，进入河北平原；也可以往南，经过太行第二陉天井关，（关南即为及其艰险的太行坂道，称为"太行道"）南下河内。早在刘渊公元304年起兵之初，还蜗居在偏远的左国城的时候，他就曾派遣刘曜攻取上党郡的炫氏、屯留、长子，把目光瞄准了壶关，只是当时刘渊还无力一举拿下。今天，是再次拿下这一重要的战略据点的时候了。

他任命王弥为侍中，兼都督青、徐、兖、豫、荆、扬六州诸军事，征东大将军，青州牧；配合楚王刘聪，由石勒当前锋都督，大举进攻壶关。

司马越派淮南国内史王旷（王羲之之父）、将军施融、曹超，率军阻截刘聪等。王旷率军渡过黄河抵达黄河北岸，计划长驱而前。将军施融劝谏道："敌人据守险要，在有利的时机出击，我们虽有数万大军，但是在狭窄的地形上，只是一支孤军对敌，部队不能完全展开。因此，应该依靠黄河保护，仔细观察地形以后，再决定下一步的行动。"

王旷一听大怒说："你竟想扰乱军心！"

施融不敢再说话，他退出后说："敌人精于用兵，而王旷却不了解他所面对的情势，我们这些人是死定了。"

王旷等越过了太行山，跟刘聪南下的兵团相遇，在长平（今山西省高平市）附近展开了一场会战，结果，王旷军大败，施融、曹超阵亡，王旷生死不明。《十六国春秋辑补》还有一段记载，说的是：在长平之战中，刘聪的马被流矢射中，差一点被晋军俘获，李景年将自己的马交给刘聪，手持长戈奋勇前战，从而打败了晋军。

刘聪乘胜挥军一连攻陷屯留（今山西省屯留县）、长子（今山西省长子县），斩杀及俘虏一万九千余人。屯留和长子被攻陷以后，壶关完全成为孤岛，晋上党郡太守庞淳被迫献出壶关投降。庞淳投降以后，晋并州刺史刘琨另行任命都尉张倚为上党郡太守，政府设在襄垣（山西省襄垣县）。

为了减轻上党方向的压力，刘琨亲自率军攻击居住于新兴郡（今山西省忻州市）的铁弗部落刘虎。这个铁弗部落的来历是：匈奴部落右贤王刘猛公元271年叛变出塞，次年被杀以后，新任的右贤王挛鞮去卑之子刘诰升爰接管了他的部众。刘诰升爰去世以后，他的儿子刘虎继位，号称铁弗，铁弗部落不是纯种的匈奴，而是匈奴父亲与鲜卑母亲的后代，与拓跋鲜卑正好相反。此时，铁弗与并州的白部鲜卑都归降了刘渊的汉国。

刘聪看到刘琨出兵打击铁弗部落，想乘虚进攻刘琨的基地晋阳，但怎奈晋阳城高沟深，一时不能攻克。

与并州的战场几乎同时，身在冀州的石勒也四处出击，招降纳叛，大肆扩充自己的实力。

他派遣张斯率领骑兵远赴并州山北各郡县，说服当地的胡人、羯人部落，恩威并施，并州北部的杂胡久闻石勒的威名，很多部落归附石勒；然后，石勒进占常山，并攻陷中山、博陵、高阳等县，新投降到他手下的就有数万人。

此时的幽州刺史王浚已经上表晋怀帝，封段氏鲜卑酋长段务勿尘为大单于、辽西郡公，别部头领大飘滑以及渴末别部头领大屠瓮等人为亲晋王，因此，段氏鲜卑对王浚言听计从。

面对咄咄逼人的石勒，王浚坐不住了，他再次请求段务勿尘发兵南下抗击前来的石勒，鲜卑的十万铁骑又一次在王浚大将祁宏的率领下，推进至常山，此次，段氏鲜卑头领悉数出动，段务勿尘带领着他的儿子们左贤王段匹磾、段疾陆眷、段文鸯等猛将与石勒大军在飞龙山（今河北省元氏县西北、鹿泉市东南）展开了一场大战，鲜卑铁骑的确厉害，把石勒的常胜军打得大败，杀死石勒军一万多人，石勒一直败退到黎阳（今河南省浚县）。

然而，石勒并未把飞龙山惨败挂在心上，他在回军黎阳以后不久，又一次北上攻陷信都（今河北省衡水市冀州区），击斩了晋冀州刺史王斌。王浚遂自己兼任冀州刺史。司马炽下诏，命领车骑将军王堪、北中郎将裴宪率军北上讨伐石勒，石勒不敢正面迎击鲜卑骑兵，但是，对付晋军却游刃有余，他闻讯以后，立即烧掉军营，集中粮草，迅速南下回军迎战，驻军黄牛垒。晋魏郡（邺城，今河北省临漳县西南邺镇）太守刘矩被迫献出城池，投降了石勒，石勒任命其为中军左翼。

等到石勒主力部队回到黎阳，双方尚未交战，裴宪竟然吓得抛弃军队，逃奔淮南郡（今安徽省寿县）；裴宪一逃，王堪只好撤退到仓垣（今河南省开封市东北）固守。刘渊晋封石勒为镇东大将军、汲郡公，持节、都督、王如故，石勒坚决推辞汲郡公不受。

二二七　刘聪攻洛

在重新夺占壶关以后，刘渊就着手部署对晋国都城洛阳的进攻。

公元309年八月，刘渊派遣自己的儿子楚王刘聪、王弥等人率军进攻洛阳，刘曜、赵固等人作为后续部队。司马越急命平北将军曹武、将军宋抽、武部将军彭默等人率军阻截，均被刘聪击败，武部将军彭默被杀，众军皆退。司马越再派宋抽、司隶校尉刘暾阻击，又被刘聪打败。刘聪遂长驱直入，迂回进抵洛阳西南的宜阳（今河南省宜阳县西）。太傅司马越退回京城，刘聪等长驱到洛阳的西明门（洛阳西城南边第二门）。身在长安的平昌公司马模派遣将军淳于定、吕毅等，从长安驰援洛阳，双方在宜阳发生战斗，淳于定、吕毅等所率领的西军也被刘聪击败。刘聪接连获胜，自认为晋军不过如此，拿下洛阳只是时间问题，戒备松懈了下来。（《十六国春秋辑补》记载与此稍有不同，说的是当时在关中地区还有刘芒荡和五斗叟两股叛乱势力，司马模派遣将军淳于定、吕毅讨灭了刘芒荡和五斗叟；同时，司马模还派遣车骑将军王堪、平北将军曹武，自长安讨伐刘聪，战败以后，王堪等逃回京师。）

九月，晋弘农郡（今河南省灵宝市东北）太守垣延假装投降，选择勇士，利用夜色掩护，对宜阳的刘聪大营发动袭击，毫无防备的刘聪被打得晕头转向，死伤惨重，大败而回。回到平阳，刘渊穿着白色孝服，迎接败退而回的部队，可见此战刘汉帝国的损失是相当惨重的。

刘渊决不服输，刚刚惨败的刘汉帝国，立即着手征发士卒，重整军队，就在晋帝国刚想喘一口气的时候，刘聪又一次兵临洛阳城下。

与刘聪战败仅仅相距一个月不到，就在这年的十月，汉赵帝国皇帝刘渊再派楚王刘聪、征东大将军王弥、始安王龙骧将军刘曜、汝阴王刘景，率精锐骑兵部队五万人进攻晋帝国首都洛阳；由大司空刚穆公呼延翼率步兵作为后援。

十月二十一日，刘聪等挺进宜阳，晋帝国政府没有想到刘汉帝国军团竟这么快就卷土重来，大为震恐。

十月二十六日，刘聪军队进逼洛阳西明门。

又是北宫纯。

趁着刘聪立足未稳，晋帝国护军贾胤、凉州兵团督护北宫纯，率一千多名西凉壮士乘夜出城主动攻击，双方战于大夏门，这一千多名敢死之士在刘汉帝国军中如入无人之境，猛将北宫纯当场击斩汉帝国征虏将军呼延颢，刘汉军立刻被打蒙了，顿时大乱，接着，北宫纯所率的这支突击部队继续扩大战果，杀得刘聪全军溃败。

十月二十七日，刘聪向南撤退，远远地沿着洛水扎营。

接着，刘聪又进屯宣阳门，刘曜进屯上东门，王弥进屯广阳门，刘景进攻大夏门。

洛阳前线陷于僵持。

而随后赶来的刘汉帝国步兵军团却在进军途中发生了意外：十一月一日，已进抵大阳（今山西省平陆县）的步兵兵团，内部却发生了哗变，大司空呼延翼竟然被部下诛杀，军队自行溃散，逃回平阳。因此，刘渊命令身在前线的刘聪班师。

没有捞到丝毫好处的刘聪感到没法向老爹交代，他上书刘渊，指出：晋军衰弱，不能因为呼延翼、呼延颢死亡就撤军，他坚决请求留下来继续进攻。在刘聪的一再请求下，刘渊同意了。面对刘聪咄咄逼人的攻势，太傅司马越亲自登城固守。

十一月十四日，刘聪命平晋将军、安阳王刘厉、冠军将军呼延朗留守大营，自己前往嵩山向神明祈福，请求神明保佑自己能够尽快攻克洛阳。

晋太傅参军孙询，说服司马越，趁着刘聪远离洛阳，敌人围城部队薄弱之际，倾尽全力，攻击洛阳外围的刘汉帝国部队。司马越派遣孙询、将军邱光、楼裒等率领帐下三千锐卒，自宣阳门乘虚出击，经过一场鏖战，晋军击斩了刘汉帝国冠军将军呼延朗，刘聪闻讯，急忙快马奔回，安阳王刘厉害怕刘聪归罪于己，投水自杀。（此处细节据《十六国春秋》）

在洛阳城下接连遭到惨败的刘聪进退维谷。

王弥对刘聪说："我们既然已经失利，而洛阳的守备却仍然坚固。我军的粮秣从陕县（今河南省三门峡市）转运，中途还处处受到晋军的截击，现在的粮草仅能维持几天了。殿下您不如跟龙骧将军刘曜先回首都平阳，重新准备粮秣，再征大军，下次再来。我也率领部队，积蓄谷米，在兖州、豫州一带，随时等待命令，您看如何？"

刘聪是自己强烈要求要留下来的，因此，如今也不敢请求撤退。

就在此时，太史令宣于脩之报告汉赵帝刘渊说："我夜观天象，要到后年（公元311年），我们才能得到洛阳。现在晋国气势仍盛，大军如果不回，定会大败。"

听了宣于脩之的话，李渊立刻派遣黄门侍郎傅询骑着快马，命刘聪等班师。而此时，在冀州的"乞活军"李恽、薄盛也率领所部赶来洛阳救援。

宣于脩之在大军出发的时候不说，恰恰在刘聪最困难的时候向刘渊建议撤军，这不能不让人怀疑：也许这是刘聪的主意，不过，宣于脩之说洛阳于公元311年沦陷，也真神了。

回师后的刘渊对于刘聪等人并没有进行什么处罚，相反的是再次大加封赏，巩固内部；同时，暂时忘掉洛阳，而是以平阳为中心，遣兵四处，继续扩大统治区域，晋王朝也迎来了越来越严峻的形势。

二二八　扰乱兖豫

进攻洛阳受挫以后，公元309年年底，刘渊以陈留王刘欢乐为太傅，楚王刘聪为大司徒，江都王刘延年为大司空，接着，到公元310年年初，大赦境内，立单徵女为皇后，以梁王刘和为皇太子，封儿子刘义为北海王，以长乐王刘洋为大司马。同时，派遣都护大将军、曲阳王刘贤，征北大将军刘灵，安北将军赵固，王弥的堂弟平北将军王桑，东屯内黄，一方面接应石勒，一方面是为了防备王浚。

王弥并没有随着刘聪、刘曜回师平阳，而是往东南出轩辕，司马越命令薄盛等人率领前来救援洛阳的“乞活军”，追击东去的王弥，双方在新汲展开一场战斗，王弥被击败。

接连被击败的王弥以两千骑兵，进攻河南中部的襄城各县，当时，由于并州战乱，河东郡、平阳郡、弘农郡、上党郡的难民，流亡在河南中南部的颍川、襄城、汝南、南阳等地的人就有几万家，这些流民被当地人欺压，他们听说王弥部队即将到来，都纷纷自发地起来，杀掉当地的地方长官，焚烧城池，响应王弥。王弥又一次咸鱼翻身，部队又一次迅速壮大了起来。

为配合刘渊的东进计划，王弥上表推荐他的左长史曹嶷代理安东将军，前往青州夺取土地，并迎接家属，得到刘渊的批准。曹嶷从大梁（今河南省开封市）率军向东推进，势如破竹，攻陷东平郡（今山东省东平县西北），进击到琅邪郡（今山东省临沂市）。

而此时，经过了飞龙山惨败的石勒，也屯聚在河南北部，他与阎罴进攻者圈、苑市二垒，在战斗中阎罴中流矢而死，石勒趁机兼并了阎罴的部队，然后，偷偷从石桥渡过了黄河；王弥率兵两万（《资治通鉴》称三万）与石勒会合，一同攻陷了白马（今河南省滑县东），坑杀三千多人（这是石勒第一次暴行，不知道所谓的“君子营”中的诸位汉族君子们作何感想）；然后向东袭击鄄城，杀害了衮州刺史袁孚，乘胜攻下仓垣（今河南省开封市东北），击斩了退守此地的王堪。然后，又北渡黄河，转而进攻广宗、清河、平原、阳平诸县，投降石勒的有九万余口。接着，又再次往南渡过了黄河，荥阳太守裴纯逃奔到建业。

公元310年的七月，刘汉帝国楚王刘聪、始安王刘曜、安北大将军赵固等进攻洛阳北边的司州河内郡（今河南省沁阳市），石勒率领骑兵与刘聪等军会合，将河内太守裴整包围在怀县（今河南省武陟县）。这一举措，是刘渊进一步扫清洛阳外围，孤立洛阳整体战略的有机组成部分。

晋朝廷派遣征虏将军宋抽前往救援。石勒与平北大将军王桑联合迎战，击斩了宋抽。接着，进攻武德（地方不详），晋怀帝派兵救援，石勒让其他将领继续包围武德，自己与王桑在长陵逆击晋冠军将军梁巨，梁巨请降，石勒不同意，梁巨越城而逃，在逃亡的路上被抓。石勒在解决了梁巨所部以后，迅速返回武德，又坑杀了一万多名降卒（石勒的第二次坑杀降卒）。

看到救援无望，河内郡的人民群起逮捕了太守裴整，开城投降。刘渊任命裴整为尚书左丞。

河内郡将领郭默，集结裴整的残兵败将，构筑城寨（坞）坚守，自任城主。晋并州刺史刘琨，任命郭默为河内太守。

晋军退还以后，河北各个堡壁都给石勒送去了人质，表示归顺。

以后，我们会经常看到坞堡这个词。《说文解字》称：“坞，小障也。”《后汉书》上对于坞堡多有记载，较早出现在西北地区，类似欧洲的城堡，到了西晋末年，很多中原地区没有逃离的居民，就依靠这种小小的城堡避难。开始的时候，这种坞堡大都是一个宗族聚居，坞堡所建的地形也并非都很险要，因此，只能抵御小股的贼寇，但是，却往往被石勒、王弥等大股部队所攻破。到了洛阳被攻陷以后，很多坚持战斗的朝廷命官也占据坞堡，继续着抗争。比较典型的例子是《晋书·孝友传》上记载的庾衮所占的禹山坞以及后来屯聚的大头山，驻守大头山上而耕于山下；还有《艺文类聚》九十二引《晋中兴书》记载的郗鉴屯聚的峄山坞，《晋书·郗鉴传》也记载，郗鉴被宗族推为头领，带着千余家避难于鲁地的峄山坞。

坞堡在当时的北方，其实是比城池更为重要，相对于城池而言，坞堡体积较小，容易防守，经济能够自给自足，地形险要，可以有效地防御胡人和盗贼。

由此，陈寅恪先生甚至著《桃花源记旁证》一文考证说，陶渊明写的《桃花源记》，也是西晋末年北方坞堡的真实写照，真实的桃花源原型应在北方的弘农，而并非在南方的武陵；《桃花源记》中记载的民众真实的逃难，逃避的是苻秦而非嬴秦。唐长孺先生也写了《读“桃花源记旁证”质疑》一文，对此进行了深入的讨论，认为坞堡的堡主统一管理堡垒内的人民，而下属人民则承担着耕战义务，坞堡的组织形式与《桃花源记》里记载的社会形式还是很不相同的，对此提出了质疑。

石勒、王弥等人在这一时期，自我壮大的重要途径，就是进攻一个又一个不很险要的坞堡，收编被攻下的坞堡里的壮士。

二二九　三定江南

继去年一场全国范围的大旱以后，公元310年，幽州、并州、司州、冀州、秦州、雍州等北中国又迎来了一场空前的大蝗灾，蝗虫把所到之处的草木、庄稼，甚至是牛马的毛都全部吃光，经过之后，不仅寸草不生，而且牛马的身上也都被剃光。

就在这样一种灾害面前，人们还在你争我斗，杀得你死我活，不可开交。刘渊把战略重心转到了挖空晋帝国的腹心，从而达到孤立洛阳的目的，这一战略思想的转变，立刻显示出了成效，石勒、王弥大军在运动中逐渐壮大，晋军面对飘忽不定的石勒、王弥的骑兵，节节败退，而王弥、石勒则是各个击破，一个一个地消灭孤立据点上的晋军，洛阳则变得慢慢像一座漂浮在汪洋中的孤岛。

不过，在一片坏消息中，多多少少也有一些胜利的好消息。

公元310年四月，王浚大将祁弘在广宗（今河北省邢台市东）击败了刘汉帝国大将刘灵，这个与王弥一同起兵的大贼被斩杀。

为了应对京师日益严峻的局势，司马越征召江南的建威将军钱璯和扬州刺史王敦，前来洛阳救驾。钱璯也是江南的大族，在平定陈敏之乱的时候，钱璯也发起义兵，参与平乱。这次，晋怀帝司马炽任命钱璯为建武将军（此为《晋书·周玘传》的说法，而《资治通鉴》记为建威将军），任命王敦为尚书，让他们率领部属北上勤王。钱璯兵到广陵（今江苏省扬州市）的时候，发现北方局势大坏，自己的那点人马无异于杯水车薪，他不敢去送死。可是，军情紧急，洛阳方面严令其速速北上。

钱璯就密谋杀掉随行的王敦，然后举事叛乱。王敦闻听消息，吓得赶紧逃往建业，向司马睿报告。钱璯见阴谋败露，遂一不做二不休，杀掉了度支校尉陈丰，焚烧邸阁，自称平西大将军、八州都督，以兵劫持了孙皓的儿子孙充，立为吴王，发兵反叛，接着，进寇周玘所在的阳羡（今江苏省宜兴市）。

此时，得到王敦报告的司马睿命令将军郭逸、都尉宋典等前往讨伐钱璯，但是，二将因为所带领的部队人数较少，都畏惧钱璯，不敢近前交战。

周玘再次纠合乡里宗族大众，与郭逸等人联合起来，共同讨伐钱璯，杀掉了钱璯，传首建业。

这就是周玘继公元304年平定石冰、公元307年击败陈敏之后，第三次平定江南。司马睿任命周玘为代理建威将军、吴兴太守，封为乌程县侯，吴兴经过大乱之后，百姓没有吃穿，盗贼公行，社会治安十分混乱，周玘恩威并用，老百姓对他十分敬爱，很快地，境内就变得安谧起来了。司马睿为了表彰周玘三次发动义兵，建立功勋，特别把阳羡以及长城郡的西乡、丹阳郡的永世划出来，在周玘故乡特别设了一个郡——义兴郡（郡政府设在周玘的家乡阳羡），用以表扬他的品德和做出的贡献。

在周玘等人的努力下，终于保住了江南这一块难得的安定之地。

二三〇 刘渊之死

刘渊并没有看到洛阳被攻破。

就在手下大将纵横河南中北部，步步紧逼洛阳的时候，刘渊却于永嘉四年（公元310年）的七月十八日去世了，年龄不详。

其实，刘渊七月九日就患病了。他似乎预感到来日无多，七月十日，就任命陈留王刘欢乐当太宰，长乐王刘洋当太傅，江都王刘延年当太保；楚王刘聪为大司马、大单于；以上四人同时主管政府机要（录尚书事）；在首都平阳城西兴筑“单于台”。又任命齐王刘裕为大司徒，鲁王刘隆为尚书令，北海王刘乂当抚军大将军兼司隶校尉，始安王刘曜为征讨大都督兼单于左辅；廷尉乔智明为冠军大将军兼单于右辅；光禄大夫刘殷为左仆射，王育为右仆射，任凯为吏部尚书，朱纪为中书监，护军马景兼左卫将军，永安王刘安国兼右卫将军，安昌王刘盛、安邑王刘钦、西阳王刘璿，都兼武卫将军，分别掌握皇家禁卫军。

七月十六日，刘渊命太宰刘欢乐、太傅刘洋等进宫，接受遗诏，辅佐执政。

七月十八日，刘渊去世，太子刘和继位。

刘和，字玄泰，身长八尺，史书说他长得“雄毅美姿仪”，十分好学，精通《毛诗》《左氏春秋》《郑氏易》，当上太子以后，因为诸王各自领兵，所以，作为太子的刘和逐渐猜忌起来，对于属下刻薄无恩。

宗正呼延攸是去年被杀的呼延翼的儿子，刘渊因呼延攸道德败坏，所以刘渊在世时，一直让他做这个闲差，始终不升他的官，更不用说让他接受顾命了；侍中刘乘一向讨厌楚王刘聪；卫尉、西昌王刘锐，也对自己竟然没有被列入顾命大臣而十分恼火。

三人警告刘和说：“先帝没有细心权衡利弊，而让齐王刘裕、鲁王刘隆、北海王刘乂三个亲王在京城内拥有强大部队；又让大司马刘聪统御十万大军，驻防在京师的近郊，这样一来，陛下您的宝座岂不是暂时借坐的？这种灾难难以预测，还是请您早作决定。”

因为刘和是呼延攸的外甥，所以，刘和对这位舅舅十分信任。

刘和就在七月二十日夜里，召见掌管着禁卫军的安昌王刘盛、安邑王刘钦、马景等，把除掉四王的决定告诉了他们。

刘盛说：“先帝的棺木还停在堂上，四位亲王并未叛逆，一旦我们自相残杀，我担心天下人不会听从陛下。况且如今四海还没有平定，帝国大业也不过才刚刚开始，请陛下您以完成先帝的大业为目标，千万不要相信这种挑拨离间的话。《诗经》说：‘岂无他人，不如我同父。’陛下你如果连自己的兄弟都不相信，那你还能相信谁呢？”

呼延攸、刘锐大怒说：“今天的决定，没有商量的余地。”喝令左右动手，当场砍死了刘盛。

一看刘盛被砍死，刘钦震恐，连连说：“听陛下的命令。”

马景也连忙表态：“请陛下您下诏，我们以死遵从，大事一定能够成功。”

大家就在东堂发誓，布置让刘锐、马景进攻大司马刘聪；呼延攸率领右卫将军刘安国进攻齐王刘裕；侍中刘乘、武卫将军刘钦攻鲁王刘隆；尚书田密、武卫将军刘璿进攻北海王刘乂。

七月二十一日，四路人马分头出发。

可是，负责进攻北海王刘乂的田密和刘璿出发之后，反而拥戴刘乂，打开了城门，火速投奔屯驻在平阳北面单于台的刘聪，刘聪得知消息以后，立即下令备战。刘锐、马景知道刘聪已有准备，立即带兵撤回，与呼延攸、刘乘联军合力攻击鲁王刘隆、齐王刘裕。

有田密和刘璿的前车之鉴，呼延攸、刘乘怀疑刘安国、刘钦也不会同心协力，就当机立断斩了右卫将军刘安国和武卫将军刘钦。当天，击斩了齐王刘裕，第二天，斩杀了鲁王刘隆。（《晋书》称当天就杀了二王）

七月二十三日，从城外而来的刘聪开始进攻平阳的西明门（平阳城门也全用洛阳的城门名字），很快攻破了城门。刘锐等人逃到南宫，刘聪军的前锋尾随而入。七月二十四日，在南宫光极殿西室斩了继位仅七日的刘和，抓住了刘锐、呼延攸和刘乘，在大街砍头示众。

刘汉帝国的文武百官都请求刘聪登基称帝，刘聪说北海王刘乂是单太后所生，是嫡子，应该把帝位让给刘乂。刘乂坚决拒绝，以致痛哭流涕。刘聪想了半天，才接受，并且表示说："刘乂与大家不过是想到目前国家的灾难深重，看在我年纪较大，才让我当这个皇帝罢了。国事为重，我怎敢不担当起这责任。等刘乂长大之后，我再把皇帝的宝座还给他。"刘聪登基继位，大赦，改年号光兴。

尊嫡母单皇后为皇太后，生母张夫人为帝太后，封北海王刘乂为皇太弟兼大单于、大司徒；封正妻呼延氏为皇后（这个呼延皇后是刘聪的父亲刘渊前妻呼延皇后的堂妹，父子又是兄弟？这辈分怎么叫啊？）；封自己的儿子刘粲为河内王、刘易为河间王、刘翼为彭城王、刘悝为高平王；并任命刘粲为抚军大将军、都督中外诸军事。其实，从此时，已经透露出了让自己儿子继承的端倪了。

二三一　中原民变

刘聪继位以后，就马不停蹄地继续他灭亡晋王朝的大业。

他在公元310年七月继位，九月埋葬了父亲刘渊，（葬于永光陵，庙号高祖，谥号文皇帝）十月份，就命令自己的儿子河内王刘粲、自己的族弟始安王刘曜、征东大将军王弥等领兵四万进攻洛阳。石勒听到消息，也把军中的辎重留在重门，亲率两万骑兵，与刘粲大军在大阳（今山西省平陆县）会合，然后，刘聪大军一齐朝渑池（今河南省洛宁县西北）进发，在那里击败了晋监军裴邈（裴頠的堂弟）；在击败裴邈以后，大军长驱直入洛川地区（即洛水流域）。

这次，刘聪的战略依然是继承父亲的衣钵，即袭扰洛阳的外围据点，而不强攻洛阳。于是，刘汉帝国的军团视洛阳城为无物，在洛阳附近未作停留，兵分两路，大摇大摆地从洛阳城外往东而去。

一路，石勒军团。从洛阳北面穿过成皋关（今河南省荥阳城西北的汜水镇），十月十三日，石勒包围陈留太守王赞屯驻的仓垣（今河南省开封市东北），结果，石勒军被王赞击败，退回到文石津（今河南省滑县西南古黄河渡口）。

另一路，刘粲的主力兵团。从洛阳城南往东，经过轩辕关（今河南省偃师县东南），大掠梁国（今河南省商丘市）、陈留郡（今河南省开封市东）、汝南郡（今河南省息县）、颍川郡（今河南省许昌市东）各地，攻陷各地的坞堡一百多座。

暂时放下刘汉帝国的两股大军，让我们再看看河南南部发生的事情。去年年底，王弥就曾经扰乱豫州等地，致使在豫州的并州等地流民纷纷杀掉地方官，响应王弥。如今，在南阳也有很多的雍州流民，流民与当地居民关系也像其他地区一样比较紧张，也许是担心发生在豫州的事情在南阳和荆州重现吧，晋政府命令这些流民限期返回关中，而关中残破，留恋南阳富庶的流民们都不愿意再回原籍。

征南将军、那个只会喝酒的山简和南中郎将杜蕤发兵遣送这些流民，严限日期让其动身。

发生在益州的场景在荆州以同样的情景被复制。

京兆新丰人王如秘密联络无赖少年，趁夜发动袭击，击破了毫无防备的山简和杜蕤的押运军，缴获了武器。得知押运军被歼灭，杜蕤全军出动，攻击王如，双方在涅阳（今河南省南阳市镇平县）展开大战，结果，杜蕤又被打得大败。

流民越战越强。在南阳境内，南安人庞寔、冯翊人（今陕西省大荔县）严嶷、京兆郡（今陕西省西安市）人侯脱（千里送刘璠的那位壮士）各率部众，攻击城池，诛杀郡县长，响应王如。不久，王如部众就增加到四五万人，王如遂自称大将军兼司州、雍州二州牧，归降刘汉帝国，作为藩属。侯脱据守宛县（今河南省南阳市），王如据守穰县（今河南省邓州市），严嶷据守在襄阳附近，平静多年的江汉平原陷入了流民之手。洛阳的南面已失去屏蔽，江南的粮草供应线自两淮被切断以后，又在荆州地区被切断。

就在此时（公元310年十月），形同孤岛的洛阳情况越来越不妙，饥馑也越来越严重。太傅司马越无奈向全国发出紧急命令，征召部队入援中央。在使者临出发的时候，晋怀帝司马炽专门把使者叫到跟前，说："请你代我告诉各地大员，今天来救，还来得及，再迟就来不及了！"

征南将军山简派督护王万率军入援，部队前进到涅阳（今河南省镇平县南），却被王如流民军击败。王如乘机大掠沔水（汉水上游）、汉水地带，进逼襄阳，山简只好闭城固守。荆州〔州政府设江陵（今湖北省江陵县）〕刺史王澄也亲自率领军队北上，准备援救京师。但是，就在王澄临出发的时候，大风却将绑着节的柱子刮断，当其前锋到达宜城的时候，派人往襄阳问候山简，但是，使节却被流民头目严嶷所获，于是，严嶷上演了一出百试不爽的"蒋干盗书"戏：他让手下装作从襄阳回来，问道："襄阳攻陷了没有？"手下回答："攻陷了，已经抓获了山简。"然后，装作戒备不周，将王澄那位使者放掉。仓皇奔回的使者对王澄一五一十的说明了情况，此时，王澄的主力部队已经抵达沶口（今湖北省南漳县东南），王澄听说山简的部队被王如击败、襄阳已经陷落的消息，竟信以为真，就把部队解散，自己逃回了江陵。过后才知道上当，名士王澄感到无地自容，就借口粮草不济，将长史蒋俊斩杀塞责。

除了上述两个酒徒尚试图派兵勤王，其他没有一个大员做出勤王的努力。

山简的主力部队被王如击溃以后，身边的严嶷又时时威胁着自己，山简对此无能为力，只好放弃襄阳，南下移防夏口（今湖北省武汉市）。（《晋书·山简传》记载："及洛阳陷没，简又为贼严嶷所逼，乃迁于夏口。"说的是山简是在洛阳陷落之后，才迁往夏口的；但是，根据《晋书·石勒传》的记载，石勒在江汉纵横的时候，就已经占领了襄阳，"留刁膺守襄阳"，而此时洛阳距离陷落还有数月，综合考虑，山简似乎应该在洛阳陷落之前，也就是公元309年底就已经迁往了夏口。《晋书·山简传》误）

至此，整个南阳盆地、江汉平原地带被王如、侯脱、严嶷等变民所控制。（《晋书·王如传》称，王澄的部队也是被王如击破的）

再说退屯到文石津的石勒。被王赞击败的石勒此时面临着选择进攻方向的问题，经过思考，石勒计划北上进攻王浚，可是，就在此时，遇到王浚大将王申始（《晋书·晋怀帝本纪》记作王申始）率领辽西鲜卑一万余骑在文石津以北地区击败了刘汉大将赵固，据说，王申始的兵威甚盛。听到这个消息，石勒吓得赶紧烧掉船只，抛弃营帐，率军跑到柏门，将原来留在重门的辎重拉来，又率军在石门再次渡过黄河南下，避开王申始，他在繁昌地区进攻襄城太守崔旷的部队，斩杀了崔旷。王浚派遣鲜卑段文鸯率领骑兵急速南下救援，石勒才撤离襄城而南。

听说石勒率军往南面压来，王如、侯脱、严嶷合力组织了一万人的部队，北上襄城，抗拒石勒。

石勒一战就击败了这支流民部队，并将该部全部收编，接着，马不停蹄兵临南阳，屯兵于南阳的北山。（疑为今南阳市城北独山）

听说石勒十分厉害，身在邓州的王如忧心忡忡，赶紧往石勒军中送去了大量的珍宝财物，约定双方结为兄弟。本来石勒也知道王如、侯脱、严嶷三人都是老乡，荆州地区是这三人的地盘，一旦与其中任何一人开战，势必与三人为敌，况且刚刚还灭了人家一万联军呢，这也是石勒迟迟未对南阳侯脱发起进攻的重要原因。此时，王如送上门来，石勒当然同意了。

结为兄弟以后，王如想把身在南阳的侯脱作为献给石勒的见面礼，本来王如与侯脱有些小的摩擦，此时的王如忘记了唇亡齿寒的道理，主动建议石勒去进攻南阳的侯脱。得知王如、侯脱、严嶷三人并非铁板一块，正好各个击破，这令石勒大喜过望！

石勒命令全军鸡鸣开始整装，天明时分即到达了南阳城下，到达以后，立刻投入攻击，经过十二天的连续进攻，终于攻下了南阳，杀掉侯脱。

严嶷闻讯，亲率麾下前往南阳救援，但是严嶷军抵达南阳城下，石勒已经攻下了南阳。里应外合之局，立马变成了石勒胜敌益强、各个击破之势，摆在严嶷面前只有两条道路，要么被石勒全歼，要么投降保命。权衡利弊，严嶷只好率部投降。石勒将严嶷装上囚车，送往平阳，将侯脱、严嶷之众全部兼并，实力因此大增。

如今的荆州、南阳三巨头只剩下了王如一人。

石勒顾忌王如兵强马壮，就绕过邓州的王如，直接南下进攻襄阳。他率军攻陷了江西（指汉水以东，长江以北，淮河以南这一带）坞堡三十多处，攻陷襄阳以后，石勒留下右长史刁膺驻守襄阳，亲自率领三万精骑企图还攻邓州的王如，但是，等部队抵达邓州附近时，石勒又感到还打不过王如，于是，就率军继续向北，回到了襄城。王如得知石勒的阴谋以后，恨得咬牙切齿，派遣弟弟王璃率两万五千骑兵，声言犒劳石勒的得胜之军，试图趁其不备，袭击石勒。

石勒是何等狡猾之人！

一眼便知王璃这两万五千人的来意，等两军接近，偷袭的人还没站稳脚跟，石勒来了个先下手为强，纵兵逆击，全歼了王璃这支部队。然后，又折回头，回到了江西之地，此时的石勒感到攻灭王如应该不是问题，因此，就有了盘踞江汉的打算，谋士张宾劝说他北上寻找出路，但是，石勒就没有同意。

在公元310年十月到公元311年一月之间，石勒一直在江西游弋。

二三二　坐困穷城

就在刘聪派遣大军横扫豫州、兖州、徐州、荆州之时，身处平阳北面的并州刺史刘琨不是没有做出牵制刘聪的努力。

刘琨的南边紧接刘汉政权，北面是正在崛起的拓跋鲜卑，东面是依靠段氏鲜卑支持的王浚，而只有刘琨兵力稀少，处境艰难。虽然如此，刘琨仍然时刻没有忘记收复失地，壶关失守以后，刘琨也曾派新任上党太守张倚、将军赵拟、李茂等人夜袭汉军，打得汉军手足无措，但是壶关仍然没有夺回。

在此之前，处于晋阳西北部的匈奴铁弗部刘虎和原居住于并州东北部的白部鲜卑投降刘汉政权，白部大人叛入西河，刘虎在雁门响应，并进攻并州的新兴（今山西省忻州市）和雁门（今山西省代县）二郡，使得刘琨面临南北夹击的险恶处境。因此，刘琨决意趁着刘聪大军离开平阳之际，先行击灭刘虎和白部鲜卑，以解后顾之忧。但是，刘琨所部兵力实在有限，只得卑辞厚礼，以儿子刘遵作为人质，请求北面的拓跋鲜卑出兵相助。

拓跋猗卢命弟弟拓跋弗的儿子拓跋郁律，率骑兵两万人协助，先击灭了白部鲜卑，次击破铁弗部落，屠灭了两个部落大营。刘虎搜集余众，驻屯朔方（今山西省北部）肆卢川（今山西省忻州市一带）。据汉代桑钦的《水经》云："滹沱经云母山分两支，一支流肆卢川，另一支入肆楼川。肆卢川又名忻水。"《中国历史地名辞典》载："肆卢川指今山西忻县（今忻州市）、原平之间平川。"

刘汉皇帝刘聪因刘虎属于匈奴皇族，就封他为楼烦公，拜安北将军、监鲜卑诸军事、丁零中郎将，后来，刘虎又被拓跋猗卢打到了塞外。（见《晋书·赫连勃勃载记》）

刘琨对拓跋猗卢十分感激，他与拓跋猗卢结拜为异姓兄弟，并上奏皇帝，推荐拓跋猗卢当大单于；并请求皇帝把代郡（今河北省蔚县）作为采邑，封其为代公。

当时，代郡属于幽州，那是幽州刺史王浚的禁脔之地。刘琨的这一建议，让王浚勃然大怒，他派军阻截，坚决不允许拓跋猗卢进入代郡，可是，当时最为蛮荒粗野的拓跋鲜卑骑兵轻松击破了王浚的军队。这让王浚怒上加怒：好啊，你刘琨让皇帝把我的地盘割给别人，而且还让别人打我，我和你没完！从此，王浚与刘琨势不两立。

战胜了王浚以后的拓跋猗卢并没有在代郡（今河北省蔚县附近）安家。表面的理由是代郡距离他的王庭盛乐太远，其实，其间有更为现实的原因。一是不友好的王浚以及王浚身后的东部三部鲜卑。在三部鲜卑中，段氏是王浚的坚定盟友，宇文部和段部一直以来就与慕容部交恶，慕容部为了自身的生存，一方面尽量满足段部和宇文部的要求，避免不必要的战争；另一方面，慕容部把眼光投向了身在段部和宇文部身后的拓跋部，结好拓跋部，作为对二部的制衡，因此，拓跋部虽然没有直接介入东部鲜卑之间的角力，但是，其与段部的关系并不友好。二是代郡相比而言，距离盛乐较远。自盛乐救援代郡还要经过山西北部的大同盆地，翻越太行山，才能到达。于是，拓跋猗卢决定放弃代郡，他顺势率部众一万余家，从云中（今内蒙古托克托县）南下进入雁门郡（今山西省代县），要求晋王朝改封给他陉北〔句注山（陉岭）以北〕地区。其实，此时已经容不得你刘琨不同意，反正我就这样来了。刘琨没有办法，又想着双方距离近了，也好依靠他的帮助，就把楼烦（今山西省宁武县）、马邑（今山西省朔州市）、阴馆（今山西省朔州市东南）、繁畤（今山西省浑源县西南）、崞县（今山西省浑源县）五县人民全部撤到陉南，将并州北部的五县之地割让给了拓跋猗卢。这五县之地“东接代郡、西连西河、朔方，方数百里”。猗卢又迁十万家于其中。（据《魏书·序记》）自此，拓跋鲜卑占据了晋北的大同盆地，以句注山与晋为界，晋并州刘琨北部防御只有雁门关，而拓跋鲜卑则可以从大同盆地，沿桑干河谷地东出河北，威胁幽州；也可以由飞狐口过太行山，进入河北中部。后来，拓跋鲜卑迁都平城（今山西省大同市），拓跋部落开始强盛。《魏书》上为了给自己的祖先脸上涂脂擦粉，特意说，当刘琨听到拓跋猗卢改要这五县之地以后，大喜过望，（见《魏书·序记》“琨自以托付，闻之大喜。”）等等，假如刘琨真的如此，为何开始的时候不请求皇帝将其封在此地？刘琨难道不知道此地是捍御北方的要害？白痴都晓得《魏书》上是在撒谎。

接着，刘琨派使节到京师，向太傅司马越提出建议，请求司马越出军与拓跋鲜卑共同讨伐刘聪、石勒。在此之前，刘琨已经请求猗卢出兵两万步骑，做好了南下平阳的一切准备工作，但是，司马越由于与青州刺史苟晞、豫州刺史冯嵩不和，生怕兵出以后，二人在背后下手，所以，就以洛阳饥馑为由，拒绝了刘琨的计划，刘琨无奈，只好向拓跋猗卢道谢，将鲜卑骑兵送回国。

征集不来勤王之师，又不敢并力出击，大多数官员都主张放弃首都洛阳，迁都到别处。这其实是一个明智之举，可是，这个主张却遭到了名士太尉王衍的坚决反对，他卖掉自己的座车和驾车的牛，故作镇静，安抚人心。不过，这种自欺欺人的做法，却对司马越丝毫不起作用。自从杀了王延等人以后，司马越的名声一落千丈，散骑侍郎高韬有忧国之言，司马越又诬陷他讪谤时政杀害，加上洛阳目前毫无希望的处境，司马越决心带领晋王朝最后一点有生力量离开洛阳。

公元310年十一月，也就是在石勒转战荆州的时候，司马越一身戎装，来到皇宫，请求皇帝司马炽允许他离开洛阳，前往讨伐石勒，并且说自己要去亲自坐镇，征集兖州、豫州的兵马来救援京师。

司马炽几乎是哀求地说："如今蛮夷已经逼近京畿，王室已经十分不安，人人都已经动摇。朝廷社稷，全仰仗着您，您怎么可以远离京师，使根基孤立！"

司马越回答："臣今天率领大军，去寻敌决战，肯定能够灭了他。贼灭以后，地方上的小民变也就自然消亡，东面各州的供奉通道就畅通了。这是宣畅国威，拱卫京师的好主意啊。如果这样端坐在京师，失去了战机，那么，敌人将越来越强，忧患会越来越重。"（这是《晋书·司马越传》的说法，而《资治通鉴》上说的口气就不是这样了：我这次带兵出去，如果幸运的话能够破贼，那么，国威可振云云。）

司马越将自己的老婆裴氏、世子司马毗、龙骧将军李恽（"乞活六帅"之一）、右卫将军何伦（司马越东海国将领），留下来保卫京师，并监视宫廷；任命潘滔为河南尹（洛阳市长），负责主持留台（留守政府）。更为过分的是，司马越上书要求把政府带在自己的身边，组建行台（流动政府）。政府不在皇帝身边，而在太傅身边，皇帝身边竟然成了留台！

十一月十五日，晋帝国的太傅司马越任命晋帝国的太尉王衍作为自己部队的军司，（好在咱们都是"三公" 啊，竟然让人家做你的参谋长！）把政府、民间有声望的人全部任命为助理；将洛阳有名的将领和全部的精锐部队都编入部队，组建了甲士四万人，（《晋书·石勒载记》称，“东海王越带领洛阳之众二十余万讨勒”，大约包括其从洛阳带出的所有人，也可能算上到许昌等地吸收的人）出发前往许昌（今河南省许昌市东）。在许昌稍作停留，司马越又进驻项县（今河南省沈丘县），到了项县之后，司马越立马把自己讨厌的豫州刺史冯嵩罢免，让其当自己的左司马，由自己兼任豫州全权州长。你一个人都不相信，能成事吗?

自此，洛阳完全失去了防卫能力。皇宫和政府机关，没有士卒警戒，不仅如此，而且，饥馑也越发严重，即使是金銮宝殿上都有人饿死，尸体纵横。盗贼公然杀人抢劫，整个城市是各自为战，官员们都自行武装，在各自的府衙四周挖凿壕沟，构筑工事进行防守，整个城市鸣锣敲鼓之声，不绝于耳。

晋怀帝司马炽真个成了孤家寡人了，洛阳陷落仅仅是时间问题。

二三三　矛盾重重（一）

战场的情况也并非是一败涂地，例如，在继击败刘汉平北将军赵固以后，此时的王浚部将王申始又在瓶垒击败了刘曜和王弥的联军。但是，晋军存在的最大问题是：相互之间缺乏协同，往往是各自为战，这样，即使是暂时击破敌人，敌人也是散而复合；再者，由于晋军防守的地方较大，各个诸侯仅仅着眼于自己的辖区，（因为天灾人祸，盗贼纵横，每个人的辖区也都是岌岌可危）所以，无法组成一支强有力的力量去歼灭敌人。再加上，此时的最高统治者司马越私心太大，不善于团结他人，致使内部分崩离析，最终被刘汉帝国兵团各个击破。

实事求是地说，当时的刘汉帝国军队的战斗力并非很强：一是野战能力比不过鲜卑乌丸骑兵，如果是遇到敢战之士，比如西凉重甲步兵、刘琨的敢死之士等，也是往往败北；二是攻城能力不强，几次进攻洛阳，都被击败；三是战略方向也不太明确。比如，从大的方向上看，刘粲、刘曜、石勒、王弥、赵固等似乎在豫州、兖州、冀州、徐州等地纵横驰骋，但是，在具体的进兵方向上，其实是没有章法的，比如石勒在这一年多的时间里，一会儿想北进，一会儿想南下。

但是，刘汉帝国的优势却在于：各支部队相互协同能力比较强。比如，根据《晋书・王弥传》的记载：在石勒进攻陈郡、颍川等地的时候，王弥是主动派遣两万部队，帮助石勒；在石勒以后攻击徐州、兖州的时候，王弥也是主动派遣弟弟王璋与石勒会合，共同打击司马越。

究其原因，还在于晋国朝廷政令不统一，皇帝司马炽被架空，而太傅司马越心眼太小，“无君震主”，正如《晋书・司马越传》说的那样，“越专擅威权，图为霸业，朝贤素望，选为佐吏，名将劲卒，充于己府，不臣之迹，四海所知。而公私罄乏，所在寇乱，州郡携贰，上下崩离，祸结衅深。”可以说，司马越的所作所为，也让人不服、不满。

不过，最为不满的，当属晋怀帝司马炽了。

司马越前脚一走，司马炽就想把监视自己的司马越的亲信们结果掉。提出这个动议的是失势的竟陵王司马楙。东平王司马楙被司马越堂弟司马虓派苟晞带兵从兖州赶跑以后，跑回到了自己的封国，此时，正好晋惠帝司马衷回到了洛阳，司马楙也跑到皇帝的身边。等到晋怀帝继位以后，司马楙被改封为竟陵王。这次，司马越一走，司马楙就向晋怀帝司马炽建议，纠合兵众偷袭右卫将军何伦，没有成功，司马炽装出一副无辜的模样，委罪于司马楙，司马楙吓得赶紧躲了起来，没被抓到。

此时的洛阳，一方面无兵可派，随时都会陷落；另一方面，粮食无多，物资匮乏。为解决守卫问题，晋怀帝下诏苟晞，先把苟晞称赞一番，然后要求苟晞联络六州，“协同大举，剪除国难。”苟晞本来就已经发檄要求诸州郡一起保卫京师，但是，正巧王弥派到青州的曹嶷攻破琅邪，北攻齐地。苟晞的弟弟青州刺史苟纯闭城自守，曹嶷部众转盛，连营数十里。苟晞闻讯，率兵回到青州，登城瞭望，面有惧色，虽然如此，与曹嶷连续作战数次，还总是击破敌人。到公元311年正月，苟晞拣选精锐，与曹嶷进行决战，谁知道天公不作美，正在交战中，突然朝苟晞军迎面刮来狂风，扬起铺天盖地的黄沙，苟晞军士兵眼睛立刻被风沙迷住，揉眼之间，人头落地，于是全军大败，苟晞弃城连夜逃走。曹嶷率兵一直追到东山，苟晞的部众全部都投降了曹嶷。苟晞单骑逃往高平，收集邸阁中的粮草，乱世里，有粮食，就会有吃粮的兵，苟晞以此又重新招募了几千人。可以说，晋怀帝原初让苟晞帮助防卫洛阳的打算，已经无法实现了。

而对于洛阳的物资匮乏问题，光禄傅祗、太常挚虞想到了远在凉州的张轨，两人给张轨写信，告诉京师饥匮，张轨即派遣参军杜勋献马五百匹、毯布三万匹。晋怀帝派遣使者进拜张轨为镇西将军、都督陇右诸军事，封霸城侯，进车骑将军、开府辟召、仪同三司。

终于，算是暂时解决了洛阳的物资问题。

二三四　矛盾重重（二）

即便如此，谁都知道，孤立无援的洛阳，依然危机四伏。

那个一副大义凛然、故作镇定的王衍也随着司马越的大军东去了，皇帝，你是走还是留呢？

远在寿春的平东将军、都督扬州诸军事周馥也是心急如焚，他与手下长史吴思、司马殷识上书皇帝：“没有想到厄运竟然到了这种地步啊！戎狄交侵，首都危机。臣等私下与祖纳、裴宪、华谭、孙惠等三十人商量大计，大家都以为殷商首都就屡屡迁徙，周王也有迁往岐山之举，如今首都洛阳物资匮乏，不能久居；黄河以北地区萧条；关中地区险要贫瘠；宛都（南阳地区）应对乱民屡屡失败；江汉平原也局势动荡。目前最为安全的地方，还是东南最好。淮阳之地，北面有涂山的险阻，南边有霍山为依靠，地理位置十分险要，因此，春秋时候，楚国被秦国击败，就迁都到此。周围是徐州、下邳、东海国，这都是屏障。并且，此地漕运四通八达，不至于粮食匮乏。”然后，他提出：“臣谨选精卒三万，奉迎皇驾。传檄前北中郎将裴宪行使持节、监豫州诸军事、东中郎将，急行上路。荆、湘、江、扬四州各先运四年米租十五万斛，布绢各十四万匹，以供大驾。命令王浚、苟晞共平黄河以北，臣等全力以赴打通南路。”

周馥的奏表送到洛阳，司马越留守洛阳的亲信们立即就知道了，很快就报给了司马越。本来，周馥一直就看不惯司马越的专横跋扈，目无君上，每每以大义严厉斥责，司马越内心十分忌惮，今天，看到周馥竟然不经过“行台”，直接向皇帝报告，这让司马越勃然大怒，在司马越看来，如此大事你周馥绕开我司马越，明明没把我这个太傅放到眼里，而且，在你的奏表中，你安排了王浚、苟晞和你自己的事情，唯独没我司马越的事儿，你以为你是可以调动全国兵力的太尉嘛！——要知道，如今晋帝国的太尉王衍仅仅是我司马越军中的一个军司而已！太傅是我司马越！

令司马越更为气愤的是：我司马越现今兵屯项县（今河南省沈丘县），征兵于你周馥，你都不来，如今倒好，你一下子就生出了三万兵马！原来你是想给我来这一出啊！

当时，周馥只让淮南太守裴硕率兵先行，裴家与司马越是姻亲关系，司马越是玉人裴楷侄儿裴盾的妹夫，而这个裴硕恐怕也是司马越的人，裴硕知道周馥对司马越怀有二心，此时，就声称接到了司马越的命令，偷袭周馥。不过，周馥早有准备，一战下来，击败了裴硕，裴硕退保东城，向建业的司马睿求救。

司马睿当然是司马越一党，闻讯立即派遣扬威将军甘卓、建威将军郭逸率军进攻寿春的周馥。安丰太守孙惠也曾经在司马越手下做过军咨祭酒，此时也率众响应，孙惠让手下谢摛做檄文。谢摛，曾是周馥的旧将。周馥见到檄文，流着眼泪说："这必定是谢摛所作啊。" 谢摛听说后，羞愧万分，马上把檄文毁掉了。

双方相持十余日，周馥军溃败，周馥逃到项地，被新蔡王司马确（司马越弟司马腾庶子，司马腾被汲桑所杀以后，只剩下这一个儿子，被司马越任命为东中郎将、都督豫州诸军事）扣留，周馥忧愤发病而死。

那位指斥顾荣等人投靠陈敏的华谭，此时也在寿春。过去扬州刺史刘陶与华谭关系恶劣，曾把华谭投入寿阳狱；而周馥却和华谭关系很好，救了华谭一命。这次带兵讨伐周馥的甘卓曾经被东海王司马越通缉，司马越曾下令胆敢隐匿，诛杀。甘卓投奔华谭获免。等甘卓带兵前来，百姓四散奔逃，周馥想着华谭也随着众人跑了，可是，派人一看，谁知华谭更移近周馥的驻地。周馥感叹说："吾曾经说过华谭华令思是藏洪、臧子源一类的义士，果然如此。"

等到甘卓大军来到，甘卓先派人寻找华谭，问华谭："华侯在哪里？吾甘扬威的使者啊。"

华谭回答："不知道。"

给使者两匹绢，把使者打发回去了。

使者回去复命，甘卓说："这就是华侯啊。"

等再去找，华谭已经不见了踪影，过江，投靠了司马睿。

等到周馥死后，司马睿仍然对周馥耿耿于怀，一次，司马睿问华谭："周馥何至于会谋反呢？”

华谭回答：“周馥虽然死去了，但是，天下还有敢于直言的义士。周馥看到寇贼猖獗，王威不振，因此，想建议迁都，来拯救国家。因为大员意见不同，才被讨伐。很快地，洛阳都沦陷了。如果听从了周馥的计划，也许不会那么快的灭亡。推究周馥的本意，看看实际情况，怎么能说人家要谋反呢！”

司马睿接着说：“周馥位为征镇一级的大员，握兵一方，朝廷征召，却不听命，国家危难却不拯救，这样说来，也是天下的罪人啊。”

华谭说：“是的。周馥在中朝做官，素来就有俊彦的美称；出任一方大员，的确有委任一方的重责，然而，他提出的高明计略却没有实现，周围的人也不团结，致使国家危亡而没有尽力扶持，理当与天下负有责任的人一同受到谴责。但是，说人家谋反，不是诬陷是什么！”

听了华谭的这一番话，司马睿才释然了。

后来，华谭为纪瞻所推荐，但是，因为华谭曾经严厉斥责过顾荣投靠陈敏的劣迹，而为顾荣怀恨在心，在东晋时期，一直受到排挤、压抑，而得不到升迁。

二三五　矛盾重重（三）

除了周馥之变以外，苟晞与司马越的矛盾也已经白热化。

这事当然要追溯到永嘉元年年底，司马越把苟晞打发到偏远的青州说起。而始作俑者，就是号称为越府三才之一的长史潘滔。对于性格强硬的人而言，过节一旦形成，就只能逐渐累积，而难以消释。而潘滔和尚书刘望等也是经常在司马越以及皇帝面前诬陷苟晞，为什么要这样？其实，还是晋王朝高门与寒门观念在作祟，《晋书》称苟晞“出于孤微”，这说明了苟晞只是河内山阳郡的一个寒门人士，如此一个寒门人士却被誉为“韩白”再世，难怪有人心里不舒服了。

这让苟晞忍无可忍。他对司马越提出要求，请求司马越把潘滔、刘望等人的人头拿来。又请求司马越把从事中郎刘洽给自己做军司，说到这个刘洽，那可是司马越的心腹，他曾经是司马越东海国的中尉，就是他曾劝说司马越讨伐司马颙的。如今苟晞要把他弄到自己手下做事，这其实是明摆着要斩断司马越的臂膀，如果刘洽一到青州，估计立马就人头落地了啊。

司马越肯定是不同意了。

苟晞对自己的下属说：“司马元超作为宰相，遇事不公平，致使天下淆乱，我苟道将怎么可以听他使唤？韩信就是因为忘不了刘邦给予的那点小恩惠，最后死于妇人（吕后）之手。我今天将诛杀国贼，尊崇王室，建立如春秋时期齐桓、晋文一样的功业！”于是，他向各州发出檄文，指斥司马越的罪状。

看到苟晞与司马越之间关系紧张，这让晋怀帝心花怒放。如今，对于司马炽来说，只有苟晞可以利用。王浚面目不清，总跟在司马越后面跑；司马睿更不用说了，那是司马越一党；而凉州的张轨毕竟悬远，有劲使不上。

司马炽多次密诏苟晞讨伐司马越，苟晞也上表说：“殿中校尉李初来到，我拿着陛下您亲自写给我的诏书，肝心若裂。东海王司马越以皇族大臣执掌朝政，却委任邪佞，大树奸党，让前长史潘滔、从事中郎毕邈、主簿郭象等人胡作非为，刑赏由己。尚书何绥、中书令缪播、太仆缪胤、黄门侍郎应绍，都是陛下您亲自选拔的，但是潘滔等人却加以诬陷而被杀。他带着甲士闯进皇宫，诛杀了您母亲的弟弟，剪除了皇宫的宿卫，代之以他东海国的人。……”接着，苟晞表态：“即日我也接到了司空、博陵公王浚的书信，他也说殿中中郎刘权带去了诏书，命令王浚和我共同完成大事。我已经命令前锋征虏将军王赞径直到达项城，逼迫司马越低头归还大政，斩送潘滔等人。只是请求陛下宽恕，给他留下一命，让他回到他的封国。……我还将派遣扬烈将军阎弘率领步骑五千，去镇卫洛阳的宗庙。”

其实，晋怀帝与苟晞之间的秘密联络，从司马越出京以后就没有停止过。

等到晋怀帝试图诛灭何伦等人失败以后，何伦等人与司马炽更是势同水火，他们拿皇帝没办法，但是采取“抄掠公卿，逼辱公主”的办法，去时时刻刻刺激皇帝。

到了公元311年年初，忍无可忍的晋怀帝又一次措辞严厉地给苟晞下诏：“太傅信用奸佞，阻兵专权，对内不遵守规矩，对外又不能团结地方大员，致使戎狄充斥，国家到处都是烽烟。他留下的军官何伦公然抢劫皇宫、官邸，劫持侮辱公主，杀害贤能之士，他们的狂暴行为，不可忍闻。”然后，晋怀帝要求苟晞像齐桓公、晋文公那样匡扶社稷，最后，还千叮咛万嘱咐地说，道路艰险不安全，因此又亲自写了两份，一份是写在纸上的正本诏书，另一份是写在白绸子上的诏书副本。

苟晞上表说：“接到陛下您的手诏，委臣以征讨之事，把我比作桓文，纸诏书和白绸子诏书都同时收到了，伏读跪叹，五情惶恐不安。……前司隶校尉刘暾、御史中丞温畿、右将军杜育，都被攻劫。广平公主（不详）、武安公主（晋武帝女，胡芳之女，《晋书·温羡传》记载，温羡的第三个儿子温裕‘尚武安长公主，官至左光禄大夫’。），都被强奸……我已经派遣下属王赞率‘乞活军’陈午等领兵向项地进发，躬行天罚。”

本来司马越就怀疑苟晞与晋怀帝有联络，他派遣游骑在洛阳、成皋（今河南省荥阳市西北汜水镇）之间盘查，果然捕获苟晞的使节，搜出了皇帝密诏和朝廷的文书。司马越怒火中烧，下令宣布苟晞罪状，任命参谋指挥官（从事中郎）

杨瑁当兖州刺史，配合徐州（今江苏省北部）刺史裴盾（司马越的内兄），共同去讨伐苟晞。苟晞一面防守，一面派遣轻骑兵去洛阳逮捕仇人河南尹潘滔，怎奈潘滔溜得快，趁夜逃出了洛阳，苟晞的人抓住了司马越的心腹尚书刘曾和侍中程延，并当场斩杀。

紧接着，到了公元311年三月，司马越忧惧成疾，把后事托付给太尉王衍，死于项地。

几乎与此同时，司马炽下诏公开宣布了司马越的罪行，要求全国的诸侯对其进行讨伐，听说司马越去世的消息，裴盾这个历来对下苛刻无恩的主，也在苟晞的打击下仓皇败退。

司马炽下诏封苟晞为大将军大都督、督青徐衮豫荆扬六州诸军事，增邑二万户，假黄钺，前官如故。

二三六　杜弢乱湘

就在荀晞与司马越对掐的时候，盘踞在江西的石勒也没有闲着。

身在建业的司马睿担心石勒渡江南进，连忙派遣王导率军抗击。而此时的石勒军，却面临着空前的危机：军粮已所剩无几，并且军中突然流行起了传染病，刚刚充实的人众又死去了大半，这让石勒原先打算称霸江汉的图谋顿时冷却。他又一次找到张宾商量，张宾献计，放弃江西地区，西进筹集粮草。石勒率军往西渡过了汉水，迂回北上进攻江夏郡，〔三国时吴国江夏郡治武昌县（今鄂州市）。晋平吴后，改吴江夏郡为武昌郡，并将原魏江夏郡治迁回安陆旧城。〕太守杨岠（《晋书·晋怀帝本纪》和《晋书·朱伺传》均记为杨珉）弃郡而逃。然后，石勒大军离开了江汉平原，北攻新蔡（今河南省新蔡县），并在南顿（今河南省项城市）杀掉了新蔡王司马确，朗陵公何袭、广陵公陈眕、上党太守羊综、广平太守邵肇等率众投降了石勒，石勒在司马越大军的边缘狠狠地咬了一口，就飘然而去，往西攻陷了许昌，杀死了驻防那里的平东将军王康。

也许是受到了石勒、王如扰乱江汉平原的影响，也许是因为长期以来受到当地居民的欺压，继长江以北荆州大乱之后，公元311年年初，散布在荆州、湘州地区的巴蜀流民也蠢蠢欲动，终于几百家人在蜀人李骧（与成汉帝国太傅同名同姓，并非一人）的率领下，在乐乡（今湖北省松滋市东北）地区也揭竿而起。

晋帝国南平郡（今湖北省公安县）太守应詹（原荆州刺史刘弘是其舅爷）与醴陵（今湖南省醴陵市）县令杜弢迅速出兵，共同击败了李骧。荆州〔州政府在江陵（今湖北省江陵县）〕刺史王澄，也命令成都国（今湖北省潜江市西南）内史王机协同讨伐李骧。顺便说一下，自益州大乱之后，晋王朝割荆州南郡的华容（今湖北省潜江市西南）、州陵（今湖北省洪湖市东北）、监利（今湖北省监利县）三县别立丰都，合四县，作为成都王司马颖的采邑，称为成都国。

穷途末路的李骧请求投降，这个喜欢爬树的名士王澄假装同意赦免李骧一死，但是，却在接受李骧投降以后，派兵在宠洲袭击李骧所部，在抓到李骧以后，王澄翻脸诛杀了李骧，并把李骧的妻子儿女赏赐给自己的手下，随着李骧投降的有巴蜀的难民共计八千多人，（李骧起事之初才八百人，此时已经发展到八千人，可见，当时是民怨沸腾，如烈火燎原。）王澄非但没有安抚这些难民，更有甚者，他竟然残忍地将这些投降的难民全部驱逐到长江中淹死！

这一骇人听闻的消息迅速在荆湘地区传开。一时之间，寓居在此的巴蜀流民怒火中烧，很多人又一次起来造反，他们推举蜀人杜畴、蹇抚为首领，南下侵扰湘州。湘州是晋怀帝司马炽才设立的，共辖九郡：原属于荆州的长沙、衡阳、湘东、零陵、邵陵、桂阳六郡加上原属于广州的始安、始兴、临贺三郡。当时的应詹受荆州刺史王澄之命，代理都督南平、天门（今湖南省石门县，非湖北天门市）、武陵（今湖南常德市）三郡军事（大致为洞庭湖以西以北地区）。与流民起义相呼应，天门、武陵的溪蛮也一同造反，应詹一一讨降。溪蛮密谋造反的根本原因就是因为当时的政令不一，朝令夕改，少数民族十分痛恨，应詹在平叛以后，随即召集蛮族首领，分开铜券，与之盟誓，自此，应詹所临的几个郡逐渐安定了下来。当地百姓做歌歌颂应詹："乱离既普，殆为灰朽。侥幸之运，赖兹应后。岁寒不凋，孤境独守。拯我涂炭，惠隆丘阜。润同江海，恩犹父母。"看到应詹治理有方，镇南将军山简又让应詹都督五郡的军事。此时，杜畴来攻南平郡，应詹率兵经过血战，打退了杜畴。

而与应詹的做法相反，湘州刺史荀眺却是个糊涂虫。

湘州〔州政府设临湘（今湖南省长沙市）〕参军冯素，跟流落在此的巴蜀人汝班早就有矛盾，冯素警告湘州刺史荀眺说："湘州的巴蜀难民也都要造反！"荀眺听信了冯素的鬼话，打算把所有的难民全部诛杀。

没有不透风的墙。听到消息的流民们更加惊恐不安，汝班等聚众起义，响应杜畴。霎时之间，四五万人家巴蜀流民，真的全部反叛了！

杜弢，曾任罗尚的别驾，在益州的时候，就曾经反对罗尚强迫遣返秦州在益州的难民，益州大乱以后，他随着难民流落在荆湘，住在南平，南平太守应詹爱惜杜弢的才能，对杜弢十分敬重，任命他做醴陵县长。流民们因为杜弢很有声望，就胁迫杜弢做变民队伍的大头领，杜弢遂自称为梁州、益州二州牧，平难将军，湘州刺史。

公元311年五月，杜弢围攻长沙，湘州刺史荀眺吓得弃城南逃，准备逃往广州，但被杜弢抓获。

荀眺逃走以后，湘州人推举安成太守郭察为代理湘州刺史，郭察率众讨伐杜弢，反为所败，郭察战死，杜弢随即攻破了长沙城。前始兴太守长沙土豪尹虞率领部曲家丁前来攻打，也全部被歼。

杜弢起义，让四周的晋朝官吏大为惊恐。他们相继派兵前去镇压，但是，均被杜弢击败。

南路：广州刺史郭讷派遣始兴太守严佐率众进攻杜弢，杜弢率军迎击，一战击败严佐。

北路：荆州刺史王澄派遣王机进攻杜弢，也被杜弢败于巴陵。

后来，伪降于荆州刺史山简，山简以杜弢为广汉太守。

接着，杜弢纵兵四出，又南破零陵、桂阳，东侵武昌，杀害长沙太守崔敷、宜都太守杜鉴、邵陵太守郑融、衡阳内史滕育等人。

义军席卷湖南全境，声势大振，自此，杜弢起义持续了五年之久。

二三七 宁平之屠

听说司马越的死讯，留守在洛阳的何伦、李恽等人立刻失去了往日的威风，茫然如丧家之犬。

他们丢下晋怀帝司马炽，奉着司马越的老婆裴妃、世子司马毗一路向东狂奔，洛阳士民争先恐后地追随而去。史书记载："从者倾城，所经暴掠。"其实，此时的何伦等人已经与强盗无异。司马越走的时候，"王公卿士随从者甚众"，而这次离开洛阳的人则更多，京城几乎成了一座空城。

等这帮人离开洛阳以后，司马炽发诏追贬司马越为县王，出了一口恶气。本来司马越死后，是秘不发丧的，但是，司马炽的诏书泄露了司马越已经死去的秘密，嗅觉灵敏的石勒知道实情以后，立即联络王弥等人，他要趁着司马越刚死、军心不稳之时，吃掉司马越大军这块肥肉。

司马越死后，大家一起推举太尉王衍为元帅，王衍这个胆小鬼，看到四周都是大敌，生怕成为众矢之的，坚决予以推辞，他说道："我从小都不想当官，只是随着人事代谢，才慢慢被提升到这个位置。今日之事，让我这个无才之人怎么能处理得了呢？"你王衍是太尉，本身就是全国武装部队的总司令，连一支部队的司令都不敢当，你能当什么呢？

大家无奈，又找到司马玮的儿子司马范，推举司马范为大将军，司马范也不敢承当。

王衍、司马范之所以如此，除了自身考虑以外，大约两人都知道，要想很好地统领司马越这支大军，是根本不可能的，原因就在于，这支名为晋帝国的大军早已经成为司马越的私人军队，部队的高中级将领也早就是司马越的亲信了，例如，《晋书·裴楷传附裴盾传》就记载，在司马越死后，"骑督满衡便引所发良人东还。”是根本不听从朝廷指挥的，这一点，还可以从以后这支大军的去向我们都能够窥探出来。

司马越率领这支大军驻屯项地，按照他自己的说法，一是为了讨伐石勒，二是为了就近召集兖州、豫州、徐州等地的军队，再回到洛阳保护皇帝。而如今，司马越死了，这支军队如果完不成打击石勒的任务，按照常理，本应该回到洛阳，去保护帝国的皇帝。但是，这近二十万的大军（包括家属）却并没有西去，而是往东——仅仅是为了到司马越的东海封国，安葬司马越的灵柩！

作出这一荒唐决定的幕后推手，当然是那些掌握实权的军中将领，另外，此时的石勒已经攻下了许昌，切断了这支大军西去保卫洛阳的通路，这大约也是其中的原因之一吧。

石勒立即组织轻装骑兵，日夜兼程，追击这支缓慢东去、没有主帅的大军。王弥也派遣自己的弟弟王璋领兵协同作战，终于，在苦县（今河南省鹿邑县）宁平城（今河南省郸城县东宁平乡），刘汉帝国的骑兵追上了这支大军。

此时的中国骑兵已经有了马镫，因为马镫而解放了双手的骑兵，在对付步兵上具有绝对的优势，过去，没有马镫的骑兵，在策马狂奔时，骑士只能用双腿夹紧马身，并用手紧抓马鬃才能避免摔下马来。有人说马镫就是石勒发明，个人还没有见到确凿的证据，难以苟同，但是，马镫最早是由中国人发明的，这是没有疑问的，其准确的时间目前学界尚无定论，不过，在南北朝时期，马镫已经被采用。英国著名中国科技史专家李约瑟对中国发明的马镫给予了高度评价，他说：“直到八世纪初期在西方（或拜占庭）才出现脚镫，但是它们在那里的社会影响是非常特殊的。林恩·怀特说：‘只有极少的发明像脚镫这样简单，但却在历史上产生了如此巨大的催化影响。’”“我们可以这样说，就像中国的火药在封建主义的最后阶段帮助摧毁了欧洲封建制度一样，中国的脚镫在最初却帮助了欧洲封建制度的建立。”

四月戊子日，这支从沈丘走出到郸城，仅仅走出几十里地的晋国大军，面对的就是石勒的这种新式骑兵。

将军钱端领兵出战，被石勒大军击败，钱端战死，部队溃散。

石勒利用四面包围的战术，用骑兵把晋军团团围住，从四面八方朝这团巨大的“人山”放箭，一时间箭下如雨，没有总指挥的十余万人像一头关在笼子里的困兽，任人宰割。人们哭喊着，号叫着，奔跑着，就是冲不出石勒军的重围，互相践踏，尸积如山，晋帝国这一支最后的，也是最强大的主力部队霎时瓦解，不是被杀，就是被俘，没有一人幸免。

石勒生擒了晋帝国太尉王衍、襄阳王司马范、任城王司马济、武陵王司马澹、西河王司马喜、梁王司马禧、齐王司马超（司马冏之子）、吏部尚书刘望、廷尉诸葛铨、豫州刺史刘乔、太傅长史庾敳等。

奇怪的石勒，一开始并没有杀掉他们，而是让他们坐在大营的帐幕之下，耐心地询问晋帝国之所以弄到这步田地的缘故，让他们好好回忆回忆一些帝国的往事。

大家怕死，纷纷陈述自己清白，与当权派无关。王衍和司马济最怕死，也说得最多，尤其是王衍更是详尽地报告了帝国之所以走到今天的来龙去脉，清楚地分析了其中原因，主要还是强调自己是身不由己，错误也不在自己。

王衍老调重弹，声称，自己自幼就无心做官，从来不过问国家大事（这倒是实情），说到这里，石勒似乎还没有生气。

看着石勒一副和蔼的样子，王衍乘机建议石勒早日顺应天命，登上皇帝宝座，希望借此，使自己逃过一死。

在石勒眼里，形象本来很高大的王衍等人，突然之间，叫石勒感到恶心。他说："阁下年轻时，就进入政府，盛名传于四海，身居高官，担负重任，怎能说你从小没有做官的心意？摧毁帝国，使天下残破，不是你，那是谁？！"

说完，命令左右侍卫，把他们全部押解出去。

还有没有说上话的王公大臣，还是苦苦哀求，不愿意离开大帐。只有那位乐善好施、死后被百姓立庙祭祀的楚王司马玮之子司马范，已经大步走出大帐，他神色俨然，意气自若，回过头去呵斥众人，大声说道："今日事已至此，还啰唆什么！（何复纷纭！）"石勒也听到了那声断喝，暗暗称奇。

等拉出这帮人以后，石勒问他的大将孔苌说："我走遍天下，到过很多地方，还没有看见过像他们这样的人才，能让他们活吗？"

孔苌回答说："他们都是晋的亲王、公爵，永远不可能对我们效忠。"

石勒命令将诸王公卿士在野地里全部杀死，一时间血肉横飞，死者甚众。

王敦后来常说："夷甫处众中，如珠玉在瓦石间。"顾恺之作画赞，也称衍岩岩清峙，壁立千仞。《世说新语·品藻》记载，当王导听说别人把他比作王承、阮瞻的时候，他说，我也很推崇这二位，但是，我们大家还是共同推崇王衍吧，“此君特秀”。内心是把王衍作为自己毕生学习的榜样。可见，王衍、司马范将石勒镇住也属正常。石勒看重王衍口齿清辩，奇司马范的神气，特意对手下说对此二人不能加之以兵刃。深夜，命人推倒屋墙，将其压死。《资治通鉴》称是把所有的王公大臣都是用墙压死的，以致误传至今，并成为共识。其实，根据《晋书·石勒载记》的记载，当时的情形并非如此：《石勒载记》详细地说明了谈话以后，石勒就命令把大多数人都杀掉了，只是因为其对王衍、司马范二人比较尊重，才没有加以兵刃，《晋书·石勒载记》的记载较为可信，也符合实情。

王衍死时年五十六岁，他临死之时，终于觉悟，说：“哎呀！我们这些人虽然不如古人，但是，过去如果不追求浮华，勠力以匡正天下，是可以不到今日这步田地的啊。”在石勒年轻的时候，曾经靠着洛阳的上东门长啸，被王衍发现，以为此人以后必乱天下，派人追杀不及，如今，王衍自己却死在了石勒的手里，也的确可叹。关于“王夷甫识石勒”这一著名的典故，以后经常被人引用。唐代的时候，安禄山丧师当斩，当时的宰相张九龄坚持请求杀掉安禄山，唐玄宗就引用这个典故说：“卿勿以王夷甫识石勒，枉害忠良。”其实，唐玄宗实属误用此典：因为以皇家正统的角度来说，石勒并非忠良，王衍看的也不错。而唐玄宗学识不精，没有杀掉安禄山，为“安史之乱”的发生埋下了伏笔。

据《晋书·地理志》记载：梁国 统县十二，户八千五百。下面所属的苦县条，称东有赖乡祠，老子所生地。信奉老庄、整日谈玄的王衍死于此地，大约也是死得其所了。

石勒命人劈开司马越的棺材，说：“扰乱天下的，就是这家伙。我替天下人报仇，烧毁他的骨骸，昭告天地！”拖出尸首，纵火焚化；又将其他投降的人射杀，一下子死者十余万（这是一场空前的大屠杀），石勒多多少少想为自己的行为增添一点正义的色彩，不过继之而来的大屠杀，很快就暴露出了他狰狞嗜杀的本性；王弥弟王璋所部又将没有死的人全部烧死，把人烧死以后，当粮食吃掉。

史书对司马越是这样评价的：“匡复之功未立，陵暴之衅已彰，罄彼车徒，固求出镇。既而帝京寡弱，狡寇凭陵，遂令神器劫迁，宗社颠覆，数十万众并垂饵于豺狼，三十六王咸陨身于锋刃。祸难之极，振古未闻。虽及焚如，犹为幸也。”

二三八 洛阳陷落（一）

逃到洧仓的何伦、李恽所部，被刚刚歼灭了司马越军、西上洛阳的石勒大军截住。（《读史方舆纪要》称：“洧仓城在许昌故城东。即洧水之邸阁也。《水经注》：洧水过长社县，分一支东流过许昌，又东入汶仓城内。”今河南省鄢陵县。）结果可想而知：这支逃难军很快战败。

何伦逃往下邳；李恽杀掉随军而行的妻子，逃往河北广宗（今河北省威县）。在西晋末年，陈留和广宗是“乞活军”的两个主要的基地。

司马越的世子司马毗以及皇族的四十八个亲王（《晋书·司马越传》称是三十六个亲王，此处是《资治通鉴》和《晋书·怀帝本纪》的说法）全部被石勒俘虏，并被杀掉（史书称“皆害之，死者甚众”）。裴妃流落民间，被人掳掠贩卖，卖给一个姓吴的人家，到太兴年间，才辗转到了江南，逃到江南的裴妃受到司马睿的厚待，把自己的三儿子司马冲过继到她的膝下，作为司马越的后裔，继承东海王的爵位。由于司马越尸体被焚毁，裴妃请求司马睿允许再在江南为司马越修墓，招魂司马越。经过朝廷讨论以后，朝臣以为此事“违礼制义”，于是，司马睿下诏不许。可是，裴妃拒不奉诏，强行在广陵为司马越招魂，并为司马越修建了一座没有骨骸的空墓。

留在洛阳的皇帝司马炽也同样面临着是去是留的问题。

其实，早在司马越东出洛阳以后，荀晞就曾上表晋怀帝建议迁都，但是，由于当时的朝廷被司马越的亲信所控制，因此，没有人敢于同意荀晞的意见；等到司马越死后，荀晞再次请求晋怀帝赶紧迁都避难。因为，他知道，在刘汉帝国消灭了晋帝国最后一支大军以后，肯定很快就要合围洛阳。他派遣从事中郎刘会率领数十艘船，宿卫五百人，载着千斛谷米，迎接晋怀帝。司马炽想听从，但是，朝臣们大都贪恋资财，不同意迁都。刘会只好回去。

不同意迁都，那就要加强京师的防守，但是，兵在哪里?

朝臣们对西凉剑士的威猛还记忆犹新，他们又一次想到了远在凉州的张轨。

张轨闻听洛阳危急，便立刻派遣将军张斐、北宫纯、郭敷等率西凉五千精骑，星夜驰援洛阳。

刘会带来的千斛谷米很快就被吃完，洛阳又陷入了空前的饥馑，在大敌尚未到来，洛阳城内竟然就已经出现了人吃人的现象。即便如此，司马炽还不得不给帝国的地方大员加官晋爵，来勉强维系着帝国的统治，他在晋升荀晞为大将军以后，又晋司空王浚为大司马，征西大将军、南阳王模为太尉，太子太傅傅祗为司徒，尚书令荀藩为司空，安东将军、琅邪王睿为镇东大将军。而与之形成鲜明的对照，朝臣私自从洛阳逃难流亡的有十之八九。

这是永嘉五年五月的事情，距离石勒歼灭司马越大军仅仅过去不到一个月。

司马炽看到实在支撑不下去了，他召开御前会议，决定迁都荀晞、王赞据守的仓垣。

可是，机会已经失去了。

司马炽出发的时候，身边已经没有了卫队，也没有车马，司马炽搓着双手，叹息着说："怎么连车舆都没有啊！"

司马炽让司徒傅祗带着几个人先走到河阴（今河南省孟津县东北），寻找船只。

皇帝本人和几十个朝臣、侍从一起从皇宫走出，往南走在洛阳曾经最为繁华的大街铜驼街上，昔日的铜驼街上形同废墟。

此时，这几十个衣着华丽的人组成的逃难队伍立即吸引住了无数双贪婪饥渴的眼球。饥民从铜驼街的两侧出来，冲击这支队伍，抢夺这些人身上带着的资财、粮食、衣服。

晋帝国的皇帝在自己的国都，却遭到了公然的抢劫，而皇帝的对付手段不是镇压，而是无能为力，只好掉头，狼狈折返宫中。

度支校尉魏浚带着几百家难民住在河阴的硖石（今河南省新安县东），也许是受到傅祗的指示，他不断带人出去抢劫粮食，送给洛阳城内的皇帝，司马炽对此十分感激，任命魏浚为扬威将军、平阳太守（空头官职）。

皇帝竟然依靠别人打劫过活，成了强盗头。

二三九 洛阳陷落（二）

永嘉五年（公元311年）五月，刘汉帝国皇帝刘聪下令对晋帝国的首都洛阳发动总攻。

他任命卫尉呼延晏为使持节、前锋大都督、前军大将军，率领禁卫军两万七千人，从平阳南下，自宜阳进入洛川地区。同时，命令处于襄城地区的王弥、刘曜所部和苦县地区的石勒所部与呼延晏会合。去年冬十月，刘粲率领王弥、刘曜带兵四万，而石勒接到刘聪的命令以后，率领围攻洛阳的部队是精骑三万。粗略的计算下来，参与围攻洛阳的刘汉部队不下十万。

洛阳，号称为四方之中，不利之处就是为四战之地。因此，扼守洛阳外围据点十分关键。洛阳的外围据点，近的来说，是三川河谷的成皋、崤函、孟津等，远一点的为洛阳东北的河内地区、南边的南阳盆地、东南的许昌地区等。刘汉帝国在前几次企图直取洛阳失败以后，在战略思想上，放弃屯兵坚城之下的策略，而是组织数支人马从洛阳的外围着手，控制河南中北部地区，切断洛阳与周边地区的联系，进而孤立洛阳。这一战略的转变，取得了成功。此时的洛阳，就如同成熟的果子一般，只等人去轻轻一碰，就将瓜熟蒂落了。

史料记载，在呼延晏进入洛川腹地以后，与晋军进行了十二次战斗，晋军十二次都被击败，死亡人数达到三万余人。柏杨先生以为此事可疑，因为，晋军尚有这么多军队，那晋怀帝司马炽竟然逃不出铜驼街？我想，也许所谓的晋军都是屯聚在洛阳外围坞堡的零星部队，这些部队可能就是从京城逃出的官员带领的，加上宗族、部曲等组成。

十二次战斗死掉三万人，一次剿灭一个坞堡，也就是杀掉不到三千人，大致也符合坞堡战的情况。

刘曜、王弥、石勒大军尚未到达洛阳，呼延晏已经先期到达，他把部队的辎重留在洛阳西面十三里桥的张方故垒，然后，于公元311年的五月二十七日，进逼洛阳城下。第二天，呼延晏即组织部队对洛阳南城东面第二门——平昌门的进攻。经过三天的进攻，终于于五月三十日，攻破了平昌门，进入洛阳城，焚烧了洛阳东城的中门——东阳门，以及政府部门的房舍。晋怀帝派遣河南尹刘默率兵抵挡，在税门被击败。

六月一日，呼延晏由于对洛阳城内情况不明，加上其他各军没有按期到达，因此，不敢深入，在大肆抢劫以后，带着掳掠来的两百多名王宫子女，从东阳门又退出了洛阳城。司马炽在洛阳城南的洛水岸边早已准备了船只，企图坐船由洛水东入黄河，呼延晏把所有的船只全部烧毁。然后，回到十三里桥的张方故垒。

“时城内饥甚，人皆相食。”情况已经到了不可收拾的地步。

六月四日，司空荀藩和弟弟光禄大夫荀组二人趁着敌人还没有完成对洛阳的合围，一起逃出洛阳，投奔轩辕关（今河南省偃师市东南）。太子左卫率温畿夜里打开广莫门，逃往小平津。

六月五日，刘汉帝国征东大将军王弥率军进抵洛阳南城的宣阳门（位于南城西边第二门，直通铜驼街，到宫门）。

第二天，始安王刘曜进抵洛阳西门中门——西明门。

六月十一日，王弥、刘曜、呼延晏不再等待石勒，开始了对洛阳城的总攻：王弥、呼延晏所部攻陷了宣阳门，经过铜驼街，直接进入皇宫的南宫，登上了太极殿的前殿，纵兵大掠，把宫中妇女和珍宝洗劫一空。晋怀帝司马炽仓皇从华林园逃窜，经过河阴的藕池，企图逃往长安，被刘汉军队赶上，抓住囚禁在宫城的端门里面。

刘曜从西明门攻进城内，驻屯在武库。

没有抢到妇女和珍宝的刘曜怒火中烧，六月十二日，他大开杀戒，诛杀了太子司马铨、吴王司马晏、竟陵王司马楙、右仆射曹馥、尚书閭丘冲、袁粲、王緄、河南尹刘默等，官民被杀三万多人，在洛水的北面，构筑“京观”。

王弥纵兵大掠，刘曜听说后，派人要求王弥停下来，王弥哪里肯听？刘曜进城以后，杀掉了王弥的牙门将王延。王弥大怒，与刘曜部队相互攻击，死伤一千多人。王弥的长史张嵩劝说王弥：“您与刘汉帝国一起兴起大事，事业刚刚开始，就相互攻击，有什么脸面回去见皇帝呢？平定洛阳之功，实在全在将军，但是，刘曜人家是皇族，建议您还是多少让让他。晋朝王濬、王浑二将争功的事情，愿将军您还是多想想。即使将军您手握强兵，不回平阳了，您身在平阳的妻子宗族又怎么办呢？”

王弥一听，说：“很好，没有你，我认识不到我的错误。”

王弥主动到刘曜那里道歉，两人结好如初。

王弥对刘曜说：“下官认识错误，还是张长史的功劳啊。”

刘曜说：“你是朱建啊，岂止是范生呢？”

两个人分别赏赐给他黄金一百斤。

王弥对刘曜说：“洛阳位于天下之中，四面山河险固，城池宫室不需要营造，可以建议皇帝从平阳迁都到这里。”

刘曜以为，如今还是乱世，洛阳无险可守，焚烧历代皇家祭庙、皇宫、官署，挖掘晋历代皇陵，并接受了司马衷的第二任老婆羊献容。与羊献容形成鲜明对比的是司马虞的前妻王惠风，当刘曜将其赏赐给手下大将乔属的时候，王衍的这个小女儿拔剑相拒，以死相拼，她义正词严地说：“我太尉女，太子妃，决不会被叛胡所污辱！”被乔属所杀。

王弥大怒，骂道：“屠各小子，你哪有帝王的胸怀！你能把全天下的人咋样！”

刚刚和好的关系，又一次决裂，王弥家也不要了，从洛阳城出来，率师东去，进驻项关（今河南项城市西南顿镇）。

而晚来的石勒，既没有出上力，更没有捞到好处，洛阳陷落以后，看到两人闹腾得不可开交，石勒归功于王弥和刘曜，刘聪任命他当征东大将军，他也坚决不接受，而是赶紧离开这是非之地，东去穿过轩辕，进驻许昌。

刘琨的父亲光禄大夫刘蕃、尚书卢志逃往并州，投靠刘琨。

刘曜烧掉洛阳，这是洛阳继董卓以后遭到的又一次大的浩劫，他押送着司马炽和皇帝的六颗印信，回到了平阳。

刘聪大喜，六月二十一日，下诏大赦，改年号为嘉平，任命司马炽为特进，左光禄大夫，封平阿公。（《晋书·晋怀帝本纪》记载，封为会稽公。）

二四〇 死而不僵

从理论上来说，西晋此时已经灭亡。

接下来的永嘉年号还经历了一年半的时间，这段时间里，中原大地上晋王朝已经没有了皇帝，而是出现了几个自封的政府——行台。同时，在中原大地上，已经很难找到成规模、成建制的晋军大兵团，已经无力固守城池，因此，晋朝的臣子们更多地选择了带领宗族、部曲居险，一边耕作，一边打仗，勉强维持着生存。

听说晋怀帝被俘、洛阳陷落的消息，自发组成的政府有以下几个。

一是，河阴政府。司徒傅祗本来是给司马炽打前站的，他还没有准备好船只，却已经听到了司马炽被俘的消息，于是，就在河阴建立政府。以傅祗为持节、大都督，传檄四方，派遣儿子傅宣带着公主与尚书和郁一起请求诸侯勤王。傅祗自己移住孟津小城，二儿子傅畅代理河阴令。

二是，密县政府。司空荀藩逃出洛阳以后，先驻屯在阳城（今河南省登封市）；河南尹华荟（华歆的曾孙）驻屯成皋（今河南省荥阳市西北汜水镇）；但是，地方上有个叫侯都的土匪头子，常常以掳掠人为食，荀藩和华荟的手下总被侯都的人抓走吃掉，两人手下被吃得越来越少，几乎难以立足。正好，汝阴（今安徽省阜阳市）太守李矩本来是受司马越之命，与汝南太守袁孚一起带领兵丁人众来洛阳，营修被张方毁坏的千金堨，等到洛阳陷落，李矩率众东屯荥阳，后来移到新郑。此时，李矩率兵击斩了侯都，帮助荀藩、华荟建立官舍房屋，运送粮秣。接着，荀藩、荀组、族侄中护军荀崧，华荟及其弟弟中领军华恒，在密县（今河南省新密市）也组建了临时政府（行台），发布文告，传递四方，推琅邪王司马睿当盟主。荀藩行使皇帝职权（承制），任命荀崧为襄城太守；李矩为荥阳太守、前冠军将军褚翜为梁国（今河南省商丘市）内史。

三是，仓垣政府。豫章王司马端，是前皇太子司马覃和皇太子司马诠的小弟，本来封为都督江州诸军事、豫章王、平南将军、假节。正要南下上任，结果遇上了洛阳陷落，他仓皇向东逃到仓垣，大将军苟晞率领文武官员，尊奉司马端当皇太子。司马端行使皇帝职权（承制），任命苟晞兼太子太傅、都督中外诸军事、录尚书事，并把政府从仓垣迁到蒙城（今河南省商丘市）。王赞屯兵阳夏。

四是，江东政府。中原大乱以后，流民逃亡的方向大致有三：一是南方、东北、西北。东北的依附于幽州的王浚，但是，后来因为王浚暴虐，又分别逃往临近的段氏鲜卑，段氏鲜卑崇尚武力，中原士民又转投更北边的慕容鲜卑，对于慕容氏的发展起到了很大的作用。西北主要投奔凉州的张轨，《晋书·张轨传》记载："及京都陷，中州避难者日月相继，分武威置武兴郡以居之。"中州人士对于河西胡族汉化和五凉政权的建立都起到很大的作用。而更多的高门大族选择了下江南。大多数上层士族云集长江下游，而更多的中层士族则由南阳而荆州而湘州，处于长江中上游地区。《晋书·王导传》记载："导劝帝收其贤人君子，与之图事。"共延聘了秘书（掾）、助理（属）一百余人，当时人称"百六掾"。命前颍川郡（今河南省许昌市东）太守刁协当军咨祭酒；前东海郡（今山东省郯城县）太守王承（王浑侄子）、广陵郡（今江苏省淮阴市）相卞壶当从事中郎；江宁（今江苏省江宁县西南江宁乡）令诸葛恢（诸葛靓之子）、历阳郡（今安徽省和县）参军陈頵为行参军；前太傅掾庾亮（庾衮的侄子）为西曹掾。

五是，幽州政府。洛阳陷落后一个月，大司马，幽州、冀州二州刺史王浚，在蓟县（今北京市）设立神坛，祭告上天及五色帝，立了一位皇太子，（史书上说是"承制假立太子"，难怪史书没有这位太子的名字了。）昭告天下，代表皇帝任官封爵（承制），设立临时政府，委派"征""镇"级大将军。王浚册立的皇太子的名字已经无考。王浚任命荀藩为太尉，琅邪王司马睿为大将军；自兼尚书令，命自己的女婿枣嵩和因不服从司马睿领导而逃往幽州的前豫州刺史裴宪分别担任尚书。又命田徽当兖州刺史，"乞活帅"李恽为青州刺史。

其他的如并州刺史刘琨也在承制，任命官职。比如，对于驻防在石梁坞（洛阳城东）的扬威将军魏浚，刘琨任命他做河南尹。而魏浚的堂侄魏该，聚集部众，据守一泉坞（今河南省宜阳县西），另外一个密县政府的荀藩，就任命他做武威将军。

不过，这些临时政府，也因为各自的实力和所处的地理位置不同，而存续的时间各不相同。

密县政府本来兵微将寡，难以立身。从洛阳东去的石勒也曾经想顺势把路上的李矩灭掉。石勒亲自率领大军，偷袭李矩，李矩让老弱病残都先行入山躲避，把手下的民众放养的牛马都散在田野，然后，设下伏兵，静等石勒大军的到来。石勒军争取牛马，李矩一声令下，伏兵尽出，喊杀声响彻山谷，大破石勒，斩杀俘虏很多敌人，石勒只好远去。李矩此战也保住了密县临时政府。

二四一　火并王弥

仓垣行台就没有这么幸运。

在仓垣的苟晞自从司马越死后，自己当上了大将军，不仅在原有的残暴之上，又增加了一个恶习：那就是骄奢淫逸。高手过招，到最后，比的已经不再是技术，而是心劲。苟晞在被曹嶷于青州城下击败以前，可谓是百战百胜，而被曹嶷击败逃到高平以后，却一蹶不振；与之形成鲜明对比的是石勒，几年下来，败多胜少，多少次被打得身边的家当全无，然而，他就像一个愈挫愈勇的猛士，跌倒了爬起来，继续撕咬。终于咬出了一片天地。

如今，身处仓垣的苟晞与过去勤勉、精力充沛的苟晞判若两人。史书记载："晞出于孤微，位至上将，志颇盈满，奴婢将千人，侍妾数十，终日累夜不出户庭，刑政苛虐，纵情肆欲。"其实，如果管辂再世的话，大约也要说其属于"鬼躁"吧？也许失败以后，苟晞再也树立不起来信心，已经魂不守舍，只是过一天是两晌了吧。阎亨是那位伏着张华尸首痛哭的义士阎鐕的长子，为辽西太守，因为王浚任用私人，所以没有办法去上班，就依附苟晞过活，他多次以书直言劝谏，苟晞大怒，一气之下就把阎亨杀了。从事中郎明预卧病在家，听到了这个消息，马上坐轿见到苟晞说："国家遭此大难，明公将为国家除暴，阎亨是位人才，无罪为什么要杀掉啊！"苟晞暴跳如雷说："我杀阎亨，跟别人有什么相干？你却带病进来骂我！"身边的人都吓得浑身发抖，明预说："阁下对我礼遇，所以我尽心报答。而今，你对我这么愤怒，比起远近群众对你的愤怒，又算什么？尧舜在上，也仅仅是因为和谐才兴旺；桀纣在上，也就是因为骄傲凶暴而灭亡，天子尚且如此，何况我们做人臣呢？希望你暂时息怒，想想我的话。"

听完，苟晞面露羞愧之色。

如此一来，苟晞身边人心怨恨离散，都不愿替他卖命，再加上当时饥馑、瘟疫，手下的将领温畿（本来被司马越排斥而投奔苟晞）、傅宣（也是从河阴来奔）都离开了苟晞。

石勒率军进攻谷阳，杀死了冠军将军王兹，又进兵阳夏（今河南省太康县），击破王赞所部。接着，马不停蹄，乘胜长途奔袭蒙城（今河南省商丘市），活捉了苟晞和豫章王司马端。

仓垣行台即行解散。

也许是年轻的时候，被人从并州卖到青州一路上用枷夹着的滋味刻骨铭心，石勒抓到了这个曾经把自己打得东躲西藏的苟晞以后，也用铁链子拴住苟晞的脖子，任命他做自己的左司马。

如今的中原大地上，除了星罗棋布的坞堡以外，刘汉帝国旗下的两股大军就剩下了王弥和石勒。

说到王弥就不得再说一说一个人——刘毅之子刘暾。刘毅，过去我们说的够多：他是唯一的一个在司马炎问自己像什么样的君主的时候，他回答："你就像著名的昏君汉桓帝和汉灵帝。"刘毅一生刚正不阿；也是他提出九品中正制的八大不足，强烈要求予以取消；也是他经常坐以待旦，公而忘私，即使是自己的妻子有错，也会被亲自杖责！生前被任命为老家青州的大中正。死的时候，司马炎扶着桌几惊叹道："天夺我名臣，生前我还没有来得及让他做到三公！"他的儿子刘暾也和他老子一样，十分正直，多次担任司隶校尉之职。司马越当权的时候，就对刘暾十分忌惮。刘暾的前妻早死，儿子娶媳妇了，按照刘暾的家法，新媳妇要去拜墓，刘暾就带着家人去上坟。洛阳令王棱为司马越信任，但是轻视刘暾，刘暾常想收拾收拾他，这个王棱看到刘暾出城，就向司马越打小报告说，刘暾和王弥是老乡，这次带着家人肯定是去投靠叛匪去了。司马越竟然也就信以为真了，就要派出骑兵去追赶，傅祗的儿子傅宣正好在司马越府中做长史，为刘暾辩解。刘暾听说以后，坟也不上了，立马回城，以大义斥责司马越，弄得司马越很不好意思。不过，即便如此，司马越看到刘暾威望很高，他见不得别人这样，就明升暗降，让刘暾做了太子少傅。

等到王弥攻陷洛阳以后，晋朝大臣几乎无一幸免，刘暾因为与王弥是老乡，并且刘暾父子在青州威望一直甚高，所以，王弥并没有杀他，刘暾趁机对王弥说："如今英雄并起，四海分裂，有不世之功的，海内必不相容。将军您自兵起以来，攻无不克，战无不胜，为刘汉立下了不赏之功，况且如今您又与始安王刘曜不和，应该多想想文种之祸，多学学范蠡的智慧。并且，将军您可以不当皇帝，但是，却能去青州称王，上可以统一天下，下可以成鼎足之势，不失做孙权刘备啊！蒯通曾经建议韩信的话，您应该想想。” 刘暾的目的当然是离间刘汉帝国的君臣，王弥听了这话，立即表示赞同。《晋书·王弥传》称，是刘暾说服王弥派自己的左长史曹嶷带走五千人马去青州招兵买马。但是，考查《晋书·苟晞传》，曹嶷在青州打败苟晞的时候，洛阳并没有陷落，并且，《晋书·刘暾传》《晋书·石勒传》也没有说刘暾劝说王弥派曹嶷去青州的事情，因此，可以断定，刘暾投降王弥以后，曹嶷已经在青州了，《晋书·王弥传》的说法不对。

此时的王弥处境并不太好。一是，与刘汉帝国上层关系很僵。二是，曹嶷走后，虽然在青州发展得有声有色，但是，毕竟没有合兵一处，实力不强。三是，也许是自己擅自东去，致使手下的将领徐邈、高梁又带走了几千兵马离开大部队，自己身边的实力更弱。

英雄惜英雄，英雄同样忌英雄。

石勒对于王弥的计谋、英勇也十分忌惮。对此，王弥也是心知肚明。因此，在攻下洛阳以后，王弥十分知趣，自己的部队掳掠的妇女财宝最多，他主动给石勒送去了很多，想结好石勒。此时，刘暾深知一山不容二虎，要想称王青州，就必须除掉石勒。也许，刘暾是站在借王弥之手除去异族的角度吧。但是，刘暾也知道，以王弥如今的兵力，根本不是石勒的对手，因此，只有将曹嶷召来，合兵一处，才能除掉石勒。

刘暾说服王弥，让其召回曹嶷，共图石勒。王弥让刘暾带着信件，去青州找曹嶷，同时，劝诱石勒共同往青州进发，以便在青州附近地区将石勒消灭掉。

但是，刘暾走到东阿（今山东省阳谷县东北阿城镇）的时候，却被石勒的游骑所获，石勒从刘暾身上搜出了王弥写给曹嶷的信件，一看不禁勃然大怒，立即秘密杀掉了刘暾，并开始策划杀掉王弥的计谋。

这边的王弥对此毫不知情。当他得知石勒抓获了苟晞以后，不禁脊背发凉，心里十分担心石勒的力量，但是，王弥毕竟是王弥，他假装卑微地对石勒捎话说：“您俘获了苟晞，将他赦免了，您是多么神啊！让苟晞做你的左司马，我做你的右司马，天下不足平定啊！”

而此时的石勒早已心中有数，他对张宾说：“王弥的地位比我高，却言语很谦卑，恐怕这家伙真的要实施他原先的狗主意了！”

张宾说：“思量王弥的本心是想在青州老家称王，这也是人的本情，难道大王就不想在并州老家称王吗？王弥之所以一直没有打出这个旗号，是因为担心大王跟着他的脚步追杀他，他肯定已经有了图谋您的主意了，只是不得其便罢了。现在如果不果断做掉王弥，恐怕等曹嶷到来以后，二人合兵一处，等到那时候，哪有后悔药可吃！他的手下徐邈已经跑了，他正处于困难的境地，此时，看他的样子似乎还未决心与我翻脸，因此，可以诱杀他！”

石勒深表赞同。

当时，石勒打败了王赞、俘获了苟晞，正全力进攻附属于苟晞的“乞活军”陈午所部，而王弥也正与驻守寿春的刘瑞相攻，双方不分胜负。王弥向石勒求救，石勒一时并没有答应。这时，张宾进言说：“明公经常担心找不到诛杀王弥的机会，如今，上天把这个机会交给你了。陈午不过是一个小丑，哪能对我们造成威胁？王弥可是个人杰啊，将会对我们有害。”听到这，石勒丢下陈午，回师南下帮助王弥攻灭了刘瑞。

王弥大喜，以为石勒真心对待自己，对石勒再不怀疑。

斩杀刘瑞以后，石勒再度回军肥泽（疑为蓬泽之误。《晋书·地理志》荥阳郡条开封县条下：“宋蓬池在东北，或曰蓬泽。”）进攻陈午。陈午的司马李头对石勒说：“大王天生神武，将会平定四海，四海民众都会属于大王，希望您能救他们于水火。如今，有一个将要与大王争锋的人，您不早点图谋他，反而进攻我们这些可怜的流民。我们都是老乡，终归是要拥护您的，为什么那么苦苦相逼呢？”

听了这话，第二天天一亮，石勒就率军离去了。

然后，石勒对王弥发出邀请，请王弥去自己大营驻扎的地方——已吾（今河南省宁陵县西南）喝酒，王弥的长史张嵩劝说王弥别去，当心会有刺杀之事，王弥没有听从。

酒喝到中间，石勒没有借助他人，而是自己亲手拔出佩刀，一刀杀掉了王弥。（《晋书·王弥传》称：“勒伏兵袭弥，杀之，并其众。”）接着，率军吞并了王弥的军队，并上书刘聪说明王弥谋反的情况。

刘聪大怒，派人责备石勒：“你竟然谋害公卿大臣，藐视君王。”然而，说归说，此时的形势，刘聪也奈何不了石勒，只好顺水推舟，任命其为镇东大将军，都督并州、幽州诸军事，领并州刺史，持节，征讨都督，校尉，开府，幽州牧、公如故。此后，苟晞和王赞试图逃跑，石勒发现以后，又将苟晞、苟纯、王赞三人全部诛杀。

下一步，石勒将要往哪里去呢？

二四二　永嘉五年（一）

永嘉五年，也就是公元311年，是一个重要的时间节点。

他的重要性就在于，这一年晋帝国的首都洛阳陷落了，并被焚毁；晋怀帝被俘，被送至平阳。在这个重要的时间节点上，我们先停一停前进的脚步，审视一下真正处于大乱中的中国，然后，把一直无暇顾及的西南、东北局势再说一说。

整个中国已经不再是人间，而是形同鬼蜮。《晋书·食货志》对此有一段异常凄惨的记载："至于永嘉，丧乱弥甚。雍州以东，人多饥乏，更相鬻卖，奔迸流移，不可胜数。幽、并、司、冀、秦、雍六州大蝗，草木及牛马毛皆尽。又大疾疫，兼以饥馑。百姓又为寇贼所杀，流尸满河，白骨蔽野。刘曜之逼，朝廷议欲迁都仓垣。人多相食，饥疫总至，百官流亡者十八九。" 流尸满河，白骨蔽野，这是一幅何等悲惨的图画啊！

刘汉帝国：根据《晋书·地理志》的记载：并州统辖六郡国，四十五县，户口五万九千三百。六郡国分别为：太原国、上党郡、西河国、乐平郡、雁门郡、新兴郡（惠帝时改为晋昌郡）。司州统辖河南、荥阳、弘农、上洛、平阳、河东、汲郡、河内、广平、阳平、魏郡、顿丘等十二个郡，而此时的刘汉帝国，已经拥有了并州和司州的大部。另外，名义上属于刘汉帝国的石勒还在兖州、豫州、徐州地区游荡。

幽冀王浚：此时的大司马、都督幽州冀州诸军事、兼冀州刺史王浚已经被封为尚书令（自封的）。根据《晋书·地理志》的记载：冀州，统辖十三郡国：赵国、安平国、巨鹿国、平原国、乐陵国、渤海郡、章武国、河间国、高阳国、博陵国、清河国、中山国、常山郡。虽说王浚名义上是冀州刺史，但是，其对冀州南部的控制力并不强。河北南部的属于司州的魏郡、汲郡、顿丘郡等也属于晋地方诸侯与刘汉帝国相互争衡的地方，比如，平北大将军、并州刺史刘琨就任命自己的侄子刘演为魏郡太守，镇守邺城；邵续（原司马颖参军）也纠合数百人，受王浚的官爵，为绥集将军、乐陵太守，屯驻厌次（今山东省惠民县）。——捎带说一句：刘琨的平北大将军还是司马越在公元310年十一月加封的，而在公元311年五月，也就是司马越死后，晋怀帝司马炽最后一次大规模加封三公级官员，并没有刘琨的份。不论从感情上还是渊源上来说，刘琨都是司马越的人，这是没有疑问的，因此，我们也就对晋怀帝的决定能够理解了。

再说说王浚的禁脔之地——幽州，《晋书·地理志》记载：幽州包括统都国七，县三十四，户五万九千零二十。包括：范阳国、燕国、北平郡、上谷郡、广宁郡、代郡、辽西郡。代郡作为王浚的土地，刘琨让朝廷赏赐给拓跋鲜卑，王浚当然不干了。在山海关以外，尚有一个不为众知的平州，曹魏时期，在平定了公孙渊以后，设置了护东夷校尉，居襄平（今辽宁省辽阳市），分辽东、昌黎、玄菟、带方、乐浪五郡为平州，后来又合为幽州。到司马炎的咸宁二年十月，分昌黎、辽东、玄菟、带方、乐浪等郡国五置平州，大致位置在山海关以北、辽宁南部、朝鲜中北部地区。《晋书·地理志》记载：“平州初置，以慕容廆为刺史，遂属永嘉之乱，廆为众所推。”此事不见于《晋书·武帝本纪》《晋书·慕容廆载记》，此说十分可疑。因为，在武帝时期，慕容廆时叛时附，即便是到了永嘉元年（公元307年），慕容廆称为鲜卑大单于，那也是他自封的，因此，在咸宁年间晋王朝任命其为平州刺史，此事实属可疑。不过，据此也可以看出，在山海关以东以北、辽宁南部地区，也就是晋国的昌黎郡、辽东国一带，慕容鲜卑的势力是相当大的。

还是在公元304年七月成都王司马颖所派的幽州刺史和演被王浚杀掉以后，和演的别驾昌黎郡（今辽宁省义县）人王诞投奔到了晋东夷校尉〔司令部设襄平（今辽宁省辽阳市）〕李臻那里。王诞说服李臻趁着王浚南下邺城之际，从辽东地区率军进攻王浚的老巢北京。当时，皇帝司马衷正在邺城，而王浚兵向邺城，当然就是犯驾，于是，李臻派他的儿子李成率军朝幽州进发。可是，与李臻同居一城的辽东郡（今辽宁省辽阳市）太守庞本，与李臻之间素有矛盾，庞本看到李成率领大军离开了辽阳，就对李臻发动突然袭击，斩杀了李臻，可叹李臻本来是要乘人之虚图人，结果反而被人暗算。在诛杀了李臻以后，庞本又派人追到无虑（今辽宁省北宁市），接着斩杀了李成。王诞只好再度逃亡，投奔到了鲜卑慕容部落〔王庭设棘城（今辽宁省义县西）〕大单于慕容廆。

李臻被杀以后，辽东郡沿边塞一带的鲜卑部落酋长素喜连、木丸津，宣称要替李臻报仇，起兵攻陷辽东各县城池，屠杀掳掠人民，屡次击败晋军，这种情况一直持续了数年。

晋朝廷听说李臻被杀以后，又任命渤海郡（今河北省南皮县）人封释为东夷校尉，那个庞本又密谋诛杀封释。这次，封释的儿子封悛，说服自己的父亲提前下手，于是，封释邀请庞本见面，在席间设下伏兵，当场将庞本拿下，斩杀，并屠灭了庞本的全族。

辽东地区素喜连、木丸津的叛乱，给鲜卑慕容廆带来了双重的好处：一方面，由于战乱，辽东居民纷纷渡过辽河，进入辽西地区，投靠鲜卑慕容部落，使得慕容部落的力量逐渐壮大；另一方面，新任东夷校尉封释〔时驻襄平（今辽宁省辽阳市）〕没有力量消灭素喜连、木丸津，封释转而请求和解，但是却遭到了素喜连、木丸津的拒绝。在这种情况下，慕容廆的幼子鹰扬将军慕容翰向父亲建议说：“自古以来，成就大业的君王，在最初的时候，没有一个不先行尊崇天子，顺从民望，然后才能建功立业。而今，素喜连、木丸津名义上是痛恨谋杀李臻的庞本，内心却是以此为借口搅乱天下。封释已经诛杀了庞本，请求与他们和解，可是他们仍不断奸淫烧杀。中原内地的灾难没有停下来的迹象，人民四处流亡，平州政府军战力不强，辽东郡更是灾荒一片，无人拯救。单于您不如公布素喜连、木丸津的罪状，出兵讨伐，上可以使辽东郡恢复和平，下可以把两个部落完全吞并，不仅彰显我们的忠义，而且更重要的是我们还能够得到实实在在的利益，这是成就霸业的基础啊。”慕容廆笑着赞许说：“你这娃子，竟有如此高明见识！”

于是，慕容廆遂率军东进，由慕容翰为先锋，斩杀了素喜连、木丸津二人，吞并两个部落的部众。把两个部落以前所掠夺的晋民三千余家，以及从前投靠慕容廆的辽东郡的居民，全都送还给了辽东郡，这令封释大为感动，辽东郡借此得以勉强维持生存。

封释的东夷校尉没有做几年就去世了，晋大司马、幽州刺史王浚，任命他内弟崔毖接任，把手伸向了辽东。

封释患病期间，把孙儿封奕托孤给了慕容廆。封释逝世后，慕容廆召见封奕谈话，又惊又喜，称为奇才，任命他当小都督；封释的儿子冀州主簿封悛、幽州参军封抽前来辽东奔丧，慕容廆跟他们见面交谈以后，说：“这家的人，都是天上降下来的千斤神牛！”因冀州战乱，道路断绝，封悛、封抽二人无法把封释的灵柩运回故乡渤海郡（今河北省南皮县），遂都留在慕容廆身边，慕容廆命封抽为长史，封悛为参军。到了如今，辽东、辽西地区真正有实力的不再是王浚任命的护东夷校尉崔毖，也不再是辽东太守，而是慕容廆。

并州的刘琨：他只驻守在晋阳，势力集于附近的一些县以及并州北部的新兴郡、乐平郡，而过去的雁门郡其实等于是全部割让给了拓跋鲜卑。不过，就这一点来说，刘琨也是无奈之举，不必过多苛责，因为，《晋书·地理志》有这样一段记载说："魏黄初元年，复置并州，自陉岭以北并弃之，至晋因而不改。"也就是说，晋国在以前也没有把陉岭以北之地作为自己的领土，此时，只不过刘琨又把那里散居的居民迁回来罢了。

在并州的刘琨处境是十分艰难的。艰难的处境，我们可以从一件小事中看出：被誉为茶神、茶仙的唐代陆羽在其著名的《茶经》中，曾经引用刘琨给他的侄子刘演的《与兄子南兖州刺史演书》这封书信，上面记载："前得安州干姜一斤、桂一斤、黄芩一斤，皆所须也，吾体中溃闷，常仰真茶，汝可置之。"说的是自己在并州体中"溃闷"，想喝点茶，让刘演给弄点，可见，身为大将军的刘琨在并州是连茶都弄不来的。

即使在物质条件如此艰苦的情况下，刘琨每得到一点好东西，也舍不得自己用，总是把它献给拓跋鲜卑的头领们，以便维系着双方的亲密关系。拓跋猗卢派他的儿子拓跋六修率军帮助刘琨，驻扎在晋阳以北的新兴郡（今山西省忻州市）协防。刘琨的牙门将邢延有一块碧玉，献给了刘琨，刘琨又将它转赠给了拓跋六修。谁知这个拓跋六修十分贪心，他看到碧玉很好，还想问邢延再要些，邢延说真的再也没有了，可是拓跋六修硬是不相信，就抓了邢延的妻子。邢延大怒，率军突击拓跋六修，拓跋六修被打跑。

邢延知道自己没有好果子吃，就以新兴郡为见面礼，投降了刘汉帝国，并请求刘聪出军攻击并州（州政府设在晋阳）。

刘琨如果知道一块玉，能惹出这么大的麻烦，他还会讨好拓跋六修吗？

青州曹嶷：离开王弥后，曹嶷率军攻陷汶阳关，越过鲁中山区，乘势沿淄河进军青州，打败青州刺史苟晞，青州望风而降四十余城。曹嶷又西下祝阿、平阴等地，兵力达十余万，尽陷齐鲁之地，自称青州刺史。《晋书·地理志》称，曹嶷"造广固城"。当时，曹嶷看到青州政府所在地临淄，四面平旷，无险可守，就在今天的青州市附近建造了广固城。广固城位于尧王山南，阳河绕其西侧，

“四周绝涧，岨水深隍”，“有大涧甚广，因以为固”，易守难攻，十分险要。

豫州兖州的石勒：石勒在宁平城攻灭司马越的十余万大军以后，协同石勒作战的刘汉安北将军赵固、平北将军王桑继续东进，进攻徐州州政府所在地彭城。此时的徐州刺史仍然是司马越的内兄裴盾，史书记载，此人“在任三年，百姓嗟怨”。很是不得人心。前不久，在顾荣等人平定了陈敏叛乱以后，司马越征拜顾荣为侍中，纪瞻为尚书郎，陆玩为太傅掾，这些江南名士们走到裴盾的地盘上，发现北方局势十分不妙，就停留不进。司马越给裴盾写信，说“若荣等顾望，以军礼发遣”，顾荣、纪瞻、陆玩等闻讯，吓得赶紧丢掉牛车，解开轻舟，一日一夜行三百里，才回到扬州。而此时面临赵固、王桑大军，逃跑的变成了裴盾等人，当听说赵固、王桑的前锋几支游骑抵达下邳（今邳州市），彭城（今徐州）城内的官员就一哄而散，裴盾和亲信司马奥只身逃奔淮阴，裴盾的老婆孩子都被赵固抓住，并把裴盾的女儿收为老婆。司马奥听说赵固把裴盾的女儿收为老婆，就又劝说裴盾投降了赵固，投降以后，一次裴盾对着女儿哭泣，正巧被赵固发现，赵固一怒之下就把裴盾给杀了。

盘踞在徐州的赵固、王桑，自从石勒杀掉了王桑的哥哥王弥就一直惴惴不安，在二人看来，石勒脱离刘汉、自立为王那只是时间问题，而近在咫尺的石勒随时会吃掉自己。二人思来想去，只好离开徐州，试图北回平阳。路途之上，军中缺少粮秣，士兵之间，互相格杀，吞食尸首，遂从硊硗津（今河南省延津县西北古黄河渡口）渡黄河北上。此时的魏郡太守正是刘琨的侄儿刘演，王桑恐怕受到刘演截击，遂派长史临深到刘琨那里充当人质。刘琨就地任命赵固为雍州刺史、王桑为豫州刺史。这些虚名，全部是遥领的官衔，毫无实际意义。

而此时的石勒，已经成为中原地区唯一的一支强有力的武装力量，但是，乱世之中，如果没有军粮，再有力的力量也只是昙花一现。因此，石勒以将军左伏肃为前锋都尉，攻略豫州诸郡，石勒大军临长江而还，屯军葛陂，“降诸夷楚，署将军二千石以下，税其义谷，以供军士。”石勒这头猛兽的动向，时刻牵动着人们，尤其是曹嶷、司马睿的心。

除了石勒，在广大的中原地区，尚有荥阳太守李矩，驻屯荥阳；河南尹（刘琨封）魏浚，驻屯洛阳北石梁坞；魏浚族子魏该在刘曜进攻洛阳的时候，屯兵金墉城，刘曜退去以后，当时杜预的儿子杜尹屯兵洛阳西的一泉坞，请求魏该协防，魏该派手下马瞻带领三百人去，这个马瞻看到杜尹没有防备，就袭杀了杜尹，迎接魏该屯守一泉坞。处于河内郡的还有郭默，被刘琨任命为河内太守等等。这些勇士们一直坚守在中原的坞堡里，抗争了很长时间。

而此时，他们就迎来了一位重量级的人物：抚军将军、秦王司马邺。司马邺，字彦旗，他是吴敬王司马晏（那个比大哥司马衷还愚蠢的人）的儿子，出继秦王司马柬为子，是荀藩的外甥，时年十二岁，他也逃亡到密县，在密县的荀藩等人就奉他为盟主，因为大家感觉密县与并州相距较近，比较危险，于是，一伙人南下前往许昌。当时，前任的豫州刺史天水郡（今甘肃省天水市）人阎鼎，聚集西州数千难民，也屯驻在密县，荀藩认为阎鼎有才干，并且拥有部众，就任命阎鼎为冠军将军、豫州刺史；命中书令李絙、司徒左长史彭城郡（今江苏省徐州市）人刘畴、镇军将军府（司马越之子司马毗的）长史周顗 （周顗是周浚之子）、司马李述等作为阎鼎的幕僚。

阎鼎自己是关西人，本来他聚众就是打算回到乡里，如今与抚军长史王毗、司马傅逊商量拥戴司马邺为主，阎鼎等人对刘畴等关东人说："山东不是能够成就霸业之处，我们不如去关中。"当时，河阴（今河南省孟津县东北）令傅祗之子傅畅，也写信给阎鼎，劝说大家奉秦王司马邺路过洛阳，拜谒祖宗陵墓，然后直接西上长安，纠合关西义众，报仇雪恨。傅畅的信也是要让大家与秦王一起西上长安，于是，阎鼎决定西上。在选择西上的道路上，很多流民认为洛阳北近黄河，担心在路上受到刘汉帝国军队的截击，建议不如取道南阳，从武关进入关中。荀藩、司徒左长史刘畴、镇军长史周顗、司马李述等，都是山东人，不想往关西，只是慑于阎鼎的兵威，不敢异同。行到中途，大家纷纷逃亡，阎鼎派军追赶不及，仅诛杀了中书令李絙等人，荀藩逃到了开封，周顗逃到了江南。阎鼎与司马邺从宛县（今河南省南阳市）向武关（今陕西省商南县西南）进发，在上洛郡（今陕西省商洛市商州区）遇到强盗的攻击，被杀一百多人，军队溃散。阎鼎集结残兵败将，抵达蓝田（今陕西省蓝田县），派人通知安定太守贾疋，贾疋派军迎接。

公元311年十二月，这帮人抵达雍城（今陕西省凤翔县），贾疋命扶风郡（今陕西省兴平市）太守梁综率军保护。

荆州湘州：退到夏口的征南将军，都督荆州、湘州、交州、广州诸军事山简，又被朝廷加督宁州、益州诸军事。他连自己的驻地襄阳都不保，还指望他能管理远在天边的交州和宁州啊！不过，山简到了夏口，痛定思痛，开始发忧国之思了。他招纳流民，一时间江汉归附的人很多。当时，朝廷乐府的乐师们大都逃难到了夏口，宴会的时候，僚属都劝山简让乐师们演奏，山简慷慨地说："国家都亡了，我们却没有能力去匡救，我们都是大晋的罪人，还作什么乐啊！"说罢，泪流满面，大家都十分羞愧。也就是在此时，堪称江左数一数二的名士卫玠也带着老母从洛阳逃难到了夏口，卫玠前妻已亡，山简一见之下，感慨地说："过去戴叔鸾（戴良，东汉隐士）嫁女，只看是否贤能，不问贵贱，何况卫玠是曾经的权贵门户，本人又是如此有名望呢！"就把自己的女儿嫁给了卫玠。

洛阳陷落以后，南平太守应詹撩开衣袖，痛哭流涕，他力劝荆州刺史王澄率兵北上赴援。王澄使应詹书写勤王檄文，应詹下笔便成，檄文词义壮烈，读过的人没有不慷慨激昂的，但是，此时的荆州北部有王如占据，紧邻的湘州有杜弢纵横，各郡的蛮族也蠢蠢欲动，王澄根本无力北上。他要解决的首要问题是如何自保，如何剿灭杜弢。

但是，面对混乱不堪的荆州局势，王澄似乎毫无忧惧之意。他只和成都内史王机关系友善，这个王机也不是寻常之人，他在十七岁的时候，就率宗族击退了陈敏弟弟陈恢对荆州的进攻，此人从小就仰慕王澄的为人，所以两人十分友善，整天只知道纵酒作乐，投壶博戏，不理政事。杀掉富人李才，把李才的家产赏赐给自己倚重的别驾郭舒。南平太守应詹多次劝谏，王澄拒不接受。因此，"上下离心，内外怨叛"。王澄的威望和名声大损，虽然如此，仍然傲然自得，扬扬得意。

王澄命令武陵诸郡一起讨伐杜弢，天门太守扈瑰（就是在陈敏之弟陈恢进攻武昌的时候，向当时的荆州刺史进谗言，说陶侃与陈敏是老乡，提醒刘弘对陶侃留一手的那位爷，当时，他的官职是随郡内史。）进军益阳。约定一同前往的武陵内史武察，却被本蛮夷所杀，扈瑰以孤军难以抵挡杜弢，所以率军而还。听到扈瑰擅自回军的消息，王澄大怒，立刻将扈瑰撤职，派南蛮司马杜曾（南中郎将杜蕤的从族弟）代替扈瑰做天门太守。史料记载，杜曾勇冠三军，骁勇绝人，能够穿着厚重的铠甲在水中游泳。杜曾到任以后，蛮夷袁遂曾是扈瑰的手下，在当地有相当的势力，借口为扈瑰报仇，遂举兵驱逐杜曾，强龙难压地头蛇，骁勇绝人的杜曾也没办法，只得仓皇逃去。袁遂公开发动叛乱，自称平晋将军。王澄派遣司马毌丘邈率兵前往讨伐，却被袁遂击败。

王澄的一股邪火，把应詹辛辛苦苦立誓换来的郡中短暂安宁又给断送了，如今，别说是讨伐杜弢了，眼皮底下的袁遂就够王澄喝一壶的了。

二四三　永嘉五年（二）

再说说扬州、江州。

原来的扬州统郡十八，县一百七十三，户三十一万一千四百。丹阳郡、宣城郡、淮南郡、庐江郡、毗陵郡、吴郡、吴兴郡、会稽郡、东阳郡、新安郡、临海郡、建安郡、晋安郡、豫章郡、临川郡、鄱阳郡、庐陵郡、南康郡。本来扬州的管辖区域很大，但是，到了惠帝元康元年，为了便于相互制衡，又分出荆州、扬州的部分郡成立了江州："割扬州之豫章、鄱阳、庐陵、临川、南康、建安、晋安，荆州之武昌、桂阳、安成，合十郡，因江水之名而置江州。"后来，又进行了或多或少的增益。江州的大致范围在今天的江西省及其周边地区，江州成立以后的扬州地区大致为今天的安徽中南部，江苏中南部，浙江、福建地区。

王导像

根据《晋书·王导传》的记载，在洛阳沦陷以后，"中州士女避乱江左者十六七"，于是，王导劝说司马睿延揽其中的贤人君子，齐心协力共图大业。鉴于当时司马睿在江南没有根基、南北士族矛盾根深蒂固、南方豪族盘根错节的现实，王导建议司马睿"为政务在清静，每劝帝克己励节，匡主宁邦"。深得司马睿的信任，号为"仲父"。一次，司马睿从容地对王导说："你就是我的萧何啊。”王导顺便建议司马睿任用南方诸如顾荣、贺循、纪瞻、周玘等豪杰，加上北方逃难名士，才有了“百六掾”的称谓，初具了朝廷的规模。任用顾荣以后，顾荣又向司马睿推荐了江南的其他名士，他说：“陆士光（即陆晔，为陆机、陆云的族侄）贞正清贵，金玉其质；甘季思（即甘卓）忠款尽诚，胆干殊快；殷庆元质略有明规，文武可施用；荣族兄公让明亮守节，困不易操；会稽杨彦明、谢行言皆服膺儒教，足为公望；贺生沈潜，青云之士；陶恭兄弟才干虽少，实事极佳。凡此诸人，皆南金也。”司马睿对于顾荣推荐的江南人士，也都一一任用。

此时的司马睿职位是晋怀帝永嘉五年的五月所封：镇东大将军，都督扬州、江州、湘州、交州、广州五州诸军事。除了任用顾荣为军司马，贺循为参佐，司马睿的心腹还是北方人士，最著名是有四位：王导、王敦、周顗、刁协。王导不用多说，那是腹心中的腹心，如今被司马睿任命为丹阳尹，加辅国将军；王敦，王导的堂兄，扬州刺史刘陶去世以后，司马睿承制拜王敦为扬州刺史，加广武将军，接着，又晋封为左将军、都督征讨诸军事、假节，等于是江南地区的武装力量总司令；周顗安东将军周浚之子，周顗从阎鼎那里逃到江南，就被司马睿任命为军咨祭酒；刁协为长史。这四人都是北人，可以看出，司马睿任用南人那是在人家的地盘上，迫不得已的事情，而核心权力司马睿还是想让北人掌握。

“避乱江左十六七”的中原人士中，有不少名门大族，比如，太原王家的王承（字安期），被当世的人比作中兴第一名士，江东名臣王导、卫玠、周顗、庾亮等人都自甘处于下风，司马睿任命其为从事中郎；其他如刘隗、戴渊、卞壶、陈頵等等，不胜枚举。

骑都尉桓彝（桓温之父），也是其中之一。不过，当他逃难到江南，看到司马睿力量微弱，对周顗说：“我因为中州战乱不断，来此只求保全一命，可是此地单薄脆弱，如何支撑？”不久，当他看到镇东司马王导，两人相谈以后，又对周顗说：“刚才我见到了管仲，不再担心啦。”可是，周顗依然担心，当名士们在新亭（建业城西南）聚会的时候，周顗叹息着说：“南方和北方的风景，并没有什么差别，但是，举目四顾，黄河、长江，还是不一样的啊。”言毕，大家都相对流泪。王导正色说道：“我们理当同心合力，效忠皇家，克复神州，怎至于像一群囚犯一样，相对哭泣呢！”大家都拭去眼泪，纷纷向他道歉。

这就是著名的新亭之会，《晋书·王导传》将其放到元帝司马睿继位以后，但是，《资治通鉴》将其放在了公元311年洛阳陷落后不久，个人以为，《资治通鉴》的说法较为合适，今采用《资治通鉴》的安排。

王导说要克复神州，当然是一个远大而又美好的愿望，而如今的事实是，近在咫尺的江州，就根本不听司马睿的话。

如今的江州刺史是华轶。华轶，字彦夏，出身高贵，他是曹魏太尉华歆的曾孙，爷爷华表，太中大夫。华轶本人也是一个正宗的士大夫，史料记载，华轶“在州其有威惠，州之豪士接以友道，得江表之欢心，流亡之士赴之如归”。在洛阳陷落以前，华轶是为数不多的心存朝廷的方面大员，《晋书·华轶传》称他“每遣贡献入洛，不失臣节”。当时的琅邪王司马睿还只是安东将军、都督扬州诸军事，不过，在东南地区，司马睿是唯一一位拥有官职的宗室了，华轶总是对派往洛阳押送贡品的使者说：“如果去洛阳的道路被阻隔的话，那就把贡品送给琅邪王。”

虽然如此，但是，华轶与司马睿之间仍然还有过节。透过史书的记载，这个过节大约起因于司马睿。可能是为尊者讳的原因，史家没有说明二人之所以产生矛盾的直接原因，只是在《晋书·华轶传》中，没头没脑地说了一句：“轶自以受洛京所遣，而为寿春所督，时洛京尚存，不能祗承元帝教命”，虽然没有说得很明白，但是，我们还是能够清楚，大约是司马睿接到了华轶的贡品，他就大头症发作，以为自己就可以对华轶指手画脚了，直接把华轶作为自己的下属看待，发布命令，作出指示。可是，当时的司马睿你只是都督扬州诸军事，怎么能对人家江州发布命令呢？华轶当然不买他的账了。等到晋怀帝任命司马睿为都督五州诸军事的时候，双方嫌隙已成，华轶坚持说：“你命令我可以，但是，我得看看皇帝的诏书。”一副公事公办的态度，这让司马睿十分不爽。

江州处于扬州上游，要保扬州，必须要先安定江州，再逐次巩固荆州。

司马睿命令扬烈将军周访率众屯彭泽以防备华轶。周访不想使双方的矛盾表面化，当他经过姑孰的时候，写下《搜神记》的著作郎干宝去拜见周访，周访对干宝说出了此去自己的打算，他说：“我受到司马睿的差遣，去屯驻彭泽。彭泽是江州的西门。华轶有忧心天下的忠诚，但是，却不愿意受人摆布，这一段时间双方是非纷纭，结下了梁子。如今，司马睿又无故让我驻兵人家的家门口，这肯定会引起战火。我干脆就驻扎在浔阳的老城，一方面是在江西，可以捍御北方，另一方面，又没有逼迫华轶的嫌疑。”话虽这么说，周访此举未必不是一种麻痹华铁的战术——我还没有准备好，只是远远地看着你，先不刺激你。

在出兵威胁华轶的同时，司马睿也没有忘记从内部瓦解华轶集团。陶侃本来是荆州刺史刘弘的人，在击败了陈恢之后，陶侃的母亲湛氏去世了，陶侃弃官回家服丧，服丧以后，被司马越任用为参军。后来江州刺史华轶推荐陶侃为扬武将军，使屯夏口，又引用陶侃的侄子陶臻为自己的参军。在陶臻做参军期间，他目睹了华轶与司马睿之间的矛盾纠葛，因为担心引火烧身，就向华轶请了病假，回到陶侃身边，劝谏叔叔说："华彦夏的确有忧天下之志，但是，他的才能却不足以干成大事，并且现在与琅邪王不和，大难将要到来了啊。"陶侃自小贫寒，前半生仕途坎坷，受到华轶引荐，对华轶的知遇之恩，是十分感激的。同时，作为寒门的陶侃，对于司马氏政权心里不是没有看法的。因此，当他听了华臻的话以后，不禁大怒，又把陶臻遣回南昌。陶臻看到叔叔固执己见，在回去上班的途中，顺流而下东去投靠了司马睿。陶臻的到来，无疑是司马睿瓦解华轶内部的第一步，见到陶臻以后，司马睿不禁大喜过望，立即任命陶臻为参军，并通过陶臻加封陶侃为奋威将军，给予赤幢曲盖轺车、鼓吹的高规格待遇。

理智、现实、权势终于战胜了感情，陶侃权衡再三，终于做出了与华轶分道扬镳的决定。本来华轶让陶侃驻军夏口，是为了防备自己的西北侧翼，为的是一旦大难来临之际，确保荆州方向山简可能自上游而来的夹攻，并适时从上游而下打击扬州，如今陶侃的叛变，可以说让华轶失去了一支重要的力量。

其实，防备山简是多余之举。当听到司马睿讨伐华轶的时候，年届六十的厚道人山简对手下说："我与华彦夏是老朋友，如今真的为他感到惆怅。我山简岂是那种拿别人的鲜血染红自己官帽的人！"

等到洛阳陷落，司空荀藩发出檄文，推举司马睿为盟主。于是，司马睿更是要名正言顺地架空华轶，他把江州的地方官都任命为自己的人，这下，华轶不干了。

这当然是司马睿在主动挑衅，以此为借口，司马睿派遣左将军王敦都督甘卓（时为前锋都督、扬威将军、历阳内史）、周访（与陶侃为儿女亲家，为扬烈将军）、宋典、赵诱（王敦参军，加广武将军），几乎是倾尽全力讨伐华轶。

华轶命令别驾陈雄屯兵彭泽与王敦对垒，自己亲自率领水军作为陈雄的外援。命令武昌太守冯逸进军湓口，对付周访。

战斗首先在冯逸与周访之间展开。

在战斗开始之前，周访发现自己手下的厉武将军丁乾与冯逸暗中往来，周访立即秘密收斩了丁乾。冯逸不知道丁乾已经被杀，自以为胜券在握，一旦开战，丁乾会临阵投降，周访必败无疑，他胸有成竹地率军进攻周访，岂料周访早已做好了痛击来犯之敌的准备，战斗打响以后，冯逸预料中的敌人内乱的情况并没有发生，结果，被周访打得大败。冯逸只好退守柴桑，周访乘胜进讨。华轶闻讯，赶紧派遣王约、傅札等率万余人去救援冯逸，与周访军在溢口大战，王约、傅札又被周访击败。

两战两胜以后，周访与甘卓等部在彭泽会师，与华轶的水军朱矩等交战，又一次打败了华轶的水军。

屡战屡败，促使了江州内部人心的动摇。前江州刺史卫展（卫瓘的族侄，著名书法家卫夫人之父，卫玠的族叔）退下来以后，现任的刺史华轶对老同志礼数不到，卫展内心一直怏怏不快。看到华轶一再战败，趁机说服豫章太守周广，作为司马睿的内应，周广烧毁后方的州城，响应扬州方面的军队，并率军偷袭华轶的前线部队。猝不及防的华轶军在内外夹击下，顿时崩溃，华轶逃到安城（今江西省安福县），被周访抓获。周访杀掉了华轶及其五子，皆传首建业。（此时还叫建业，等愍帝司马邺继位以后，为了避讳，才改称为建康）裴宪逃到了幽州王浚那里。

此战周访的功劳最大，被司马睿加封为振武将军、浔阳太守，加鼓吹、曲盖，自此，司马睿的势力才真正伸向了江州。接着，司马睿又任命甘卓为湘州刺史，任命扬武将军陶侃为武昌（今湖北省鄂州市）太守，显示出了夺占荆州、湘州的决心。

二四四　永嘉五年（三）

益州、宁州：从永嘉元年开始，由于中原地区乱蜂蜇头，为了保持叙述的连贯性，我们就没有再提及远在西南的益州、宁州包括梁州的局势。

在公元311年这一个重要的历史节点上，我们有必要对这一地区在这五年中发生的事情做一个清晰的介绍。

龙骧将军、宁州〔州政府设滇池县（今云南省晋宁县东晋城镇）〕刺史李毅在光熙元年，也就是公元306年三月死去。李毅死后，治中毛孟前往京师洛阳，请求再给宁州派来一个刺史，到第二年，也就是晋怀帝永嘉元年，毛孟来到了洛阳，多次上奏朝廷，但是，当时的晋怀帝和太傅司马越无暇顾及偏远的宁州，一直没有给毛孟一个答复。毛孟万分悲愤地说："我们的长官死亡，亲戚朋友被害，我们的子弟被围在孤城之中，穷途末路，我奔波万里，前来哭诉苦情，一片赤心，还不能使人感动，生不如死。"就要刎颈自杀。晋朝廷怜悯他的遭遇，遂任命魏兴郡（今湖北省郧西县西北）郡太守王逊，继任南夷校尉、宁州刺史。

李毅死后，在王逊到来之前，李毅的女儿李秀率领将士，身处孤城，就这样在极其艰难中整整坚持了三年。在李毅未死的时候，李毅身在洛阳的儿子李钊前往宁州探望父亲，走了整整三年，才从洛阳走到宁州，哥哥来了以后，李秀就让出位置，州中文武逼迫李钊做代理刺史，管理州事。晋朝廷知道了宁州的危急情况，在选派王逊出任宁州刺史的同时，下令南中都督、交州〔州政府设龙编（今越南河内市东北北宁府）〕刺史吾彦派兵救援宁州，吾彦派遣儿子吾咨率兵救援。

从永嘉元年王逊被任命为宁州刺史，一直到永嘉四年，前后走了四年时间，王逊才到职，到任以后，他保荐李钊当朱提郡（今云南省昭通市）太守，以防备北面益州的李雄；举荐建宁郡的董敏为秀才，由于建宁郡久无太守，功曹周悦代行太守职权，轻视董敏，不公布王逊的决定，王逊到建宁巡视，立即诛杀了周悦。周悦的弟弟与当地蛮夷合谋，以赵涛的父亲赵混过去曾经做过建宁太守，在建宁当地很有威信，就试图杀掉王逊，立赵涛为刺史，王逊知道以后，又立即诛杀了赵涛等人，一下子把当地的汉人和蛮夷都镇住了。此时，宁州外有成汉帝国的威胁，内有蛮夷的变乱，城池村落，都成废墟。王逊率先垂范，穿粗衣、吃蔬菜，召集逃亡，安抚回归人士，数年之间，州境之内，稍稍安定。又诛杀十余家犯法违纪的土豪劣绅，因五芩部落曾经领导过叛乱，王逊一直想灭了这个部落，正愁没有借口，正好该部落盗发夜郎庄王的陵墓，王逊出军诛杀了几千落，内外震服，威震南方。

再说说宁州北面的益州。

要说益州，就不能不说它的近邻梁州。晋武帝泰始三年将益州一分为二，成立了梁州，统辖八郡四十四县：汉中郡、梓潼郡、广汉郡、新都郡、涪陵郡、巴郡、巴西郡、巴东郡。梁州大致包括今天的汉中盆地、四川东北部、重庆市等地。

四川盆地的外围都是崇山峻岭，西面地势险恶，南面通过崎岖的山路通向宁州，而北面和东面是联系外界的主要渠道。身处益州的李雄要想发展，长江三峡是其东进的孔道，夔州（今重庆市奉节县）是其门户，《读史方舆纪要》称“夔州控带两川，限隔五溪，据荆楚之上游，为巴蜀之喉吭”。虽然长江三峡中的夔州是入川的门户，但是，处于三峡西端的重庆却处于枢纽地位，因为自重庆到成都大致有三条路线：一是从重庆北上，循涪江至绵阳，威胁成都北面，历史上称这条路线为内水，内水的关键节点为合州（今重庆市合川区）、遂宁；二是从重庆沿着长江西上，到达泸州以后，由沱江折向北，进攻成都的东南，这条路线称作中水，中水的关键节点为江阳（今四川省泸州市）；三是从重庆自长江西上，过泸州，到达岷江入长江口，然后再沿着岷江北上，到达成都的南偏西部地区，此条路线称为外水，关键节点是犍为、乐山。而此时的罗尚自公元304年退出成都以后，先是逃至江阳郡（今四川省泸州市），接着，于公元304年十一月又移驻于巴郡（今重庆市），不仅堵住了李雄东下的道路，同时，从成都败退的罗尚并没有一蹶不振，而是在成都的东南方向——汉安（今四川省内江市）、僰道（今四川省宜宾市）一带设置关口戍防。当时益州人民四处流散，有的在荆州，有的在湘州，还有些流落到越嶲、牂柯一带，罗尚上书请求在移民居住的地区设置郡县；又在邻近的乡里村寨中设置参军，控制民间的武装，在成都东南方向设置牢固的防卫线，时时威胁着成都的李雄，使其无法在东线有所突破；往北，李雄可以通过嘉陵江及其河谷低地可以进入汉中。《读史方舆纪要》称："成都之险，不在近郊，而在四境之外。"说的就是，四川之险在于周边地区，而四川盆地之内并无险可守。据蜀必须要北守汉中，东据江陵，这样四川之险才稳固，因为，如果汉中归他人所有，那么剑门关就直接承受着入川的压力，因此，顾祖禹说："巴蜀之根本实在汉中。未有汉中不守而巴蜀可无患者也。故昔人谓东南之重在巴蜀，而巴蜀之重在汉中。"

李雄当然对汉中垂涎三尺，在前一年十二月，李雄就曾经派遣太尉李离试探性地进攻汉中，并杀死了晋军的督战帅赵汶，但是，成汉帝国的军队对于汉中方面的敌人还是采取短促出击的战术，基本上还是防御性质的战斗，这当然是顾忌成都东南面罗尚的威胁。不过，到了永嘉元年（公元307年），一个意外的机会来临了。

这一年的三月，秦州难民首领邓定、訇氏等，占据成固（今陕西省城固县），（《华阳国志》记载：占据冬辰山发动叛乱，冬辰山不知道是何地。）劫掠汉中郡。梁州刺史张殷派巴西郡（今四川省阆中市）太守张燕讨伐。于是，巴西太守张燕率领牙门将武肇、汉国郡丞宣定派兵围攻邓定，邓定等饥饿缺粮，向张燕诈降，又用金银财宝（《华阳国志》记载送给一件金器）贿赂张燕，张燕遂停止了进攻。就在张燕屯军不进的时候，邓定命訇氏秘密前往成汉帝国求救。李雄闻讯，置东南方向的罗尚于不顾，于五月派太尉李离，司徒李云，司空李璜、李凤，率军两万北上援救邓定。当听说李离等援军到来的消息以后，邓定又率军脱离了张燕，重新回到了冬辰山，与此同时，汉中太守杜孟治（《晋书·张光传》作杜正冲。）命令张燕解除对邓定的包围，率军退保梁州城。但是，张燕却不听杜孟治的劝说，一意孤行，要灭了出尔反尔的邓定。成汉帝国的援军先攻破武肇军大营，接着又攻破宣定军大营，张燕一看败局已定，率领一百多骑兵仓皇而逃。梁州牙门蔡松对杜孟治说："梁州的军队已败，敌军人数众多，我们赶紧逃吧。"说得杜孟治心里也直打鼓。梁州护军对杜孟治说："客军初来，气势汹汹，此是常情。李雄东南方有罗尚的威胁，军队必不能长期在此作战，此次前来，不过是为接应邓定、訇氏罢了，很快就会退却。"杜孟治却说："你错了，李雄如今称王称帝，纵横天下，这回又派了重兵前来，一定是下了决心要攻下汉中。汉中城虽然坚固，但城中居民早已吓破了胆，不能和他们一起坐等敌人到来！”于是打开城门撤离了汉中城，一直退到了大桑谷（今洋县东）。

一路上有老百姓数千家，车子数千辆跟着军队，因此行动十分缓慢，一夜才走了数十里。梓潼流民头领荆子的父亲与杜孟治有仇，因此趁火打劫，率众追击杜孟治一行，在谷口追上这支北去的部队，杜孟治只身逃跑，一直往东逃到魏兴〔永嘉后，移治西城县（今陕西省安康市）〕。荆子捉住了他的儿子，以及跟随杜孟治撤退的民众。

十多天后，李离率军撤离汉中，把汉中郡能抓到的居民全部强迫迁入成汉国境。等李离撤离以后，汉中人句方、白落，率领残留下来的官民回到南郑固守。而成汉帝国的大军撤离以后，李雄留下平寇将军李凤，驻防在晋寿（今四川省广元市西南），不断骚扰汉中，因此，不少汉中居民向东逃亡，进入荆州。此时，受司马颙的派遣前往荆州地区的张光已经协助陶侃等人讨平了陈敏弟弟陈恢对荆州的进攻，陈敏随即被江东顾荣、周玘等人消灭，于是，晋政府任命张光为梁州刺史，而让刘弘的儿子接替张光、刘璠任顺阳郡（今河南省淅川县东南）内史。

张光从南阳地区西上到达魏兴以后，召开了形势讨论会。会上，张燕先唱悲叹调，他说：“汉中荒败，接近大贼，恢复大业，还是等英雄到来吧。”杜孟治一针见血地说：“张燕接受敌人的金银，没有及时进讨，屯兵不进，致使失去了汉中，这的确是张燕之罪。”张光大怒，立即让帐下刀斧手将张燕拖出去斩首示众。

张光还镇汉中，辛苦地经营着荒残的汉中地区。

到了永嘉三年，即公元309年的十月，天水郡人訇琦（应该是去年投降的訇氏的族人）、张金苟，略阳人罗羕等击斩成汉帝国太尉李离、尚书令阎式，占据梓潼郡（今四川省梓潼县），归降驻屯巴郡（今重庆市）的晋益州刺史罗尚。李雄派太傅李骧、司徒李云、司空李璜，反击訇琦、罗羕等人，李云、李璜（二人均为李雄的堂弟）战败被杀，十二月，訇琦等人把李离的家眷送到罗尚那里，罗尚将他们全部处斩，并瓜分了李离的家产。

形势逐渐朝晋王朝的一边好转。

在成都北面的梓潼回归晋王朝不久，在梓潼南面更靠近成都的涪城（今四川省绵阳市）又发生了变故。最初，谯周有一个儿子谯熙住在巴西郡（今四川省阆中市），成汉帝国巴西郡太守马脱，不知道什么原因把他诛杀了。谯熙的儿子谯登东去荆州，晋见晋都督荆州诸军事刘弘，请求刘弘派军为其复仇。刘弘也没有多余的军队，于是，他上书中央，任命谯登为扬烈将军、梓潼内史，让他自行招募流亡在荆州的巴蜀难民，去报杀父之仇。谯登集结了两千人西上还乡。这行人马先到达巴郡，请求罗尚拨付一部分部队，罗尚不肯。谯登遂单独进军，攻陷宕渠（今四川省渠县东北三汇镇），擒斩了马脱，谯登挖出马脱的肝脏，亲口吞食下去。谯登又向罗尚请求援军，但是，罗尚的手下畏首畏尾，以为肯定难以取胜，拒不增援，谯登又气又恨，反复劝说罗尚，罗尚就是不听。而这时，正巧訇琦、张金苟、罗羕拿下了梓潼郡，于是，谯登遂率军占领了梓潼郡下属的涪城县。成汉皇帝李雄御驾亲征，却被谯登击败。涪城、梓潼相继反正以后，处于两地东北面的巴西郡（今四川省阆中市）陡然处于孤立无援的境地。公元310年初，看到处境险恶，李国的帐下将文石心生动摇，就击斩了在此镇守的成汉帝国太尉李国，献出巴西郡，归降了罗尚。

短短几个月之间，成汉帝国相继失去了数员大将，形势大坏。罗尚手下的折冲将军张罗也配合两处，率军进驻犍为郡的合水（今彭山江口）。罗尚另遣大将向奋进屯益州安汉（今四川省南充市），李雄亲率大军攻击，却被向奋击败。当地民间歌谣说："谯登治涪城，文石在巴西，张罗守合水，巴氐哪得前。"

然而，好的形势并没有持续多久。

李雄对他的部将张宝说："你如果能夺回梓潼，我就把李离的太尉官位赏给你。"

重赏之下必有勇夫。张宝遂先杀人逃亡，投奔梓潼，骗取了訇琦的信任。正好，罗尚的使节前来，訇琦等人出城迎接；张宝在背后关闭了城门，轻松拿下了梓潼。訇琦无奈，只好投奔巴西郡的文石。李雄没有食言，随即任命张宝为太尉，梓潼的陷落，立即使涪城处于南北夹攻的险恶境地。不过，比这更严重的事情又发生了：就在这节骨眼上，公元310年七月，益州刺史、平西将军、西戎校尉罗尚在重庆去世了！

司马炽任命长沙郡（今湖南省长沙市）太守皮素接任罗尚的职务，统领义军及罗尚平西军旧部，命他进驻三关（指巴西、涪城、合水），加强防务。

这时，李骧受李雄之命加紧进攻涪城的谯登。情况紧急，皮素由长沙入蜀，抵达巴东以后，就下令罗尚的大将张顺、杨显前往救援谯登。罗尚之子罗宇平时就十分厌恶谯登，不给他提供粮草，皮素得知此情以后，打算到了涪城再惩办主管粮草的相关官员。十二月，当皮素抵达巴郡以后，降将天水人赵攀、阎兰等在夜里将皮素暗杀了，不言自明，背后一定是罗宇指使。皮素被杀后，建平郡都尉暴重又杀了罗宇和赵攀，一时间巴郡内部大乱，根本顾不上出兵救援谯登。暴重杀掉罗宇以后，平西将军、益州刺史、西夷校尉三府的部下共同推举巴东郡监军韩松为益州刺史、西夷校尉，并把“三府”的政府所在地从重庆东迁到了治巴东（今奉节县）。

李骧得知谯登粮食已尽，援军又绝，对涪城的攻击更为猛烈。城内无粮可吃，人们用烟火把洞穴中的老鼠熏出来，逮住烤熟吞食，老鼠有限，饿死的人还是很多，但是，自始至终没有人叛离。此时，李骧的儿子李寿被抓在涪城，仗义的谯登把李寿送回给李骧。到永嘉五年（公元311年）一月，围困涪城数月之久的李骧军，终于攻下了涪城，然后，成汉帝国军队乘胜东进，太保李始又攻陷巴西郡（今四川省阆中市），斩了晋守将文石。成都北面的巴西、梓潼又被李雄收复。谯登被押解到了成都，李雄本来想着释放了他，但是，谯登决不投降，李雄将其斩首，把俘虏的军士全部作为奴隶，分配给自己的士兵。然而，老天却接连下了一百多天的雨，李雄向来迷信，以为这是上天对杀害谯登的报应，赶紧恢复了谯登被俘士兵的自由。

世事难测。

这时，荆州、湘州地区也发生了杜弢的流民起义，原来从李雄阵营中投降的氐人符成、隗文在宜都（今湖北省宜都市）作乱，率众西上进入巴东。李雄又派兵进攻僰道，犍为太守魏纪逃走，江阳太守姚袭被杀，解除了成都南面的威胁。李雄下诏大赦，改年号为玉衡。

公元311年二月，晋建平郡（今重庆市巫山县）都尉暴重迎战进入巴东的符成、隗文乱民，但没有取胜；接着，他利用出军之机，击斩刚刚上任不久的益州刺史韩松，自领平西将军府、益州刺史府、西戎校尉府“三府”事。很快地，巴东各将领又合力诛杀了暴重，共同推荐巴郡太守张罗行“三府”事。张罗驻守枳县，率军讨伐隗文，隗文战败投降。但是，隗文投降一个月后随即又发动叛乱，并捉住了巴郡太守黄龛，逼他一起造反。黄龛见情况危急又走投无路，想自杀了事，主簿杨预劝说道：“隗文才是造反的元凶，大家都知道，他们软禁您，外面的人谁不害怕，他们奉你为主，谁会相信呢？应当想办法让张将军知道你的忠诚，为什么要自寻短见呢？”黄龛说：“贼军已经封锁了道路，如何才能使张罗知道呢？”杨预于是替黄龛给张罗写了封信，派其弟逃出去见张罗。张罗说：“黄龛的忠心，我是知道的。”隗文得知此事以后，大怒，囚禁了黄龛，捉住杨预，盘问派人送信的情况。黄龛说：“我们没有派人送过信。”隗文就对杨预严刑逼供，一直拷打至死，杨预始终什么也没说。隗文本想杀掉黄龛，但因杨预被打死，隗文被杨预的忠义所感动，也就放过了黄龛。张罗派兵讨伐隗文，却战败而回；张罗亲自率军前去讨伐，也战败被杀。接着，隗文就占领了巴西，他驱赶巴西的官民全部西上投降李雄，巴地再也没有人烟了。

残留的“三府”文武官员共同推举平西将军司马王异代理“三府”事务，兼任巴郡太守，因为巴地残破，没有人烟，就于公元312年一月，将治所迁往涪陵郡。而此时北面的张光也将治所迁回到了汉中。经过这一番折腾，成都李雄的局面大好，南得汉嘉（今四川省雅安市）、涪陵，招徕了不少逃难而来的群众，北面和东面的晋军仅仅自保，再也无力组织强有力的进攻了。

二四五　永嘉五年（四）

雍州、秦州：《晋书·地理志》记载："魏文帝继位，分河西为凉州，分陇右为秦州，改京兆尹为太守，冯翊、扶风各除左右，仍以三辅属司隶。晋初于长安置雍州，统郡国七，县三十九，户九万九千五百。"包括：京兆郡、冯翊郡、扶风郡、安定郡、北地郡、始平郡、新平郡。又记载，秦州的来历："及泰始五年，又以雍州陇右五郡及凉州之金城、梁州之阴平，合七郡置秦州，镇冀城。太康三年，罢秦州，并雍州。七年，复立，镇上邽。统郡六，县二十四，户三万二千一百。"包括：陇西郡、南安郡、天水郡、略阳郡、武都郡、阴平郡。惠帝的时候，又设立了狄道郡。

雍州即通常说的"关中"地区。自古以来，关中号称"四塞之地""百二秦关"，所谓的四塞之地，大约可以确定是指位于长安东面的潼关、东南的武关、西南的散关、西北的萧关。关中的东面，黄河南北两岸有华山、崤山与山西的中条山夹河相持，关中与中原之间的交通孔道就在华山、崤山数百里的山地中，道路十分艰险，潼关就当道而设；关中的东南面，汉水的支流丹江西北东南向穿越秦岭东段山地，切开一条低谷，成为南阳盆地西上关中的天然通道，而武关就在商州东南一百八十里处设立，扼守这个通道；散关，在今陕西省宝鸡市西南五十里，秦岭西端与陇山的交会处正是嘉陵江的上游，嘉陵江切开的一段低谷地带成为关中南下巴蜀、汉中的必经之路，而散关就设立在这一咽喉地带；萧关，在今宁夏回族自治区固原东南，依陇山山口而立，守卫着西北从泾河谷地进入关中的通道，假如萧关失守，那么，从陇西而来的势力将以居高临下之势风卷关中。除了四塞以外，尚有一处蒲津渡口，这里是山西进入关中的重要通道，如果自这里渡过黄河，就绕到了潼关的背后，使得潼关自然失去作用，而在黄河东岸，也就是当时的司州有扼守蒲津渡口的重镇，那就是蒲坂，即今天的山西省永济市。只有控制好蒲坂，才能确保山西方面的势力不能从黄河渡过，从而，确保关中安全。关中所谓的“百二秦关”，是一种形象的比喻，说的意思是：关中险要，便于防守，一百万的军队进攻的话，只要两万人马就能防守住。除此而外，关中一直以来，还有“八百里秦川”的称谓，说的是那里土地肥沃，《禹贡》称其为“厥田上上”。由于关中特殊的地理位置，东汉行三京之制，曹魏行五京之制，把长安都作为西京，西晋武帝做石函之制，规定非宗室不得镇守关中。

可是，此时的关中却今非昔比。

由于长期的战乱，加上饥馑，史称“白骨蔽野，士民存者百无一二”，极目望去，田野里到处是横七竖八的没有掩埋的尸体，居民一百个能死掉或逃亡九十八九个！关于这种惨状，史书上比比皆是，比如《晋书·贾疋传》也称“时诸郡百姓饥馑，白骨蔽野，百无一存”。

而此时驻守此地的却是那位司马越无能的弟弟——司马模。

司马模本来是镇守邺城，但是，被公师藩打跑以后，他哥哥在永嘉初年将其任命为征西大将军，开府，都督秦州、雍州、梁州、益州诸军事，代替死去的司马颙。不过，是白痴，到哪里也变不成神童。在镇守关中的时候，史书记载“时关中饥荒，百姓相啖，加以疾疠，盗贼公行，模力不能制。”客观上就是这样一副人间地狱般的惨状，可是，司马模不仅不能改变，反而使这种局势恶化。

这一点，从史书上透露出来的一些蛛丝马迹可以看出来。比如，《晋书·贾疋传》就称，被司马模作为左膀右臂的雍州刺史丁绰，就“贪横失百姓心”，既贪且横，不是火上浇油是什么呢？而司马模想到的唯一解决办法是：将朝廷的礼器，如铜人钟鼎熔化以后，制作成盆碗之类老百姓用的日用品，卖掉换取粮食。

这种做法在当时无疑引起了轩然大波，朝廷上下一致要求将司马模调回朝廷。不得已，司马越征司马模为司空，另派遣中书监傅祗接替他的工作。司马模的谋臣淳于定对司马模说：“关中天府之国，霸王之地。如今您因为不能镇抚此地而被召还，不仅对您的声望不好，而且你们兄弟都身处朝廷的话，如果两人都身居要职，那么就会有专权之罪，如果不身居要职的话，就会受制于人，这没有什么好处。”于是，司马模拒绝应征。

除了对于安抚百姓束手无策以外，司马模另外一个败招，就是和他哥哥司马越一个毛病——团结不住人。关中和西北是层层渐高的地形，关中的西面是陇山高地，陇山以西称为陇西或陇右，大致是秦州的范围，秦州对于关中而言，有高屋建瓴之势。司马模拒绝就征，已经隐然有割据关中的不臣之心，因此，要确保关中的安全，就必须把陇西掌握在自己手里。司马模上表让自己的世子司马保担任西中郎将、东羌校尉，镇上邽（今甘肃省天水市）。这其实是剥夺秦州（州政府设上邽）刺史裴苞的权力，在裴苞看来，司马模拒绝应征本身，已经就是乱臣贼子了，此时又想从自己的碗里分出一杯羹，他当然拒绝司马保到任。于是，司马模派帐下都尉陈安攻击裴苞，裴苞投奔到安定郡（今甘肃省镇原县东南曙光乡）太守贾疋那里，贾疋也对司马模的做法有意见，就收容了裴苞。贾疋作为安定太守是雍州刺史的属官，竟然收留与司马模对立的裴苞，这叫犯上作乱。司马模让军司谢班率兵前去讨伐，贾疋不敌，逃往泸水。关于这个卢水究竟在何处，唐长孺先生的《魏晋杂胡考》二卢水胡，称："考《隋书》卷二九《地理志》上安定郡阴盘县下注云：后魏置平凉郡，开皇初郡废，有卢水。按今地图镇原之东北有水名黑河，卢即是黑，那么，贾疋逃的可能即指此河。" 吕思勉先生也称，卢水胡的卢水就在安定郡一带（见先生的《两晋南北朝史》第17页，"卢水胡居安定界"。中国友谊出版公司2009年版）；姚薇元先生的《北朝胡姓考，卢水胡诸姓，彭》就说安定彭氏世为卢水胡酋帅。

贾疋绝非无能之辈，他是鬼才贾诩的曾孙，史书记载，他"少有志略，器望甚伟，见之者莫不悦附，特为武夫之所瞻仰，愿为致命"。逃到卢水以后，贾疋与当地的卢水胡头领彭荡仲和氐人窦首结为兄弟，聚合胡人还攻谢班，在杀掉谢班以后，又打败了雍州刺史丁绰，丁绰逃奔遥远的武都郡。

贾疋重新进入了安定郡，做他的不受司马模管理的安定太守。

二四六　永嘉五年（五）

刘汉帝国的军队还没有来，在司马模治下的关中自己先乱了起来。

起码是雍州的安定郡贾疋、前秦州刺史裴苞，以及被贾疋鼓捣起来的卢水胡和安定氐人是不听司马模话的。而安定郡对于长安城有着高屋建瓴的优势，时刻受到威胁的司马模却不管这一切，他的昏招还在继续。

驻守在黄河对岸、屏蔽关中重镇蒲坂的守将赵染，伸手向司马模要冯翊太守的职位，司马模没有答应。赵染一怒之下，率众向刘聪投降。这件影响巨大的事件就发生在洛阳陷落以后一个月左右，刘聪大喜，任命赵染为平西将军，接着，八月，刘聪就派遣赵染与刘汉帝国安西将军刘雅率兵两万从蒲津渡河，进攻关中，河内王刘粲、始安王刘曜率大军随后进发。

蒲津一失，山西的军队就能够轻易地渡过黄河，踏上关中土地。

记得建安十六年（公元211年），曹操西征关中的马超、韩遂，马超、韩遂固守潼关，致使曹军无法得手。后来，曹操率军北渡黄河，攻下蒲坂，然后又从蒲津西渡黄河，迂回到潼关之军的背后，大破凉州军队。因此，顾祖禹曾说："潼关之险……必北有晋、绛，而后可以为固。……无晋、绛，则临晋之阻可入。"

此时的局势就是这样。

熟门熟路的赵染率军渡过黄河以后，还军进攻潼关，先解除西进长安的后顾之忧，一战下来，大败司马模潼关守军，击斩了将军吕毅；然后，西进攻击长安，司马模赶紧命令淳于定率军阻击，又被赵染所部击败。

赵染、刘雅所部很快就推进到了下邽（今陕西省渭南市临渭区北）。

此时，长安城中，"士众离叛，仓库虚竭"，而凉州猛将北宫纯率众投降。北宫纯投降的原因，没有记载。《晋书·张轨传》记载，在洛阳沦陷以前，“轨遣将军张斐、北宫纯、郭敷等率精骑五千来卫京都。及京都陷，斐等皆没于贼。”也就是说，当时北宫纯等人已经被刘汉军队或杀或俘，但是，也许经历了千辛万苦，北宫纯又脱离虎口，逃到长安，继续效命司马模，可能是司马模的无能或者不公，使得这位猛将对晋王朝彻底失望，才又投降了刘汉帝国；但是，也有可能北宫纯在洛阳被俘以后，来到长安本身就是做内应来的。

军事祭酒韦辅对司马模说：“事情紧急，如果早一点投降的话，就可以免死。”

关中地区已经被自己弄得上下离心，司马模左思右想，走投无路，只好听从了韦辅的话，决定向赵染投降。

仇人相见分外眼红。

受降以后，赵染将司马模绑在树上，自己箕踞而坐，指着司马模破口大骂，历数他的罪行，然后，将司马模一行押送给随后而至的河内王刘粲，同时送去的还有司马模的儿子范阳王司马黎，并将卫将军梁芬、司马模长史鲁繇、兼散骑常侍杜骜、辛谧及北宫纯等一班文武官员送往平阳。

刘粲并没有将司马模送往平阳，而将其和他的儿子司马黎诛杀，并将司马模的妃子刘氏赏赐给胡人张本为妻。闻听刘粲杀了司马模，刘聪大怒，派人责问儿子刘粲，刘粲为自己辩解：“臣杀司马模的原因有二：一是恼怒他投降太晚，不识天命；二是因为他既然是晋朝宗室肺腑，洛阳陷落却不能尽死节，天下之恶是一样的，因此，我杀了他。”

人已经杀了，说什么都行。不过，此时的刘聪刚刚继位，头脑还比较清醒，他怏怏地说：“尽管这样，我担心你仍然会因为杀降而被上天惩罚。天道非常神奇，一定会报应你的啊。”

刘汉军队攻下长安以后，刘聪任命刘曜为车骑大将军、开府仪同三司、雍州牧，改封为中山王，镇守长安。长安陷落以后，刘聪将领苏铁、刘五斗等分兵攻击长安东北的冯翊郡、西北的扶风郡。司马模的安西将军、冯翊太守索綝听说司马模被杀，他沉痛地说：“与其一同赴死，宁可去做伍子胥。”于是，他与安夷护军麴允、频阳（今陕西省富平县东北）令梁肃前去安定投靠贾疋。而此时，安定太守贾疋以及诸氐羌都给刘曜送去人质，只有雍州刺史麴特、新平（今陕西省彬县）太守竺恢固守不降。正巧，索綝、麴允等人在阴密（今甘肃省灵台县西南）遇到了贾疋送往长安的人质，大家一起回到了安定郡的治所临泾（今甘肃省镇原县东南曙光乡），跟贾疋商讨复兴晋帝国计划，贾疋表示赞同，于是，大家公推贾疋为平南将军，率众五万，进攻长安，扶风（今陕西省眉县）太守梁肃之兄梁综及麹特、竺恢等也纠合十万之众响应。

刘汉帝国将领刘雅、赵染（《资治通鉴》称二人为刘粲所派，《晋书》记载为刘曜所派）西上新平郡（今陕西省彬县）迎击，结果，经过大小百余次战斗，居高临下的贾疋联军击败了刘雅、赵染，索綝还亲手擒获了贼帅李羌。

刘汉帝国中山王刘曜亲出长安迎击，与乘胜而来的贾疋等军在黄丘〔今陕西省泾阳县西北（胡三省注）：在云阳县黄岭山下〕会战，刘曜军又被打得大败，刘曜本人也被流矢射中，败退到甘渠（即甘泉）。此时，刘赵帝国的河内王刘粲驻屯在新丰（今陕西省西安市临潼区东北），也受到杜人王秃、麹特等组织的进攻，刘粲败退回到了平阳。

刘曜攻陷扶风郡的池阳（今陕西省泾阳县西北），掳掠一万余人，退回了长安城。而在此之前，卢水胡头领彭荡仲被刘汉帝国任命为凉州刺史，彭荡仲曾经在贾疋被司马模追杀的时候，与贾疋结为异姓兄弟，给予过贾疋很大的支持，而此时，两人却隶属于两个不同的阵营，只好兵戎相见。贾疋率领得胜之师又与彭荡仲所部交战，并阵斩了彭荡仲。正好，阎鼎等奉秦王司马邺来到关中，贾疋安排司马邺暂居雍城（今陕西省凤翔县南），关西胡人汉人纷纷起来响应，到公元311年年底，刘汉的中山王刘曜只能困守在长安孤城。

凉州：汉朝的时候，凉州所在地本来是匈奴休屠王、浑邪王的居住地，后来二王投降了汉朝，汉设置了张掖郡、酒泉郡、敦煌郡、武威郡、金城郡，号称为河西五郡。其后又废，到曹魏时期，复置，并设立戊己校尉，护西域，到晋朝沿用不改，包括八郡四十六县户口三万零七百，与中原地区相比，人数是十分稀少的。到了永嘉年间，由于内地战乱，流亡到凉州的难民很多，张轨上表又设置了武兴郡，安置内地侨民。

凉州对于关中安全的重要性，在饶胜文的《布局天下》里，有一段精彩而又详细的论述，他说：“中国地理梯级地势的特征非常明显。自东往西，地势渐高。关中往西，又可分为几个层次，地势更是一级比一级高。关中西面是陇山高地，陇山以西，有陇西地区，……陇西再往西，祁连山以北、黄河以西，有河西地区……其地势高于陇西；在河西走廊玉门关以西，还有西域。”“关中西北的这种层层渐高的梯级地势，也给历代经营西北者显示出一个层层递推的逻辑：欲保关中之安全，必须控制陇西；欲控制陇西，必须控制河西；欲控制河西，必须抚定西域。”

听说洛阳陷落的消息以后，太府主簿马鲂对张轨说：“如今四海倾覆，皇帝被俘虏，明公您拼却全州之力，直接杀到刘汉帝国的首都平阳，所过之处肯定是像万里被风吹拂一样，有征无战。我一直不明白您担心什么，而不为此举呢？”张轨私心本来就是要割据凉州，虽然也曾经多次派军协防洛阳，并给朝廷送去很多紧缺物资，但是，让他以拯救国家为己任，举全州之力，不惜一切，纵横天下，那根本不是他的本意。不过，马鲂的话大义凛然，张轨无法拒绝，只好说：“你说的是我的本心啊。”

在马鲂的感召下，张轨也开始布置勤王，此时又听说了秦王司马邺入关的消息，于是，张轨向关中地区发出勤王檄文：“主上遭到危难，被迁移到不适当的地方，普天之下分崩离析，全国人民全都垂头丧气。秦王司马邺天生就有圣德，在世祖司马炎的孙子辈中，秦王如今最年长。……建议秦王登皇位。如今，我将派遣前锋督护宋配率领步骑二万，直接到达长安，护卫左右。西中郎将张寔率领中军三万，武威太守张琠率领胡骑二万，将骆驿继发，于仲秋中旬在临晋会合，渡河进攻平阳。”作出要出兵关中的姿态。

二四七 驻军葛陂

以上便是永嘉五年（公元311年）大乱中的整个中国的大致情况，永嘉六年（公元312年）这种普天之下的混乱状态仍然在继续。

石勒的图霸江南之心仍然没有熄灭，他在击灭了司马越、苟晞等人之后，一直屯军葛陂（今河南省平舆县东），在那里建立基地，连营接寨，倡导农业，建造船舶，打算从淮河入长江，进攻晋琅邪王司马睿驻防的建业（江苏省南京市）。司马睿征调长江以南的所有部队，集结在淮河中上游的关键部位寿春（安徽省寿县），任命镇东将军府秘书长（镇东长史）纪瞻当扬威将军，都督京口以南至芜湖诸军事，（此时，左将军王敦正率领长江中游各部讨伐杜弢）统御各军，扼守淮河上游，并伺机讨伐石勒。

也就是在此时，一位中国宗教史上颇具影响的人物出现在了石勒的军营，此人就是：佛图澄。

《晋书》没有单列宗教人物，而是把佛图澄列入了艺术类，此处的“艺术”含义并非如今通常的意义，而是“方术”的意思。当佛教在传入中国的时候，很多佛教高僧本身都具有高超的幻术、玄术和预测本领，并借助这种本领来传播宗教，招徕信徒，佛图澄也不例外。

佛图澄，是天竺（古印度）人，姓帛，俗名不详。从小就学习道术，在永嘉四年的时候，他来到洛阳，自称年龄已经超过一百岁了，并且可以很多天不用吃饭，只靠修炼就能生存；他还会念咒，能役使鬼神。除此之外，佛图澄的神奇之处还有：他的下腹部有一个小孔，平常用一个棉絮塞着，等到晚上看书的时候，他就把那块棉絮拔掉，小孔立刻发出光芒，将屋子照亮；吃斋的时候，佛图澄总在清晨来到溪水旁，从小孔中将五脏六腑取出，在溪水里冲洗干净，然后再放回腹中。

石勒屯兵葛陂期间，专好杀戮，被杀死的和尚也很多。佛图澄投奔到石勒的大将军郭黑略（十八骑之一）那里，郭黑略每次跟随石勒征战，总能预测胜负，这令石勒满腹狐疑，一次，就问郭黑略说："我看不出你有出众的智谋，却每次都能预测行军的吉凶，原因何在？"郭黑略如实回答："将军您天生神武，有神灵协助，有一个和尚具有神奇的道术，说将军您当占据华夏，他将成为帝师。我前后所说，都出自其人之口。"石勒就召见了佛图澄，让他当面展示本领。佛图澄当即拿出自己吃饭用的钵盂，盛了些清水，然后，烧香念咒，不一会儿，钵盂之中竟然开出熠熠发光的青莲花，这令石勒十分称奇，自此，对佛图澄非常相信。

除了得到了奇人佛图澄以外，石勒还找到了失散多年的老母亲和侄儿石虎。石勒的母亲姓王，从此可以看出，如果石勒的母亲是汉人的话，那么，石勒也并非纯粹的羯人。自从石勒被掠卖到山东以后，就与自己的母亲失散了。如今，石勒已经成为闻名遐迩的大军阀，远在并州的刘琨试图通过亲情结好石勒，瓦解刘汉帝国阵营。刘琨千方百计找到了王氏和石虎，派遣张儒将二人送到了石勒的军中，并亲笔给石勒写下一封书信，大致内容是说："将军您发迹河朔，席卷兖豫，饮马江淮，折冲汉沔，即使是古代的名将，功业也超不过您。之所以您攻下城池却得不到群众拥护，占领土地却无法巩固，您的军队时而云集，时而星散，将军您知道其中的原因吗？事业的成败关键在于所服务的君主，如果为朝廷服务，那就是正义之兵，如果进行叛乱，那就是强盗。正义之兵虽然暂时失败，但最终是会胜利的；强盗虽然暂时能够成功，但是终究会被消灭。过去赤眉、黄巾曾经肆虐一时，但是正是因为他们师出无名，最后败亡。"刘琨接着劝说石勒脱离刘聪的刘汉帝国，投靠晋朝，并承制授予石勒为"侍中、持节、车骑大将军、领护匈奴中郎将、襄城郡公"。此时的石勒双手早已沾满了晋朝官员的鲜血，怎能凭你一纸之书就改换门庭。

石勒回信说："成就伟大的事业，有着不同的途径，这不是迂腐的知识分子能够了解的。阁下您自然应当效忠本朝，我也会努力为民众削平大难。"（也有将此句断句为："事功殊途，非腐儒所闻。君当逞节本朝，吾自夷，难为效。"那么，后面的意思就是：我本身就是少数民族，难以与你合作。）为了表示感谢，石勒送给刘琨名马、珍宝，并厚厚地款待张儒，但是，从此与刘琨断绝了来往。

与王氏一起被送到石勒身边的还有石勒的侄儿石虎。

石虎，字季龙，父亲名字叫寇觅。因为石勒的父亲石周曷朱曾经以石虎为子，所以，也有把石虎称作石勒弟弟的。被送到石勒身边的时候，石虎正好十七岁，身高七尺五寸，“矫捷便弓马，勇冠当时”。也许是长期低贱的生活，造就了石虎残忍的性格，突然之间成为人上人的石虎，整天游荡无度，特别喜欢用弹弓打人，闹得整个军营怨声载道。石勒大怒，对母亲汇报以后，就要将其斩杀，王氏劝说石勒：“长大能跑得快的牛，小时候都是不老实，总把牛车弄坏，你稍微忍耐忍耐。”为了套牢这头无法无天的家伙，石勒为他娶了将军郭荣之妹为妻。谁知，这个石虎早有意中人——妓女郑樱桃，据《十六国春秋辑补·后赵录·石虎传》记载：“石虎郑后名樱桃，晋冗从仆射郑世达家妓也。”石虎对郑樱桃十分迷恋，郑樱桃在石虎身边不断说郭氏的坏话，脾气暴躁的石虎一怒之下就把郭氏杀掉；石勒又给石虎迎娶了高门大族清河崔氏女，郑樱桃又让石虎将崔氏杀掉。

虽然石虎残暴异常，部队所到之处，无论贤愚，全部诛杀。但是，治军简约而又严明，军队所向无前，因此，深得石勒宠信。

石勒原来的计划是在葛陂建立南下进攻的大本营，因此，在葛陂修缮房屋，屯田造船。可是，天公不作美，自进入永嘉六年（公元312年）以后，大雨倾盆，并且接连下了三个多月，方圆数百里竟成泽国。眼瞅着这场没完没了的大雨，丝毫没有停止的迹象。也许是大雨加速了原野中尸体的腐烂，使得人们的引用水受到了污染，石勒的军中又一次暴发了骇人的传染病，死亡的士兵几乎占到了总数的一大半。而此时，司马睿的江南大军就在东南不远处的寿春，警报时时传来，闹得石勒军中人心惶惶。

那么，是继续在此坚持？抑或是北上呢？

石勒又一次面临着选择进攻方向的问题。

二四八　葛陂对策

也许是鲜卑骑兵的骁勇善战，给石勒留下了深刻的印象，使得他总是不愿北上。

因为在以前诸多次的较量当中，石勒还从来没有一次战胜过鲜卑骑兵。如果北上冀州，势必要面对强悍的鲜卑士兵，那么，到底胜算几何呢？石勒心中没有把握。但是，这种担心，又只能埋在自己的心中，一旦主帅透露出对未来敌人丝毫的胆怯，那这种恐惧必然会在手下将领的心目中无限放大，进而影响到整个军队的军心士气。相对于风驰电掣的鲜卑骑兵，江南的司马睿应该不是自己的对手，但是，江南河道纵横，水网密布，加上如今霖雨连绵，士兵水土不服，石勒军粮不继，疾疫流行，到底该何去何从呢？

再这样下去，也许全军就会面临灭顶之灾！

石勒召集高级将领开会，讨论如何应对目前的危急情况。

身为右长史的刁膺，自然要先发表意见，他建议石勒先表面上投降司马睿，请求以“扫平河朔”，用以赎罪，等纪瞻的兵团撤退以后，再从长计议。

石勒一听，脸色大变，嘴里长长地吹了一声口哨，没再言语。

中坚将军夔安请求把大营迁到高冈之上，以免被水淹没。

石勒说：“将军，你怎么如此胆小啊！”

接着，孔苌、支雄等三十余位将领，要求各率部队，分道并进，乘夜袭击寿春，杀掉敌将，占据敌城，吃敌人的粮食，肯定能在本年之内，攻破建业，平定江南。

石勒笑着说：“这是勇将的计策。”每个人都赏赐一匹有护甲的战马。

石勒回头问张宾说：“你的意见如何？”

张宾回答："将军您攻陷京师洛阳，生擒皇帝司马炽，屠杀亲王公爵，强夺王妃公主做小老婆。将军您的罪恶比您头上的头发还多，怎么能回过头来做晋王朝的臣属，重新去侍奉他们呢？去年，您杀掉王弥之后，就不应该再到这个地方。现在，数百里之内大雨不止，这正是老天警告你不应该在此久停啊。邺城拥有三台，城池坚固，西面接近京师平阳（胡三省原注：'可壮声势。'），附近有山有河，能够形成天然的要塞。我们应该就此北上，以邺城作为根据地，经营黄河以北地区；黄河以北平定之后，天下便没有比你更强大的力量了。如今，晋国在寿春集结军力，只是害怕你的攻击而已。听到你拔营离去的消息，他们高兴还来不及呢，怎么敢主动发动追击？当务之急就是：应命令辎重粮秣，向北先行出发，将军您则亲率大军，直指寿春，做出要攻击江南的姿态，计算着辎重粮秣走得差不多远了，您再慢慢班师北上，何必忧虑无地自容呢？"

听了张宾的一席话，石勒卷起衣袖，胡须也激动得抖动起来，他拍案说道："张先生说对了！"

接着，斥责刁膺说："你既然做我的辅佐，就应当共同完成我们的目标，怎么能突然劝我投降？有这种念头，就该杀。不过，我知道你一向胆小如鼠，就饶了你这次。"遂把刁膺贬作将军，擢升张宾当右长史，加中垒将军，号称为"右侯"。

帅才将才是天生的，作为一军之主，就要有采纳正确意见的那种敏感，虽然刘邦、石勒本身的学问不大，但是，那种对于斗争形势的准确判断和把握，却不全是书本知识所能带来的，更何况石勒又十分勤于学习。《世说新语·识鉴》就曾记载《石勒听书》的故事，说的是：石勒不识字，就让人给他读《汉书》，当听到书生郦食其劝说刘邦册立六国后代，并且刻印相授之时，石勒不禁大惊失色，说道："此法一定会失掉天下，如何说刘邦便有了天下呢？"等到读到留侯张良谏阻刘邦时，石勒说："幸亏有张良的谏阻啊！"这个故事，不仅说明了石勒天生的政治敏锐性，而且也透露出了石勒经常学习历史，从中借鉴古人成功失败的经验和教训。如今，经过了两次向南进军的教训，石勒也认识到了自己的根在北方，而张宾的对策，起到了关键作用。

石勒决策北上，图霸河北，这是其霸业的一次重大转折点。

二四九　北图司冀

石勒采纳了张宾声东击西的战术，大部队保护着辎重缓缓北上，而另外派出一股部队南下朝寿春扑来。不过，他为了稳健起见，并没有如张宾所言，自己亲自带兵南下寿春，而只是派遣侄儿石虎率领两千精骑承担了这一佯攻任务。

石虎所部来到巨灵口，正好在途中遇到了晋军运输船队，石虎将士争相夺取了几十艘满载着大米和布帛的船只，士兵们一哄而上到船上哄抢财物，不复设备。

谁知，这正是纪瞻的诱敌之计。

看到石虎的两千骑兵都下马上船，晋军伏兵一时俱发，喊杀声四起。

原本以为捞到大便宜的石虎这两千人马，立即被打蒙了，无路可逃的士兵被逼到水中，光淹死的就有五百多人。石虎带着残兵败将拼命杀出一条血路，仓皇北逃。

纪瞻率领晋军自后紧紧追击，一直追了一百多里，与石勒亲统的主力部队相遇。

此时石勒军中听说江南大军前来，十分震恐。石勒命令全军严阵以待，静立备战，纪瞻担心石勒有伏兵，不敢攻击，退回了寿春。

石勒看到晋军真的远去，这才率军慢慢北去。这是江南集团的部队第一次与石勒交手，此战让石勒领教了江东子弟的厉害。

由于豫州饱经战乱，所以，石勒大军所过之处，居民逃往的逃亡，坚守坞堡的坚守坞堡，全部是坚壁清野，根本找不到一点粮食，军中大饥，士兵之间又一次上演了一幕自相残杀，人吃人的惨剧。部队好不容易抵达东燕郡（今河南省延津县东北），而此时，石勒听说汲郡（今河南省卫辉市）变民首领向冰拥有部众数千人，扼守着黄河的渡口——枋头（今河南省淇县东南淇门渡。东汉建安九年，曹操攻击袁尚，围住邺城，在淇水入古黄河口处用大枋木作堰，使淇水注入白沟，增加水量，以利漕运。时人称为“枋头”，为魏晋时期重要的军事据点）。石勒将要率军渡过黄河，但是，又怕向冰截击。他向张宾讨教，右秘书长张宾说：“听说向冰的船舰仍泊在河中，没有拖到岸上（胡三省原注：‘船不用时，就拖到岸上，使它干燥，用时速度可以加快。’），可简拔千余名精壮勇士，从小路迅速出击，偷偷渡过黄河，发动突袭，把它全部夺取，用来运送大军，只要我大军渡河之后，向冰自然就在我们的掌握之中了。”

佛图澄像

公元312年七月，石勒兵分两路，一路，他命令将领支雄、孔苌率领先头部队迂回到枋头东南面的文石津（今河南省滑县东南古黄河渡口），乘临时捆扎而成的木筏，悄悄渡过了古黄河；另一路，由石勒自己亲率大军，扑向棘津（今河南省卫辉市东古黄河渡口）。

向冰听说石勒大军将至，才想起要把河边的船只拖入堡垒里面。但是，为时已晚，支雄、孔苌所部已经偷偷渡过了黄河，在其堡垒垒门外面驻扎了下来，并缴获了向冰在黄河北岸的三十多艘船只。

有了渡船，石勒大军自棘津顺利渡过了黄河。

看到石勒大军渡过了黄河，向冰还计划着趁石勒立足未稳，晚上偷袭石勒的军营。佛图澄对郭黑略说：“一会儿有贼来，可让大人早做准备。”果然，夜里向冰前来偷营，石勒军因为加强了戒备，得以不败。事后，石勒想再试试佛图澄是不是真的很灵，夜里穿着甲胄，执刀而坐，派人告诉佛图澄说："夜来找不到了大将军。"使者到佛图澄那里，还未开口说话，佛图澄就先问使者："已经没有贼人了，大将军为什么夜里穿戴得那么严整？"自此，石勒对佛图澄更加相信了。

接着，石勒设下了三重埋伏，命令主簿鲜于丰向向冰挑战。向冰大怒，打开垒门出军迎战，看到向冰垒门打开，石勒的伏兵一齐出来，前后夹攻，大破向冰部众，俘获了向冰囤聚的所有辎重，这让石勒军势再度振兴。

石勒在此稍作休整以后，就直扑北中郎将刘演驻守的邺城，刘演依靠三台的保护，全力固守。

在石勒渡过黄河之前，刘演这里还有一段小插曲：刘汉帝国的安北将军赵固、平北将军王桑已经投降了刘演，但是，两人投降刘演只是因为害怕被刘演邀击，本心还是想回到平阳。他们在怀县派出密使要求刘聪出军，接应他们反正。于是，刘聪派镇远将军梁伏疵率军前来接应。听说赵固、王桑的计划，王桑的长史临深、将军牟穆趁着梁伏疵的大军还没到，率领一万多人的部队叛变，投奔到了刘演所在的邺城。赵固与梁伏疵的大军会合后，向西开拔，准备返回首都平阳；而此时的王桑却率领他的部队，向东往青州而去，企图投奔曾是自己哥哥王弥部下的曹嶷。赵固发现以后，派军追击，追到曲梁（今河北省鸡泽县东南），斩杀了王桑；王桑部将张凤率领残部，也归降刘演。刘聪任命赵固为荆州刺史兼河南郡太守，镇守洛阳。

而此时，临深、牟穆等人看到石勒势大，又率数万之众投降了石勒，这下让刘演的实力受到了空前的打击。

石勒诸将打算一举攻下三台，而张宾却说："刘演虽然脆弱，但军队仍有数千人，并且三台险要坚固，不容易迅速攻破，暂时舍弃而去，他们一定会内部崩溃。现在，王浚、刘琨才是你最大的敌人。最好是先消灭他们，而不必把刘演放在心上。现在天下饥荒，战乱不停，阁下您虽然拥有庞大的武装部队，但一直是在游击作战，就好像周游四方的游子，这样军心不能安定，意志不能稳固，也不是万全之策。不如选择一个恰当的地方作为根据地，聚集大量的粮食。西面依靠平阳的支援，往北图谋幽州的王浚和并州的刘琨，这才是霸王的事业。邯郸（今河北省邯郸市）、襄国（今河北省邢台市），都形势险要，请挑选一个作为基地，然后，命将四出，授以奇略，推亡固存，兼弱攻昧，这样的话，敌人就可以扫除，王业就可建立。”

石勒说：“右侯的计划很对。”

于是，就放弃进攻邺城，继续往北占领了襄国。

自石勒公元305年起兵到今天，已过去了整整七年，正是有了张宾的正确意见，石勒才有一个立足之地。

占领襄国以后，张宾再次建议：“我们在襄国扎根，一定会引起王浚、刘琨的忌惮。我担心城池在还没有建成，辎重还没有积存的时候，王浚、刘琨会相继而来，那样，将会造成很大的伤害。听说广平等县的庄稼今年丰收了，最好是赶快派兵前去收割，另派使节前往平阳，陈述驻防此地的本意，请求得到皇帝的批准。”

石勒同意了，他分命诸将攻下冀州各郡县和民间的坞堡，并把粮秣抢来运到襄国，以备不测。同时，向刘汉帝国皇帝刘聪报告占据襄国的本意。刘聪接到石勒的报告以后，就任命他为都督冀幽并营四州杂夷、征讨诸军事、冀州牧，晋封老家上党郡公，邑五万户，开府、幽州牧、东夷校尉如故。

二五〇 襄国之战

晋帝国广平郡（今河北省曲周县东北）人游纶、张豺集结数万人，据守苑乡（今河北省任县东北）自保，接受幽州刺史王浚代表皇帝任命的官职。苑乡距离襄国很近，石勒决心拔除眼皮底下这根钉子，他派遣夔安、支雄等七位将领全力进攻，并攻破他们的外围营垒阵地。

这成为王浚与石勒大战的导火索。

闻听苑乡被攻，王浚立即派遣督护王昌，率领各军以及辽西公〔首府令支（今河北省迁安市）〕段疾陆眷，段疾陆眷的弟弟段匹磾、段文鸯，堂弟段末柸，共计五万人，直接攻击石勒建立不久的根据地襄国。

这是公元312年下半年的事情。

当时，襄国的城墙还未修好，石勒只好临时围绕襄国构筑一层层的栅栏，设置障碍防守大本营。段疾陆眷驻军渚阳（今邢台东北），石勒派军迎战，全被强悍的鲜卑骑兵击败。段疾陆眷赶造大量的攻城工具，将要对襄国发动总攻，石勒连战连败，军心动摇。

在这紧要关头，石勒召开一次军事会议，他询问大家说："现今，襄国的城墙和护城河，都还没有建成，粮秣的积存，也都不够。如今敌人进攻转急，敌众我寡，（仅仅临深、牟穆就投降数万人，而王浚联军仅仅五万，难道如今的石勒部队不足五万？）我担心敌人围起我们，外面又没有援军，内部粮食又将吃完，纵是孙武、吴起再世，我想也保不住城池。因此，我计划把所有军队都投入战场，跟他们作一次决战，怎么样？"

诸将都主张："不如坚守，等敌人筋疲力尽时自然会退走，到那时再追击，没有不胜利的。"

石勒回头问右侯张宾、大将孔苌："你们认为怎么样？"

二人都说："听说段疾陆眷计划在下月的上旬开始攻击我们的北城，他们大众远来，战守连日，已经疲惫。而又以我军势寡弱，会认为我们不敢出战，心里肯定会懈怠。鲜卑各部落中，段家部落最是勇敢，而段末杯尤其凶悍，所有精锐部队，都在段末杯那里。从现在开始，我们不再主动出战，示弱于敌。然后，迅速在北城凿开二十余个洞口，等到敌人将要攻城，但阵势还没有稳定之时，出其不意，猛烈突击，直冲段末杯大营。敌人一定会大为惊骇，仓促之间来不及反应，这就是所谓的'迅雷不及掩耳'，准可以把他击破。段末杯的部队一败，其他敌军自然也会瓦解。等抓住了段末杯以后，那击败王浚，只是时间的问题了。"

石勒笑着表示同意，立即命令孔苌为攻战都督，在北城秘密挖凿洞口（当时叫作"突门"，也就是说，在城墙里挖洞，留几寸不予穿透，以便于突击时推倒）。

虽然如此，在开战的前一天，石勒还是有点担心，他问佛图澄，佛图澄回答："昨天佛寺铃声说的意思是，明天早上吃早饭的时候，就能抓到段末杯。"

不久，段疾陆眷屯驻北面的堡垒，开始进攻北城。

石勒在城上眺望，发现敌人攻城的将士，有的放下武器躺下来睡觉，于是，下令孔苌督促精锐，从二十余个洞口同时突出攻击，并亲自率领将士在城上擂鼓助威。

石勒看到段末杯的部队人数众多，不见首尾，石勒不禁失色说："末杯军如此众多，怎么能抓住他呢！"又派遣夔安去问佛图澄，佛图澄说："已经抓住段末杯啦。"

此时，孔苌的突击部队直扑段末杯的虎帐，但是，不能攻克，只好向后撤退，由此可见段末杯的强悍。段末杯率众追击，闯入孔苌的营门（大约就是打开的突门），正好遇到了孔苌的伏兵，遂被俘虏。

段疾陆眷得到消息，赶紧撤退，孔苌乘胜追击，杀人如麻，尸横三十多里，夺得护甲战马五千匹。段疾陆眷收拾残兵败将，回军渚阳。

石勒的部将都劝石勒诛杀了段末杯，佛图澄却劝说石勒放了段末杯，石勒采纳了佛图澄的意见，他对大家说："辽西鲜卑是一支强大的武力，跟我们一向无仇无怨，只是受到王浚指使罢了。杀一个人而跟一个强大的部落结仇，不是好的主意。释放他回去，他一定会对我们感激，不会再听王浚的了。”

于是，石勒把段末柸当作人质，派使节晋见段疾陆眷，请求和解，段疾陆眷同意了。（《晋书·石勒载记》记载，是段疾陆眷败退渚阳以后，主动找石勒请和的，此处为《资治通鉴》的说法，因为，《晋书·王浚传》的说法与《资治通鉴》的说法相同，所以，采用《资治通鉴》的说法。）

但是，弟弟段文鸯表示反对，他说：“现在，因为段末柸一个人的缘故，就放弃马上就要灭亡的贼寇，不仅会招来王浚的怨恨，而且将带来无穷后患，一定不要同意。”段疾陆眷没有接受，而是送给石勒二百五十匹护甲战马、金银各一筐，作为贿赂，又用段末柸的三弟做人质，去交换段末柸。

石勒派去石虎用丰厚的金钱财宝和绸缎布匹回报段疾陆眷。

段疾陆眷命令段文鸯与石虎在渚阳对天盟誓，结拜成异姓兄弟，于是，率军撤退。

幽州督护王昌不能单独停留，也只好率军返回根据地蓟县（今北京市）。

襄国之战以石勒的先败后胜而告终，经此一战，石勒成功地在王浚与段氏鲜卑之间埋下了一枚楔子，为以后吃掉王浚创造了条件。

二五一　经营司冀

襄国之战的戏剧化结局和石勒高超的政治手腕，使他又一次躲避了一场灭顶之灾，并为其从容经营冀州、司州创造了条件，也为其最终消灭王浚扫清了障碍。

取得襄国保卫战的胜利以后，石勒立即派遣参军阎综向刘聪报捷。看到王浚大军撤离，游纶、张豺只得向石勒投降，石勒的最终目的是袭击幽州，所以，暂时接受了他们的投降，任命他们为将军。石勒接着又进攻信都（今河北省衡水市冀州区），斩晋帝国冀州刺史王象，晋大司马兼幽州刺史王浚，又任命邵举代理冀州刺史，固守信都。

从历史记载来看，石勒并没有在段疾陆眷退兵的同时，就送还了段末柸。老谋深算的石勒等到第二年年初，看到段氏大军已经全部回到了老巢以后，才把段末柸送还。在送还段末柸时，石勒还专门召见了他，为他举办了一场高规格的欢送宴会，几杯水酒下肚，二人感情很快升温，石勒认段末柸为义子，段末柸尊石勒为义父，两人发誓要像父子一样，石勒又任命段末柸为使持节、安北将军、北平公。这让单纯的段末柸深受感动，在归途中，他每天必定要向南方遥拜石勒三次，即便是回到家乡，段末柸也不敢向着南方小便，总嘴里念叨说，父亲就居住在南边，不能亵渎了父亲。从此，段氏鲜卑改变了立场，结好了石勒，王浚的力量开始衰退。

从敌人手里争取来一个强大的同盟军，石勒开始放手扫清周围的势力。第二年，也就是建兴元年（公元313年），石勒命令石虎南下进攻邺城三台，邺城刘演抵挡不住，部队溃败，刘演往东南逃到廪丘（兖州州政府所在地，今山东省郓城县西北）；刘演手下的将军谢胥、田青、郎牧等率邺城所有逃亡的难民，都归降了石勒，石勒命桃豹当魏郡郡长，安抚人民，因为邺城十分重要的地位，它南阻漳河，并有三台之固，是屏蔽襄国南面的重要据点，因此，石勒对于守将的人选慎之又慎。他就此询问张宾说：“邺城是曹魏的旧都，吾将要好好对它进行营建。那里风俗殷杂，必须要有贤明并且有名望的大臣镇守，谁能担任此职呢？”张宾回答：“晋朝前东莱太守南阳人赵彭忠亮笃敏，有佐时之才，将军如果能重用他，肯定能让您满意。”石勒就把赵彭征召来，任其为魏郡太守。可是赵彭来了以后，却痛哭流涕，坚决推辞：“我以前已经在晋朝为官，吃过晋朝的俸禄，狗和马都会眷恋主人，因此，我对晋室难以忘怀。我的确知道晋朝已经大势已去，就像大河之水一去不复还，明公您受上天的眷顾，任命我为臣，对于我而言，可以说是前途无量。但是，如果让我侍奉两朝，我绝不会这样，明公您也不会允许。如果能够让我继续活下去，保全我的志向，那是您对于我的再生之恩啊。”石勒听后不发一言。

张宾看到一时双方都下不来台，赶紧打圆场，恭维石勒说：“自从将军您战旗所过之处，士人们没有不变节投靠的，从未有能以大义来决定自己进退的人。像赵彭这样的贤人，把将军您比作汉高祖，自己比作不屈从于汉高祖的四公，可谓是君臣相知，这足以显示将军您胸怀之大，何必要让其做您的官吏呢。”

石勒一听，一腔强压着的怒火才烟消云散，转怒为喜，说：“右侯这话，真是说到我心里去了啊。”赐给赵彭安车驷马，养以卿禄，征其子赵明为参军。

但是，魏郡太守的人选还得调啊，暂时没有德才兼备的名士充任，那就让自己的心腹去做吧，再让石虎接替桃豹镇守。

在拿下邺城以后，石勒还念念不忘近在咫尺的苑乡，他又一次采取突然袭击的办法，拿下名义上已经归降的苑乡，抓住了游纶，剥夺了他的军权，让他做自己的主簿。

接着，石勒亲率部队攻击位于襄国东面的上白（今河北省威县东南）。此时，晋青州刺史、乞活首领李恽正驻守在那里，经过激战，石勒军阵斩了李恽。王浚又任命乞活的另外一位首领、乌丸人薄盛为青州刺史，接替李恽。

攻下上白以后，按照惯例，将要坑杀李恽的降卒，正巧，石勒在人群中认出了自己的老乡兼恩人郭敬，他说：“你是郭季子吗？”

郭敬叩头回答：“是我啊。”

石勒下马，紧紧地握着郭敬的手，流下了眼泪，边哭边说：“今日我们相遇，难道不是天意吗？”

立即赏赐给郭敬衣服车马，并封其为上将军，将李恽投降的士兵全部免死，作为郭敬的部属。

石勒前进的步伐仍然没有停止。

在拿下上白以后，他又派遣大将孔苌攻击附近的定陵（今河北省威县西北），斩王浚所任命的兖州州长田徽。薄盛看到抵抗无望，就逮捕了渤海太守（治所：河北南皮）刘既，率领五千多户人投降石勒。太行山以东各郡县相继被石勒夺取。原来与王浚同盟的乌丸审广、渐裳、郝袭也背着王浚，派遣使节秘密归附石勒，石勒对他们都厚加抚纳。

刘聪也升石勒为侍中、征东大将军，余如故，并拜其母王氏为上党国太夫人，妻刘氏为上党国夫人，章绶首饰与王妃相同，一切似乎都很顺利。

然而，有两件事情叫石勒很不爽。

一件是，留在襄国的段末柸的那位作为人质的三弟趁人不备，竟然从襄国逃回了辽西。这件事让石勒大怒，他残忍的个性又一次爆发，将从襄国到辽西所经道路上的所有县令和县令尉全部处死。

第二件，就是自己的母亲去世了。这位养育了一个伟大儿子的母亲，在历经苦难以后，仅仅享受一年多的快乐，就去世了。石勒按照胡人的习俗，将母亲秘密埋葬在山谷中，而再举行盛大的葬礼，虚葬于襄国城南。

经过一年多的奋战和经营，石勒统治下的司州和冀州逐渐安宁，百姓开始像太平年代那样正常交租赋。石勒命令建立太学，选择通晓经书、擅长文书的官吏作为文学教授，选择将佐的子弟三百人入太学读书。

他已经为自己建立帝国提前培养未来的干部了。

二五二　成效不佳

与蒸蒸日上的石勒相反，刘聪在这一两年的时间里，却成绩不佳。

因为献玉纠纷而得罪了拓跋六修以后，邢延将并州北部的新兴郡献给了刘聪，刘聪即于公元312年一月，派遣镇北将军靳冲、平北将军卜珝北上攻击刘琨，并于一月十九日包围了晋阳（今山西省太原市）。

靳冲身世不详，大约是刘聪以及刘粲靳皇后的族人；而卜珝却在《晋书·艺术传》中有传，称其字子玉，为匈奴后部人，从小喜欢读《易经》。史书上记载下他与预测大师郭璞一段能引起我们深思的经典对话：郭璞曾赞叹地对卜珝说：“我不如你啊，可是为什么你却躲不过兵灾？”卜珝说：“是啊。我四十一岁的时候，将有大难，位为卿将，就当受祸。即便不这样，也会被猛兽吃掉。不过，我也看不到你能善终啊。”郭璞说：“我的灾祸在江南，即使努力攘灾也没有消除的迹象，可是，在南方的话，尚可延期，在这生活的话，灾祸很快就会到来。”卜珝说：“你不当公务员，就可以免这场灾祸。”郭璞回答：“我不能不当公务员，就像您不能不当卿将一样啊。”卜珝说：“我们身处的这里虽然也会出现帝王，但是，将不再是华夏的正朔。琅邪王司马睿一定会主持晋祚的。”

为了躲避被任命为将军，卜珝就隐居在龙门山。刘渊称王以后，征召他为大司农、侍中，卜珝坚决不去。等刘聪继位以后，征为太常。

邢延投降以后，向刘聪请求援兵，刘聪问卜珝什么时候能够平定刘琨，卜珝回答：“并州是陛下您的份地，这次肯定能够占领。”刘聪开玩笑地说：“朕想劳驾先生去一趟，行不行？”卜珝回答：“臣之所以匆忙觐见，来不及装束的原因，就是为了此行。”

刘聪大喜，就任命他为使持节、平北将军。临出发，对自己的妹妹说：“此行，我肯定要死，这是天意，我死以后，千万别再找事。”

看到刘汉帝国军队来势汹汹，刘琨赶紧派人北上请求拓跋鲜卑派救兵，代公拓跋猗卢派兵急速前来援救。晋阳历来易守难攻，到三月，刘汉军队大败，卜珝本是文臣，从未带过兵，在军中也没有什么亲信，所部士卒先逃。靳冲作为主帅攻晋阳不克，也感到回国无法向皇帝交代，就归罪于卜珝，擅自将其诛杀。消息传来，刘聪不禁大怒，说道：“这位先生，是连我都不能加刑的人，你靳冲是什么人胆敢如此！”立即派遣御史中丞浩衍拿着节，到军中斩杀了靳冲。

此战，刘聪不仅没有攻下晋阳，损兵折将，而且，领兵的两个大将也先后身首异处。

而此时，对于身处长安的刘曜，形势也并不乐观。

从去年年底以来，贾疋统率的关中晋军一直层层包围着长安城，时间长达五六月，其间，刘曜多次出城迎战，但都被气势高昂的联军击败，每次都被打入城内。最后，刘曜无计可施，只好驱赶长安城中八万士女，仓皇逃回平阳。公元312年五月，刘聪贬刘曜为龙骧将军，代理大司马职务。

北面难以攻拔晋阳，西面长安又得而复失，东面是自己人石勒，刘聪只好把目光再次投向残破不堪的东南河内郡和南面的洛阳，扫清处在那里各个坞堡。

刘聪命河内王刘粲攻击司徒傅祗的根据地三渚（今河南省孟津县境），右将军刘参攻击晋帝国河内郡（今河南省沁阳市）太守郭默的根据地怀县（今河南省武陟县）。

自去年六月，洛阳陷落以后，傅祗一直主持着这个河阴政府，已经将近一年的时间。在刘汉大军的围攻下，毕竟寡不敌众，傅祗的儿子傅畅战败被俘，此时，六十九岁的傅祗却突然得了急病，在临死前，他写下言辞激昂的戒子书，勉励儿子们要与敌人血战到底。然而，随着傅畅的被俘，城池也随之陷落，刘粲把傅畅，傅祗的孙子傅纯、傅粹与当地二万余家人民，都迁到了首都平阳。为了拉拢傅畅，刘聪追赠傅祗为太保，分别任命傅纯、傅粹为给事中，并对傅畅说：“尊公虽然不达天命，但是各忠其主，所以，我也给予他表彰。晋主已经投降，天命所归，这不是人力所能左右的，但是，你父亲却拥众劫掠、干扰我国南部边境，这是他的罪过。你父亲如此作恶，可我还是像对待我自己的有功之臣那样尊崇，并让他的子孙位居宫廷显职，你这下感受到了我大汉政权的大德了吗？”傅畅不卑不亢地回答：“陛下每每赞美我父亲，说他没有因为我的被俘而投降，至于您给予我和我家人的恩惠，自然是明主伐国吊人的通常做法，我与大家一样，还不敢特别拜谢。”

刘聪虽然拔掉了傅祗这个钉子，但是，右将军刘参攻击郭默，却再无下文，估计战果并不理想。而此时，并州的刘琨又于十月传檄各郡将要大举进攻平阳。

二五三　大胜大败

刚刚北上的石勒在襄国立足未稳，刘琨即选择此时进攻平阳，这当然是一个很好的时机。

史书记载，刘琨“少负志气，有纵横之才，善交胜己，而颇浮夸”。他精通音律，在晋阳的时候，曾经被胡骑所围，城中无计可施。刘琨乘着夜色，在月光下登上城楼长啸，声音凄凉幽怨，围城胡人都凄然长叹。半夜的时候，刘琨又奏起胡笳，胡笳声声，哀伤凄清，围城的匈奴士兵个个军心骚动，流涕感叹。快天明的时候，刘琨又一次吹响了胡笳，一曲未了，无心恋战的匈奴士兵已撤围而去。音乐给刘琨留下了这一段千古传诵的佳话，但是，也给刘琨带来了难以愈合的伤痛。就在刘琨紧锣密鼓地准备大举进攻刘汉帝国的时候，晋阳内部却出现了危机。由于刘琨一向奢侈豪华，尤其喜爱美女与音乐。河南郡人徐润，正是因为精通音律，而受到刘琨宠信，刘琨任命其为晋阳县令。身为县令的徐润依仗与刘琨的关系，也不管什么上下级起码的规矩，竟然经常干预州里的工作，就像如今一个县级干部经常对省政府的事情说三道四似的。奋威护军（军事总监）令狐盛，性格亢直，多次规劝刘琨，并请刘琨诛杀徐润，刘琨拒不接受。徐润遂陷害令狐盛，他对刘琨说：“令狐盛将要劝您称帝呢。”忠义的刘琨闻言大怒，没有进行调查，就信以为真，立即下令逮捕了令狐盛，未经审讯就斩首示众。刘琨的母亲责备刘琨说：“你不能恢宏远略，驾驭英雄，反而专门铲除比你有才能的人，以此求得安宁，将凭借什么实现你的目标呢？这样下去，肯定会连累我的。”

此时，因为刘琨曾将代郡让给拓跋鲜卑，与王浚已经形同敌国，王浚多次派兵从东北方向进攻刘琨，使得刘琨实力大损。令狐盛的儿子令狐泥，从晋阳投奔刘汉帝国，把刘琨目前的窘境和盘托出。刘聪得知晋阳的实情以后，大为兴奋，他立即命令狐泥作为向导，派遣河内王刘粲、中山王刘曜，率军北上进攻并州。而此时，雁门乌丸再次反叛，刘琨正率精兵平叛，他得到刘汉帝国军队北上的消息，立刻前往东方，在常山郡（今河北省正定县）、中山郡（河北省定州市）一带，征集招募军队。一面命令他的将领郝诜、张乔率军抵抗刘粲，另一面派人向代公拓跋猗卢求救。郝诜、张乔率军与刘汉军队在武灌交战，双双战败被杀，晋阳立即陷于岌岌可危之境。

太原郡太守高乔、并州别驾郝聿一看大事不妙，就献出晋阳城池，投降了刘粲。

八月一日，刘琨回救晋阳不及，只好率左右数十名骑兵，携带妻子，逃奔赵郡的亭头，然后逃回常山郡。

八月二日，刘粲、刘曜，终于进入了易守难攻的晋阳城。

八月三日，令狐泥诛杀了留在城内的刘琨的父亲刘蕃和刘琨的母亲。

刘粲、刘曜把逮着的尚书卢志、侍中许遐、太子右卫率崔玮都送到了平阳。刘聪大喜，重新任命刘曜为车骑大将军，以前将军刘丰为并州刺史，镇守晋阳。

九月，刘聪以卢志为皇太弟刘乂的太弟太师，崔玮为太弟太傅，许遐为太弟太保，高乔、令狐泥都升为武卫将军。

刘琨岂能善罢甘休。

刘琨的使者一到，代公拓跋猗卢就派他的儿子拓跋六修与侄儿拓跋普根（《晋书·刘聪载记》记作："猗卢遣子日利孙、宾六须"，《魏书·序记》记作："遣子六修、桓帝子普根"，《十六国春秋》记作："遣其子利孙"，《刘琨集》记作："左右贤王""右贤王扑速根"）、将军卫雄、范班、箕澹，率军队数万为先锋，反攻晋阳。拓跋猗卢亲率大军二十万人，随后进发。刘琨集结数千残兵败将作为鲜卑军队的向导。《晋书·刘琨传》记载："拓跋猗卢率众六万至于狼孟。"（《读史方舆纪要》载："狼孟县，俗名黄头寨，在太原府北七十里。"黄头寨即今黄寨村，至今遗址尚存。）

刘汉帝国中山王刘曜率军迎战拓跋六修的先头部队。

双方在晋阳北面的汾河东岸展开了一场大战。面对呼啸而来、气势如虹的鲜卑骑兵，早已闻风丧胆的刘曜军，一触即溃，主帅中山王刘曜也被如蝗的乱箭射中（他老是被箭射中，却没被射死），慌乱之中也从马背摔下，身中七处伤。刘曜坐在地上，眼瞅着剁瓜切菜般杀来的鲜卑猛士，几乎是在等死。讨虏将军傅虎看到此情，赶紧把自己的坐骑交给刘曜，刘曜拒不接受，说道："如今千钧一发，人人都想着自己逃命，我伤势太重，注定将要死在此地了，你还是逃命去吧。"傅虎流着眼泪说："我不过是个卑微的小人，受到大王赏识，提拔到此，一直想要报答您的恩德，今天正是时候。而且，帝国刚刚建立，大难还没有平定，天下可以没有傅虎，但是不可以一日没有大王。"他把刘曜扶到自己的马背上，驱马渡过了汾水，然后，自己反身徒步迎战，被鲜卑乱军杀死，刘曜这才得以狼狈逃回晋阳。《晋书·刘琨传》记载：此战刘粲军"死者十五六"。

当天夜晚，回到晋阳的刘曜就跟大将军刘粲、镇北大将军刘丰，裹胁晋阳住民连夜仓皇撤退，越过晋阳城西北的蒙山，朝首都平阳逃窜。

兵贵神速。

夺得晋阳的拓跋猗卢继续穷追猛打，在蒙山西南的蓝谷，追上了刘汉帝国撤退中的败军，双方又一次展开了一场大会战，刘汉军又一次被打得大败，鲜卑军队生擒刘汉帝国镇北大将军刘丰，阵斩曾为刘琨牙门将、如今为刘汉帝国征虏将军的邢延，并斩杀三千余人，尸体满布数百里。

蓝谷大战以后，拓跋猗卢停止了进攻的脚步。刘琨单独率军继续追击，但是，"更不能克"。

蓝谷大战似乎只是拓跋六修的先头部队所为，随后而至的拓跋猗卢遂在寿阳山（今山西省寿阳县北）展开一次大规模残忍的狩猎，鲜卑人把俘获的野兽剥皮剖肉，陈列在山上，满山一片血腥，远远看去就像是一座座赤红的火山。

退回的刘琨对于拓跋猗卢的救援感激万分，他亲自来到猗卢军营拜谢，为了表达对拓跋猗卢的感激之情，刘琨在猗卢的大营外面就下马，从营门口一直步行走到猗卢的虎帐，向拓跋猗卢道谢，并恳切要求大军继续往前推进。拓跋猗卢说："我来得太晚了，使你的父母被害，实在很惭愧。现在，你已经恢复原来的疆界，我从远方来到此地，已经人困马乏，姑且等待以后，我们再作行动。刘聪不是一下子就能彻底消灭得了的。"

拓跋猗卢给刘琨留下马、牛、羊各一千余头，车一百辆，班师北返，又留下他的部将箕澹、段繁等，屯驻晋阳协防。

刘琨志在复仇，但是，屈于力弱，有求于人，史称，在拓跋猗卢不同意继续进兵以后，刘琨"泣血尸立"，无可奈何，只好把根据地迁到阳曲（今山西省阳曲县），重新召集流亡居民。

经此一战，刘汉帝国河内王刘粲的参军卢谌，趁机投奔了刘琨，刘聪遂斩杀了卢谌的父亲卢志，弟弟卢谧、卢诜。刘琨的妻子就是卢谌的从母，刘琨对他信任有加，任命其为从事中郎。

二五四　淫昏之主

我常常想，假如刘渊的儿子刘聪能够像李渊的儿子李世民那样雄才大略，情况又该如何呢？

有人说，考查中国古代历史发现，在乱世走向统一的进程中，如果这个动乱状态持续三四十年以上的话，那么，就会形成一种你吃不掉我、我也吃不掉你的割据状态，并长期持续下去；如果统一的进程在此期间完成，那么，中国将又一次步入统一。这一论断虽然带着浓郁的经验主义色彩，但是，尚且有一定的合理性，究其原因就在于：当第一代、第二代开国雄主没有能力统一全国的话，经过一定时期的战争，各自军民逐渐会产生厌战情绪，统一的步伐慢慢就停滞了下来。而很多时候，统一的进程需要第一代雄主及其周围的谋臣良将，也包括第二代持续的努力，才能实现。

刘渊的儿子和孙子却不具备这种能力，这也就决定了刘汉政权只是真正英雄到来之前旧制度的掘墓人或者说是新国家的驱除者。因为，在需要团结进取的时候，这里却选择了内斗；在需要吃苦的时候，这里却过早地选择了享受。

刘聪继位之初，虽然晋王朝受到了空前的打击，但是，刘汉帝国所有的土地也仅仅局限于并州的大部和司州的一部，即便是在晋怀帝被俘以后，其实际控制区域也并没有随着洛阳陷落而增加多少。

那么，那位继承刘渊衣钵的帝国最高统治者，究竟又是什么样的一个人呢？

也许是后人的刻意编造，据说刘聪生下来的时候，也伴随着奇异的现象：一是，他母亲张夫人说自己梦见了太阳钻进了自己的胸脯里了；二是，张夫人总共怀孕了十五个月才生下刘聪；三是，刘聪落地的那一夜，天上发出了白色的光芒。另外，刘聪左耳朵里长有一根白毛，长有二尺。《晋书·刘聪载记》还说：

"年十四，究通经史，兼综百家之言，《孙吴兵法》靡不诵之。工草隶，善属文，著述怀诗百余篇、赋颂五十余篇。十五习击刺，猿臂善射，弯弓三百斤，膂力骁捷，冠绝一时。太原王浑见而悦之，谓元海曰：'此兒吾所不能测也。'弱冠游于京师，名士莫不交结，乐广、张华尤异之也。"虽然有溢美之词，但是，起码我们从中可以看出，刘聪汉化程度是很深的。

刘聪在继位之初，先干了三件事情。

一是，先把自己的名义上的母亲、刘渊的正妻单太后弄到手里。按照匈奴族的风俗，父亲去世以后，儿子占有后母是一件极为正常的事情，但是，由于刘聪受到了汉族礼仪的影响，他选择了与单太后私通。史书对这个单太后的容貌仅仅用四个字描述："姿色绝丽"，这是一个很高的评介，难怪令好色无比的刘聪能把所有的汉族道德礼仪抛诸脑后了。

二是，暗杀了自己的嫡兄刘恭。虽然公元310年十一月，距离刘聪登基不足四个月，刘聪就因为忌惮自己的嫡兄刘恭，而趁刘恭睡觉的时候，派人在刘恭卧室的墙壁上凿开了一个小洞，把刘恭刺死。也不知道他是怎么琢磨出如此下三烂的招数的。史书此处记载"嫡兄"，却令人费解。考查史料，张华去世那是在赵王伦之变的时候，而那时候刘聪起码已经行过"冠礼"，《礼记·曲礼上》记有：男子二十冠而字。也就是说，在永康元年（公元300年）之前，刘聪已经二十岁了。而假如认定这个嫡兄刘恭是单太后的儿子，那只有一种解释：在刘渊起兵之前，氐酋单征已经将自己的女儿嫁给了刘渊，这也是有可能的。不过，还有一种可能就是：这个刘恭是曾经的刘渊的王后呼延氏的儿子。单太后生的儿子、身为皇太弟的刘乂，听到自己的母亲与自己的异母哥哥通奸，〔从此也可以反证单太后应该是在自己的父亲投降刘汉帝国之前嫁给刘渊的，因为，根据《资治通鉴》的记载，单徵是在永嘉二年（公元308年）投靠刘渊的，而刘渊在310年就去世了，两岁多的孩子是不可能说出这种话的。〕感到十分难堪，多次进宫数落母亲，这让单太后无地自容，最后又羞又恼而死。

三是，对皇太弟的刘乂逐渐猜忌。本来在刘聪继位之初，曾经信誓旦旦要在自己百年以后，传位给皇太弟刘乂。单太后死后，刘聪"悲悼无已"，当刘聪得知自己的心上人单太后是因为刘乂的数落而死以后，对刘乂的宠信迅速减退，不过，仍然怀念与单太后的旧情，而没有立即罢黜刘乂。此时，刘聪的呼延皇后见缝插针，开始为自己的儿子刘粲游说，她对刘聪说："儿子继承父亲，这是古今以来通理。陛下的宝座是继承高祖的，与刘乂又有什么关系呢？陛下百年之后，刘粲兄弟恐怕连种都不会留下了。”刘聪开始动心，说：“我知道了，等我慢慢想个办法。”呼延皇后接着说：“事情一拖延就可能发生变化。太弟眼看着刘粲兄弟渐渐长大，内心一定不安。万一有小人从中挑拨，发生灾祸，未必不因为你今天优柔寡断引发的啊。”刘乂的舅舅、侍中单冲对刘乂流着泪劝告说：“疏远的人永远也无法隔绝亲近的人，主上有意把帝位传给他的亲儿子刘粲，你为什么不避开呢？”刘乂傻乎乎地说：“七月政变，主上考虑到嫡庶之别，要把宝座让给我，我因为主上年长，所以推奉他。天下是高祖的天下，哥哥传位给弟弟，有什么不可以？刘粲兄弟长大后，跟今天的情形，会完全一样。而且，弟弟和儿子，亲疏又差多少？主上怎么会有这种想法呢？”刘乂的不识时务，也埋下了刘汉帝国内乱的种子。

等打下洛阳，俘虏了晋怀帝，刘聪的大头症空前暴发。

到公元312年一月，正好他的呼延皇后也去世了，他好色本性迅速膨胀。就在呼延氏尸骨未寒，一月二十二日，刘聪就把司空王育、尚书令任顗的女儿，封左右昭仪（一级小老婆）；把中军大将军王彰、中书监范隆、左仆射马景的女儿，封夫人（二级小老婆群）；把右仆射朱纪的女儿，封贵妃（三级小老婆）。几位美女都佩戴紫色绶带的金印。这还远远不够，刘聪听说太保刘殷的女儿长得很美，还要把刘殷的女儿弄到手，因为，是同族，根据礼法是为世人不齿的，所以，皇太弟刘乂坚决反对。刘聪就问太宰刘延年、太傅刘景，二人都是老于世故的人，纷纷表示说：“刘殷自己说他是刘康公的后裔〔胡三省原注：‘刘康公是周王朝的官员，封在刘邑（今河南省偃师县南），就以刘为姓。’〕，与陛下不是一个祖宗（刘聪是匈奴人，本姓挛鞮），收纳他的女儿，又有什么关系呢？”刘聪大喜，一下子把刘殷两个女儿都招进宫，一看之下，果然美貌异常，就封刘英为左贵嫔、刘娥为右贵嫔，地位更在昭仪之上，而昭仪则降为二级小老婆；紧接着，刘聪又将刘殷的四个孙女也全部收进宫来，全部封为贵人，地位低于贵妃，昭仪又降为三级小老婆，刘家这六位姑侄美女，宠爱超过后宫的所有美女，被称为“六刘”，自此，刘聪沉迷于她们的美色之中，很少出宫处理政府事务，公务全都是通过中黄门（高级宦官）来回传达，《二十四史札记》还加了一句：“左贵嫔（刘英）决之。”

看到六刘已经专宠，刘聪的母亲张太后心急如焚，她强烈要求儿子刘聪收纳他表哥、辅汉将军张寔（不是凉州的张寔）的两个女儿张徽光、张丽光当贵人，刘聪无奈，只好听从。

对于刘聪沉湎于酒色的记载很多。

赵翼的《二十四史札记》卷十五《一帝数后》条，说："一帝一后，礼也。至荒乱之朝，则漫无法纪，有同时立数后者。……刘聪僭位，立其妻呼延氏为皇后，后死，纳刘殷女为皇后，后死，又纳靳准女为皇后，未几进为上皇后，而立贵妃刘氏为左皇后，贵嫔刘氏为右皇后，又立樊氏为上皇后。四后之外，佩皇后玺绶者，又七人，后又以宦者王沈养女为左皇后，宣怀养女为中皇后。"

二五五　怀帝之死

君主荒淫，自然会影响到政务。要命的是，刘聪虽然属于富二代，但是形同开创，但刘聪却完全具备了富二代们身上所有的缺点，并且，有过之而无不及。

一次，刘聪因为宫廷所用的鱼蟹不足，就杀掉了左都水使者襄陵王刘摅。又一次，他计划兴筑的温明殿、徽光殿，因为没有如期完工，也立斩将作大匠望都公靳陵。

除了刑罚严峻以外，刘聪还特别喜欢打猎、捕鱼，史书记载：“聪游猎无度，常晨出暮归，观渔于汾水，以烛继昼。”中军大将军王彰进言说：“如今，天下还没有完全平定，晋王朝还尸居余气，你不害怕刺客刺杀，在外面总是玩到半夜还不回宫，陛下应当想想先帝创业的艰难，您继承大统的不易。鸿业已经建立，四海也都对您充满了期盼，大业怎能功败垂成！近来看到陛下所作所为，我实在是痛心了很长时间了。况且，如今愚昧的民众归附我朝之心还不专一，思念晋王朝的念头仍很强烈，刘琨又近在咫尺，派出的刺客杀手朝发夕至，陛下您却轻率地离开宫中，一个刺客就可以把您拿下。愿陛下改变过去的作风，注意自己的行为，那是天下亿万人民的福分啊。”

听罢，刘聪不禁大怒，立即下令斩了王彰。王彰的女儿是刘聪的上夫人，她跪在刘聪面前磕头，苦苦哀求，这样，刘聪才把王彰的死刑立即执行改判为囚禁在诏狱，缓期执行。

听到这个消息，刘聪的母亲张太后为此三天不进饮食。皇太弟刘乂、单于刘粲，抬着棺木恳切规劝。刘聪又一次发作：“我岂是桀、纣之类的人，要你们来哭活人！”太宰刘延年、太保刘殷等三公、部长级官员以及侯爵等一百余人一起脱下官帽，流泪乞求，说：“陛下您东平洛阳，西定关中，您功勋之高，恩德之厚，历史上没有人能比。从前世上有尧舜，当今社会则有陛下您。”这样的话，刘聪听起来最受用，真惊诧于人如此不自知。“但是，近来，您却只因宫廷暂时稍稍缺少供应，便诛杀亲王公爵。直率的言辞，违背陛下的旨意，便立即囚禁大将，这些，我们无法了解，十分忧虑，寝食不安。”一句好听的话比老母亲绝食三天、弟弟儿子劝谏还见效，刘聪一听，好像突然恢复了理智，他感慨地说：“我昨天酩酊大醉，做出的事不是我的本心，如果各位不这样提醒，我还认识不到错误。”每人赏赐一百匹绸缎，派侍中持节释放了王彰，对王彰道歉说：“先帝在世时，就视你为左右手，你有功两代，我怎敢忘记？我这次的过失，盼望你能忘掉，你尽忠忧国，正是我所盼望的。现在擢升你为骠骑将军，封定襄郡公。以后我有不对之处，仍请你多多指教。”

就是这样一个人主导着一个创业中的帝国。

到公元312年的六月，刘聪打算封贵嫔刘英为皇后，张太后坚持要封自己的侄女贵人张徽光，刘聪不得已，只好同意。刘英气愤之下，不久就逝世了，六刘变成了四刘。因为，前不久，刘聪已经将其中的一个小刘让给了晋怀帝。

这年年初的时候，刘聪封司马炽为会稽郡公，并加授宰相级的仪同三司，同时被俘的庾敳的哥哥庾珉也随着加官晋爵。有一次，刘聪无所事事，就把司马炽召来陪聊，他问司马炽：“你从前当豫章王的时候，我跟王济一块儿去拜访你，王济曾向你介绍我。你说：‘久闻大名！’你还把你自己创作的乐府诗歌让我看，并对我说：‘听说你很会作辞赋，请你替我看看。’我当时和王济都写了一篇《盛德颂》，你看过以后，赞叹了很久。后来，你带着我们去大堂射箭，我射中了十二支箭，你和王济都射得九支，你还送给我一张桑木弓、一个银砚台，这事你还记得不记得？”司马炽说：“臣怎么敢忘记？只恨在下当时不识龙颜！”刘聪继而问道：“你们司马家骨肉相残怎么这么厉害？”司马炽说：“这不是人力而是天意。大汉王朝将接受天命，因此，司马家族才替陛下自我铲除吧。如果我们司马家能够保住武皇帝的基业，九族和睦团结，陛下又怎能坐上宝座呢？”当天，两人回忆往事，似乎又回到了昔日美好岁月，相谈甚欢，一直谈到傍晚，刘聪心里美滋滋的，“妻子如衣服”，刘聪一高兴，就把自己的小刘贵人赏赐给司马炽做妻子，并对司马炽说：“她可是名公卿的孙女，今天特意送给你做妻子，你可要好好待她啊。”拜小刘为会稽国夫人。

但是，好景不长。

很快就过年了，到了永嘉七年，公元313年元旦，刘聪在光极前殿举行盛大的宴会，命令司马炽穿着平民百姓的衣服给在座的群臣倒酒。目睹故主受到如此侮辱，光禄大夫庾珉、王俊等，不胜悲愤，号啕痛哭。也许这使刘聪想到刚刚在蓝谷的惨败，并且伴随着那场惨败，卢谌竟然置父亲卢志和两个弟弟于不顾，在战场上投奔刘琨，这说明了什么呢？人心还没有忘记晋德，这让刘聪十分厌恶，他再也顾不上昔日的友好了，于是，就有人揭发庾珉等企图里应外合，献出平阳，响应刘琨。

二月一日，刘聪下令诛杀庾珉、王俊等晋帝国旧有臣属十余人，司马炽也被处死，时年三十岁。杀掉司马炽以后，刘聪没有忘记把寄存在司马炽那里将近一年的会稽小刘夫人收回，仍让她回到自己的宫中做贵人。

晋怀帝司马炽就这样被处死了。

各种史料都引用了荀崧对怀帝的评价，他说："怀帝天姿清劭，少著英猷，若遭承平，足为守文佳主。而继惠帝扰乱之后，东海专政，无幽厉之衅，而有流亡之祸。"没有周幽王、周厉王那种恶行，但是，却有颠沛流离之祸，着实令人叹息。

第十部 建兴悲歌

二五六　愍帝继位

虽然刘曜只留下了一座空城，但是，贾疋等人毕竟赶跑了刘曜，收复了西京。

此时的核心人物当然属贾疋了，因为，虽然是阎鼎历尽千难万险与司马邺一起来到了关中，（《晋书·阎鼎传》称：“鼎首建大功，立功天下。”）但是，来到此地，需要依靠的是关中的实力派，而贾疋正是关中实力派的代表，所以，在攻下长安以前，司马邺就已经任命贾疋为骠骑将军、雍州刺史，封为酒泉公了。

公元312年九月三日，贾疋等尊奉秦王司马邺当皇太子，在长安组织临时政府，由司马邺祭祀天地神灵，禀告上苍及五色帝，兴建皇家祭庙、天地祭坛，大赦。任命豫州刺史阎鼎为太子宫总管（太子詹事），统御文武百官；加授贾疋为征西大将军；任命秦州刺史南阳王司马保〔时驻上邽（今甘肃省天水市）〕为大司马；令在开封的司空荀藩负责远近军政事务、光禄大夫荀组为司隶校尉、代理豫州刺史，与荀藩一起守卫开封。

司马邺在长安立足未稳，卢水胡彭仲荡之子彭天护就率领关中原有的杂胡，一起朝长安进发，来找贾疋报杀父之仇来了。贾疋率军迎敌，彭天护（《晋书·贾疋传》记作彭夫护）假装不胜而撤，贾疋纵兵猛追，夜里不幸坠入涧中，被彭天护抓获以后，被杀。（《晋书·愍帝本纪》称，贾疋是在讨伐张连过程中，遇害。《晋书·麹允传》称，“会雍州刺史贾疋为屠各所杀”，由此，也可以说明卢水胡也是屠各匈奴。）史料记载：贾疋“勇略有志节，以匡复晋室为己任，” 他死后，人们都深感痛惜。不仅如此，有贾疋在，关中的实力派有一个主心骨，阎鼎也不得不收敛许多，贾疋一死，关中实力派们再没有一个资历能够与阎鼎抗衡的人了，而阎鼎的专权之心也逐渐显露出来。

京兆尹梁综与阎鼎争权，阎鼎借机将梁综杀掉，另外任命王毗做京兆尹。而梁氏为关中大族，冯翊太守梁纬、北地太守梁肃都是梁综的亲弟弟，与抚夷护军索綝还是亲戚关系。阎鼎这一头脑发热之举，立即引发强烈的对抗。同时，始平太守麹允也是关中的大族，也想专擅朝政，于是，麹允与关中的这些实力派们结合一起，共同向司马邺证明阎鼎有无君之心，擅自杀戮大臣，请求讨伐阎鼎。大家合力进攻，结果，阎鼎战败，逃往雍城，被那里的氐族首领窦首所杀。

大家推选麹允为雍州刺史，为盟主，承制选择干部。

虽然司马邺任命南阳王司马保为大司马，但是，身为秦州刺史的司马保却拥兵陇西，冷眼旁观关中的局势，在贾疋率领大军围攻刘曜的时候，未出一兵一卒。究其原因，大概是：一是，司马保与贾疋早有过节。过去我们说过，在司马保的伯伯司马越征召其父司马模回中央的时候，司马模听信了手下谋臣淳于定的话，拒不应征，不仅如此，为了扩大自己在关中地区的势力，反而让自己的儿子司马保做西中郎将、东夷校尉，去接管秦州的兵权。而原来的秦州刺史裴苞看到天下大乱，也有割据秦州的打算，所以发兵拒绝接受司马保，结果，裴苞战败逃到了贾疋所在的安定郡，正是贾疋把裴苞庇护了起来。如今，你贾疋去建功立业，我司马保当然不可能伸出援手，更何况裴苞还在我的身边虎视眈眈呢。二是，司马保继承了司马家与骨肉为壑的传统，虽然属于皇室疏属，但他也觊觎皇位，因为，在乱世中，你只要有实力，再加上司马氏皇族这个牌子，登上皇位不是没有可能的。三是，结合《晋书·元帝本纪》《晋书·司马模传附司马保传》记载，此时的司马保也就二十岁左右，此人体重高达八百斤，约合今天的四百公斤，由于过于肥胖，所以，得了阳痿，无法过性生活，只有一个爱好，那就是呼呼大睡，是著名的“睡王”。指望这个人能如何如何，似乎也过于苛求了。

再说说远在凉州的张轨父子。这一对父子一向善于弹钢琴，他们一直对司马保不敢怠慢，向其贡献不绝。此时，张轨受到舆论的压力，不得不作出派兵协防长安的姿态。他先向长安派出使者，但是，秦州刺史裴苞和东羌校尉贯与却据险断使，抗拒凉州兵。张轨命令儿子张寔、宋配发兵进讨，张寔大军刚与裴苞接战，凉州内部却有出现了危机。原来，在平定凉州张昌之乱的时候，张昌一党西平曹祛的余党并没有全部迁移到姑臧，集中监控起来，此时，看到张寔大军离开了凉州，西平的王叔与麹儒等共同劫持前福禄令麹恪为主，突然发动兵变，他们逮捕了西平太守赵彝，东应裴苞。张寔只得留下一部分军队继续讨伐裴苞，自己率军回师讨伐，一战下来斩杀了麴儒，平定了内乱；与此同时，凉州左督护阴预率领凉州兵与裴苞军在狭西大战，大败裴苞所部，惨败后的裴苞狼狈逃奔桑凶坞，据险自守。

经过这一番折腾，凉州挥师援救长安的行动也暂时搁置了起来。

到永嘉七年四月，晋怀帝已经死亡的确切消息才传到了长安。

此年司马邺刚满十四岁，他举办丧礼，同时举行加冠礼，并于四月二十七日登基，继承帝位，大赦天下，改年号为建兴元年。擢升卫将军梁芬为宰相（司徒）；雍州州长麴允为尚书左仆射，主管政府事务；京兆尹索綝为尚书右仆射，兼吏部尚书、京兆尹。不久，又任命索綝为首都卫戍司令，兼代理太尉，所有军事政治大事，全交索綝处理。

此时的长安城中的困苦已到了极点。

偌大的长安城中居民竟然不满一百户人家，仅仅相当一个大一点村子大小，而且城中蒿草丛生，荆棘成林。公家的和私人的牛车加在一起，总共就只有四辆。文武百官连正式官服都没有，都随便穿着平时的衣服，更没有印信，只把官号写在桑木板上，意思意思而已。

虽然如此，索綝还是以司马邺的名义发出了气吞山河的檄文：先是任命琅邪王睿为左丞相、大都督，督陕东诸军事；南阳王保为右丞相、大都督，督陕西诸军事。接着发出号召，说："今当扫除鲸鲵，奉迎梓宫。令幽、并两州勒卒三十万直造平阳，右丞相宜率秦、凉、梁、雍之师三十万径诣长安，左丞相率所领精兵二十万径造洛阳，同赴大期，克成元勋。"

其实，这只是纸上作业，此时的并州刘琨虽有忠义之心，但是经过晋阳之败，再加上王浚时时袭击，已经无力自保，目前，借来拓跋鲜卑的部队防守着一线晋阳，自己则退到了阳曲苟延残喘；幽州王浚听说晋怀帝已死，隐然升起篡逆之心，根本无心勤王，况且，此时的石勒就在冀州的襄国，并已结好了王浚赖以依靠的段氏鲜卑和部分乌丸部落，而王浚还蒙在鼓里；司马保虽近在咫尺，在收复长安之战中，就不肯出一兵一卒，如今能指望这个瞌睡虫领三十万大军来到长安吗？江南的司马睿保有扬州，刚刚拿下了江州，他正把注意力集中在关乎长江下游安全的长江中游地区：荆州和湘州。而那里除了已有的荆州北部王如的民变、湘州杜弢的民变以外，各处山夷也蠢蠢欲动，并且，此地的最高长官山简资格很老，他的原班底与司马睿并不一心；在看看司马睿的身边，大批北方逃难而来的高门大族、平民，到江南以后，要生存就必须要“求田问舍”，而大量涌入的北方难民势必与原有的江南豪族产生激烈的对立和冲突，弄不好司马睿自己也会像陈敏一样自生自灭。

因此，司马睿哪有工夫“领精兵二十万径造洛阳”？

二五七　名士之死（一）

公元312年四月十六日，征南将军，都督荆州、湘州、交州、广州、益州、宁州诸军事的名士山简，在夏口溘然长逝，终年六十岁。

在襄阳的时候，山简在习姓大族人家里喝酒，在历史上留下了二十余个关于醉酒的说法，诸如“醉倒山公”“山公酩酊”“山公倒载”“醉酒高阳”“高阳饮兴”“山简醉”“山翁醉”“山公马”“习池饮”“醉习园”“高阳池”等等，除此之外，山简在生前逼走了深得人心的刘弘之子顺阳内史刘璠，这一举动，对于江汉渐乱和王如等人的叛乱都有一定的影响，可以说，山简在荆州期间过大于功。

这样一个名士死也就死了，但是，由于荆州地区特殊的地理位置，他的死却产生了不小影响。

首先是，山简的死，给远在江东的司马睿一个控制荆州、湘州乃至交州、广州一个千载难逢的好机会。

在司马睿夺取江州的战斗中，山简坐壁上观，并没有支持司马睿，如今山简死了，荆湘地区群龙无首，这当然让司马睿欢欣鼓舞。无独有偶，已经占据湘州的杜弢，也看准了荆州重要的战略地位，他意识到只有拿下夏口（今湖北省武汉市）、武昌（今湖北省鄂州市）地区，守，能够阻挡来自江南的打击，攻，可以顺流而下，占领江南。

司马睿与杜弢的对决在所难免。

不过，基于司马睿特殊的地位，当然有更多的优势，他除了命令王敦率众以讨伐杜弢为名，溯江西上以外，还“承制”封官许愿，拉拢荆州地区原有的官员。比如，据《晋书·应詹传》的记载：在山简死后不久，司马睿就加封南平太守应詹为建武将军，王敦认为似乎这样做还不够，又建议司马睿加封其为监巴东五郡诸军事，赐爵颍阳县侯。

除此之外，山简死后，荆州局势对司马睿变得十分有利。已经占据荆州北部地区数年之久的变民头领王如，每况愈下，十分奇怪的是：王如所部连年种植的谷子，到收割的时节都变成了野草，颗粒无收，一年如此，连续几年都是如此。王如部众为了填饱肚子，互相攻杀，王敦趁机攻讨，各部相率投降了王敦。王敦的从弟王棱喜爱王如的骁勇，收为自己的帐下；而王如另外一部却西去，辗转进入到了梁州。

其次，除了司马睿把手伸向了荆湘地区以外，群龙无首的原山简旧部，个别野心家也纷纷起事。曾为新野王司马歆的牙门将胡亢聚众起兵，占据竟陵郡（今湖北省钟祥市），自称楚公，控制了汉水中游地区，他任命过去的老相识、原司马歆的南蛮校尉杜曾为竟陵太守，二人沆瀣一气，趁乱纵横荆州，到处抢劫。

紧接着，山简的参军王冲，趁着荆州刺史王澄亲自出兵讨伐杜弢之机，聚众奉迎南平太守应詹为荆州刺史，王冲向来对应詹十分佩服，就将应詹迎接到自己的驻地，（具体位置不详，《晋书·应詹传》只说王冲起兵豫州，根据《晋书·王澄传》记载的王澄从江陵躲避东下的情况分析，大约就在荆州刺史治所江陵附近地区。）他见到应詹以后，才对应詹说明了情况，请应詹做荆州刺史。应詹对王冲也比较了解，以为此人是个流氓无赖，不足共事，就拒绝了王冲的要求，又回到了南平。王冲对应詹十分敬慕，所以，也不以为意。于是，王冲就自称为荆州刺史。

而此时，真正的荆州刺史王澄却正领兵南下，讨伐杜弢，部队行进到作塘（今湖南省安乡县北）。消息传来，名士王澄大为惊慌，他赶紧回军，命令自己的将领杜蕤（杜曾的族兄）回去镇守政府所在地江陵，而自己则移驻到孱陵（今湖北省公安县西），不久，又移驻沓中（今公安县东）。别驾郭舒劝阻说："阁下主持荆州军务，虽然没有特别的建树，但仍是州人维系的中心。现在，向西召集华容（成都国首府，今湖北省潜江市西南）的部队（也就是王机的部队），足可以生擒王冲这个小丑，为什么自行放弃努力，慌忙逃命呢！"王澄拒不听从，并打算与郭舒一起东下江南。郭舒说："我是一州的行政首脑，不能安定人民，而使您逃亡，我不忍心渡过长江。"王澄让郭舒代理南郡太守，郭舒遂留驻在沌口（今湖北省武汉市西南，沌水注入长江处）。由于没有粮食，郭舒就到湖泽中采摘野生的稻谷为生，乡人把郭舒的牛偷去杀掉吃了，郭舒知道以后，偷牛人前来谢罪，郭舒说："你吃牛是因为饥饿，剩余的肉我们一起吃吧。"郭舒以前与杜曾同过事，对杜曾很关爱，在竟陵的杜曾招郭舒入伙，但被郭舒拒绝了，为此，杜曾十分恼火，正好王澄又任命郭舒为顺阳内史，郭舒经过竟陵前去上任，却被杜曾袭击，郭舒只好逃回王敦身边，被王敦任命为从事中郎。

听说王澄逃难而来，司马睿的心理可想而知，他顺势征召王澄做军咨祭酒，而命自己的军咨祭酒周顗去接替王澄做荆州刺史，王澄同意了。

此时的王敦作为陶侃等人讨伐杜弢的后援，正驻守在豫章郡（今江西南昌市）。王澄路过此地，前往拜访。王澄夙有盛名，名气高于王敦、王导很多，一般人对其都十分倾慕；并且王澄勇力绝人，素来为王敦所忌惮。据《世说新语》记载，王澄这个人有一个毛病，就是："迈世有俊才，少所推服。"也就是说，此人向来自以为是，从未轻易佩服过谁。见到王敦以后，王澄还像往常那样趾高气昂，教诲王敦，甚至言语之间侮辱王敦，这让王敦顿生杀机。其实，另据《世说新语·尤悔》的记载："王平子始下，丞相语大将军：'不可复使羌人东行。'平子面似羌。"看来，王导也因为忌惮王澄的大名，已经布置王敦要杀掉王澄了，而王澄尚且不知。王敦请王澄留宿几天，企图趁着王澄熟睡时将其杀掉。但是，王澄自己不仅武功很高，手上经常拿着一个玉靠枕，作为自卫工具，（名士就是不一样，以身佩宝剑为羞，而是那个玉枕！）而且王澄身边还有二十名武功绝顶的卫士（史称"绝人"），拿着铁马鞭寸步不离，王敦无法下手。

王敦想到了一个主意，他假装请王澄及其随从喝酒，先将王澄的左右灌醉，然后，装作十分好奇的模样，要借王澄的玉枕看看。等接过王澄递来的玉枕后，王敦就势下床，立刻露出狰狞的面目，对王澄说："你为什么与叛贼杜弢通信？"王澄知道事情要坏，但是仍然坦然回答道："真相自然会明白。"王敦转身想进里屋，王澄赶紧用手拉着他的衣带，把王敦的衣带都拉断了，王敦挣脱而去。王敦手下就要近前，王澄一跃而起，跳上房梁，破口大骂："你王敦做事竟然如此卑鄙，灾祸一定会降临到你自己头上！"王澄终因寡不敌众，被王敦身边的力士路戎绞杀，终年四十四岁。

远在并州的刘琨听到王澄的死讯，叹息地说道："这是王澄自取的啊。"因为刘琨在王澄离开洛阳前往荆州的时候，看到他旁若无人地爬树，就曾劝谏过他，而《世说新语·谗险》也说王澄为"形甚散朗，内实劲侠"。以此处于乱世，难免身遭不测。

二五八 名士之死（二）

《世说新语·赏慕》在说完王澄很少佩服别人的同时，却说："每闻卫玠言，则叹息绝倒。"于是，就有了当时人们都知道一句话，就叫作："卫玠谈道，平子绝倒。"那么，为什么卫玠能够如此受人敬重？

卫玠本人就有不同凡响的身世：卫玠的母亲是王浑的女儿，王济是卫玠的舅舅；卫玠的伯母是何曾的孙女；卫玠的前妻是乐广的女儿，也就是说卫玠和成都王司马颖是"一肩挑"；而卫玠的后妻又是山简的女儿。过去我们说过，被誉为"玉人"的，有晋一代，除了裴楷，就是卫玠。

卫玠的舅舅骠骑将军王济，是何等桀骜不驯之人，可是，每次见到卫玠，总是由衷地叹息说："卫玠在身边，就好像珠玉在侧，感觉自己是那么的形秽。"他又曾经对人说："与玠同游，就像是明珠在侧，朗然照人。"过去，我们还说过，王澄、王玄、王济都负有盛名，但是，人们却说："王家三子，不如卫家一儿。"

卫玠做人有一个很值得我们学习的长处，那就是，他认为，两人言谈有冲突的时候，如果是因为对方胸怀或者智慧达不到你的境界，那要承认人与人之间是有差别的，所以，就可以原谅他；如果他各方面和你水平差不多，的确是探讨来的，那卫玠有足够的智慧和口才用理论说服他，因此，卫玠终身不会因此而生气。然而，就是这样的一个人，却从小体弱多病，他母亲王氏也因此，禁止卫玠多说话。

洛阳陷落前，卫玠带着母亲离开了洛阳，到江南避难。《世说新语·言语》记载，由于长途跋涉，加上家国沦没，卫玠的心情是很沉痛的，将要过江的时候，卫玠对随从说道："见此茫茫，不觉百端交集，苟未免于情，亦复谁能遣此！”意思是说：看到这茫茫的大江，不觉百感交集，人如果还残存着感情这东西，谁又能排遣得了这种悲凉之情呢？文人是敏感的，而敏感又反过来影响着卫玠的健康。

大约是在娶了山简的女儿以后，卫玠又带着母亲和妻子继续东下江南。一行人先来到王敦所在的豫章，卫玠见过王敦，当时，折齿名士谢鲲正是王敦的长史，本来谢鲲就十分敬重卫玠，相谈之下，两人都十分高兴，本来王敦是让谢鲲来陪客的，结果，卫玠与谢鲲二人谈得投机，根本不理睬王敦，三人谈论通宵达旦，但是，王敦一句话都插不上。傻乎乎地陪着人家一夜，第二天，王敦也随喜地说：“过去王衍在中朝曾吐金声，此子又在江南吐出玉音，清谈哲理的风尚，断而复续。我没有想到在这纷乱的永嘉末年，又听到了正始年代的声音，何晏如果还活着，肯定又会叹息绝倒。”但是，正是由于与谢鲲通宵达旦的谈论，卫玠疲惫至极，从此，病情加重，卧床不起。

虽然卫玠没有与王敦多说什么话，但是，还是感觉此人“好居物上，恐非国之忠臣”。于是，卫玠强忍病痛，坚决要求去建业。到建业以后，建业的人们就像过年一样，兴高采烈地想一睹卫玠的风采，一路鞍马劳顿的卫玠，病情更为严重。在这些希望见到卫玠的人中，也有名臣王导，《世说新语·容止》记载：王导去见卫玠，回来说：“他外表瘦弱，虽然整天调养，但是，好像连丝质衣服穿上都不能承受一样。”很快地，卫玠就因病去世了，当时的人们说：“看杀卫玠。”意思是说卫玠是被人看死的。如今，有人说卫玠根本就没有到过建业，因此也不存在“看杀卫玠”这件事，个人认为，卫玠的确是在建业去世的，因为，《世说新语》和《晋书》都有明确的记载，如果卫玠没有到过建业，那身在司马睿身边的王导见卫玠从何谈起呢？

卫玠和王承被誉为江左第一名士，卫玠去世后，谢鲲恸哭不已，有人问他卫玠和你不沾亲也不带故的，你为什么这样呢，谢鲲回答说：“栋梁折断了啊，不自觉地才这样恸哭啊！”

也许永嘉六年，就是一个名士凋零的年头，除了前三人以外，还去世一个重量级的人物，那就是江南名士——顾荣。

顾荣在司马睿立足江南之初，起到了凝聚南方人士人心的巨大作用，可以说，司马睿在江南之所以能够立定脚跟，从很大程度上，与顾荣和纪瞻号召南方豪族与之合作有关。顾荣投身司马睿以后，就一心一意进行辅佐，当时，司马睿喜爱的郑贵嫔有病，（史书有误，当时司马睿并没有登基，不过根据《晋书·简文宣郑太后传》，应该就是生下简文帝的郑阿春，但是，郑阿春却一直是夫人，而不是贵嫔，此处暂时存疑。）司马睿在宫中祈祷，拒绝见臣下，顾荣就曾经直言相劝。也许是忠言逆耳，也许是南北隔阂，顾荣去世后，司马睿开始的时候，只给予人家比照齐王司马冏功臣的待遇处理，这让江南人士一片哗然，不得已，司马睿才又追赠顾荣为侍中、骠骑将军、开府仪同三司，谥号元。

顾荣生前喜欢弹琴，去世的以后，家人在灵台旁边放上顾荣生前用过的琴，“江左步兵”张翰张季鹰去吊唁，恸哭以后，登上床，拿着那琴就弹了几曲，然后自言自语地叹息道：“顾彦先啊，顾彦先，你还欣赏到这吗？”说到这里，又恸哭起来，然后，不搭理丧主，就离去了。

顾荣的死，使得司马睿丧失了一个能够以个人的人格魅力统一南方豪族思想的人，也间接导致了以后周勰事件的发生。

二五九　大乱荆州（一）

荆州位居长江中游，上连巴蜀，下接江扬，处于枢纽位置。相对于江南，荆州处于上游，因此，荆州的得失对于江南政权来说，举足轻重。顾炎武纵观历史兴衰以后，在他的《亭林文集》卷六的《形势论》中，指出：“厚荆襄”“阻两淮”，是东南政权的立国之本。顾祖禹在他的名著《读史方舆纪要》中也说：江南政权“有江汉而无淮泗，国必弱；有淮泗而无江汉之上游，国必危”。

从更大的视野看待整个荆州、湘州和南阳国，我们可以看出湖南湖北以及南阳盆地，是连为一体的：南阳盆地三面环山，一面开口，北侧是伏牛山；东部是桐柏山，连接着湖北东部的大别山、大洪山，再往南，过长江，到罗霄山脉；西部是秦巴山脉，南到长江三峡，过长江是湘西山区；南部则是湖南与广东交界的五岭。这样看来，整个南阳盆地、湖北、湖南，又是一个四面环山的大盆地。不过，在两晋南北朝时期，湖南远远没有开发起来，因此，战略地位还无法与湖北相提并论。

就荆州的形势论，顾祖禹说：“湖广之形胜，在武昌乎？在襄阳乎？抑荆州乎？曰：以天下言之，则重在襄阳；以东南言之，则重在武昌；以湖广言之，则重在荆州。”一语道破天机。也就是说：南方要进取天下，西路军必须夺占襄阳，进而进入南阳盆地，西可以入武关，进入关中；东可以出方城，逐鹿中原；北可以进入洛阳，掌握天下枢纽，因此，在争夺霸业的过程中，襄阳起着联络上下的作用。那么，要经营江南的话，关键位置就是扼守长江中下游的武昌了。因为，这里，北有大洪山，南有罗霄山，要想进入长江下游，这里是必经之水路。那么，要经营荆州本地呢？江陵又相对处于上游，在古代，江陵与襄阳之间是沼泽纵横之地，占据江陵，可以北攻襄阳也可以顺江东下，直至武昌。

基于荆州如此重要的战略位置，身居下游的司马睿势在必得。但是，诱人的荆州是一个烫手的山芋，自公元311年洛阳陷落、杜弢起义直到公元317年晋愍帝被俘、司马睿继位，在这长达六七年的时间里，荆州地区一直处于战乱之中：大致有一胡（胡亢）、二杜（杜弢、杜曾）、三王（王如、王冲、王机），相继在此作乱。如今（公元312年底），司马睿面对的整个荆湘地区形势是：

北面：史料没有告诉我们一直活跃在荆州北部地区的王如，是什么时候投降王敦的，但是，《资治通鉴》的作者依据《晋书》记载的王如余党于公元313年进入汉中盆地，所以，把王如投降的时间定在了公元312年，这似乎也有一定的合理性。由于王如投降，荆州最北端的南阳、襄阳一带暂时出现了权力真空，原密县政府首脑荀藩（荀勖之子）及其弟弟荀组，已辗转来到荥阳郡的开封。荀藩任命自己的族子荀崧为监江北诸军事、南中郎将、后将军、假节、襄城太守（《晋书·荀崧传》的其他版本都记作“襄阳太守”，而宋本记作“襄城太守”，《资治通鉴》《通志》均记作“襄城太守”。）此时，也许是看到宛城出现了权力真空，荀藩又改任荀崧为都督荆州江北诸军事、平南将军，开进了宛城（今河南省南阳市），而任命荀崧手下的大将石览为襄城太守，作为联系开封与南阳之间的纽带。

汉水中下游地区：东侧，有胡亢自立为楚公，手下有猛将杜曾，占据竟陵地区。西侧，有王冲的变民队伍。

沿着长江地区：自西往东，江陵由杜蕤驻守，南平为应詹，夏口、武昌地区（即武汉、鄂州地区），杜弢军与陶侃、周访、甘卓的部队相持。

湘州的大部地区：为杜弢占领。

面对如此复杂的形势，司马睿当然要选择一位名望足以震慑住台面的大人物去做这个荆州刺史。他选择了周顗。过去我们说过，周顗是安东将军周浚（也是二王争功中的主角，长期镇守东南）的大儿子，从小就有重名，“神采秀澈”。《世说新语》上关于周顗的趣事很多：《言语》记载，周顗仪态雍容，注重外表。一次他去见王导，一下车，需要好几个扶着，王导看着、笑着。周顗坐下来以后，高傲地吹口哨、吟诗文，王导说：“你想效仿阮籍、嵇康吗？”周顗回答：“我岂能不效仿近处的您，而去效仿遥远的他们呢？”《赏慕》称：世目周侯“嶷如断山”。大概是说，世人都认为周顗高峻得像座巍峨险峻的高山。把一个人比作一座山是什么概念呢？《汰侈》称：王羲之小的时候，参加周顗家的宴席，坐在末位，周顗割下牛心给他吃（牛心被认为最珍贵之物），从此王羲之才出了名。司马睿对这样一个大名士是寄予了厚望的，给他的官职是：宁远将军、荆州刺史、领护南蛮校尉、假节。

然而，遗憾的是，周顗刚到州境，建平郡（今重庆市巫山县）流亡到当地的难民首领傅密，就聚众起兵，配合巴蜀难民首领杜弢作乱。杜弢部下将领王真，也趁势袭击沔阳（今湖北省仙桃市西南），周顗十分狼狈，无计可施，幸好陶侃命令手下吴寄领兵前去解救，周顗才得以逃脱。

周顗驻防在浔水城（今湖北省武穴市东北），又受到杜弢的围困，陶侃派明威将军朱伺率军救援，杜弢退保泠口（大约在今湖北蕲春附近地区）。面对来势汹汹的杜弢，扬州方面也立即做出反应：征讨都督王敦命令武昌郡（今湖北省鄂州市）太守陶侃、浔阳郡（今江西省九江市）太守周访、历阳郡（今安徽省和县）太守甘卓，联合攻击企图进攻武昌地区的杜弢。王敦率大军进驻豫章郡（今江西省南昌市），作为各军的后援。

陶侃见初战击败了杜弢，他对众将说："杜弢一定会偷袭武昌，我军应当回城，急行军三天三夜可以到达，你们能不能忍着饥饿战斗？"部将吴寄说："忍饥挨饿十天也没事。我们白天战斗，晚上捕鱼吃，肯定能行。"陶侃听了十分高兴。杜弢果然偷袭武昌，陶侃命令朱伺等率军逆击，又一次大破杜弢，缴获了大量辎重。此战，陶侃部将明威将军朱伺头戴铁面具，用强弩射杀杜弢大帅数人，杜弢水军打不过，都弃船登岸，在岸边列阵。朱伺的水军在水上来回强攻岸上的敌人，敌人的流矢射中了他的小腿，但是仍然气色不变。不久，陶侃其他将领所部纷纷赶到，杜弢军大溃，被杀死了一大半，杜弢趁夜率领残兵败将，狼狈逃回了长沙。

经过此番折腾，周顗这个荆州刺史还没有上任都打了败仗，颜面尽失。他从浔水出发，逃到后方王敦的驻地豫章。王敦趁机强留周顗不放，似乎想借机杀掉周顗，王敦的军司戴邈解救，王敦还是不听，最后，还是司马睿亲自出面，假装任命周顗为兖州刺史、扬威将军，王敦这才放了周顗。等周顗回到建业，司马睿虚晃一枪，又重新任命他为军咨祭酒。此时的司马睿感到王家的势力太大了，他需要依靠其他的大族来寻求一种平衡。

王导聪明，据《世说新语·赏慕》记载：等周顗回到建业，还未被任用，王导就给人写信，表态说：周顗是"雅流弘器，何可得遗"？作出了主动任用周顗的姿态。

这头，陶侃派遣参军王贡向王敦报告胜利的消息，王敦说："如果没有陶侯，便没有了荆州。周顗才入境，就被敌人打败，不知道他的刺史是怎么当的？"王贡趁机说："荆州正处多事之秋，必须陶龙骧当刺史才行。"王敦表示同意，当即上表拜陶侃为使持节、宁远将军、南蛮校尉、荆州刺史，领西阳、江夏、武昌三太守，镇于沌口，后又移驻沔江（今湖北省仙桃市西南）。

二六〇 大乱荆州（二）

就在陶侃与杜弢激战之时，夏口北面的竟陵城内也发生了一场血腥的阴谋。

自称楚公的胡亢与手下相互猜疑，胡亢先下手为强，一下子诛杀了几十位猛将。杜曾身为二把手，心里十分不安，难道下一步胡亢的屠刀就要架到自己的脖子上了？于是，杜曾内心开始秘密筹划如何除掉胡亢，但是，表面上却对胡亢显得更加尊重，也更加小心翼翼，胡亢十分欢喜，对杜曾十分信任。

当时，自号荆州刺史的王冲部众也很多，还时常抄掠胡亢的部众，胡亢十分头痛，就问杜曾怎么办，杜曾劝说胡亢去进攻王冲，胡亢同意了。

杜曾禀报胡亢，自己帐下的刀枪剑戟需要拿出城找刀工打磨，趁此机会，杜曾偷偷引来了王冲的部队。

胡亢派出精锐骑兵出城迎战，城内空虚，杜曾就势斩杀了胡亢，兼并了胡亢的部众，自称南中郎将，领竟陵太守。拥有自己力量的杜曾，曾经要娶南郡太守刘务的女儿，被拒绝以后，竟然发兵将刘务全家诛杀。

等陶侃打跑杜弢以后，陶侃派往王敦那里请功的王贡顺利完成了使命。但是，就在王贡复命的路上，一件意想不到的事情却发生了。

走在路上，王贡心想，在自己的努力之下，自己的主子陶侃很快就会被任命为荆州刺史。而目前荆州有两股前荆州将领组织起来的势力：一个就是在汉水中下游竟陵的杜曾；另一个就是在江陵的王冲。也许是王贡想将自己的功劳再进一步做大，头脑发热的王贡鬼使神差地没有回武昌复命，而是绕道去了杜曾的竟陵。

见到杜曾以后，王贡假传陶侃的命令，任命杜曾为前锋大都护，前去讨伐江陵的王冲。在王贡看来，这的确是一个一石两鸟的好计策，这两个人冲突起来，必定两败俱伤，陶侃也就能顺利地入主荆州了。

听说陶侃任命自己做前锋大都护，这当然意味着自己的非法力量被政府收编，这让杜曾十分高兴。杜曾就是杜曾，在胡亢在时，还常常被王冲欺负，但是，杜曾一上台，情况完全就变了。他立即组织力量，进军讨平了王冲，将王冲的部众全部收降，一时间，杜曾的实力更加强盛了。

听说杜曾拿下了王冲，陶侃征召杜曾相见。杜曾没有关羽单刀赴会的胆量，当然不敢去见。在杜曾看来，陶侃此举祸福难测，也许陶侃并没有真正接纳自己。其实，是否接纳原荆州背景的将领，陶侃自己说了也不算，因为，这涉及对于曾经叛乱的原荆州将领是抚是剿的大问题，那只有琅邪王司马睿说了算，而目前看来，司马睿似乎并不想收编他们。

王贡矫命任命杜曾为前锋大都护，等于是默认了杜曾割据竟陵的既成事实，这实际上关乎那个大方向问题。一想到这里，王贡就后怕，事已至此，王贡与杜曾一商量，干脆一不做二不休，真正举兵造反，直接与陶侃和扬州方面对立起来。

公元313年十月，杜曾转兵进攻沌口，击败了驻扎在那里的陶侃都护郑攀所部，然后，他乘胜进攻位于沔口的朱伺，又打败了朱伺。陶侃想退军涢中，暂避杜曾的锋芒。

但是，陶侃手下的将领张奕存有二心，他劝说陶侃说："敌人来到面前，却后撤，那肯定不行。"

陶侃听从了张奕的话，部队没有行动。结果被杜曾所败，敌人用绳索钩住了陶侃乘坐的大船，陶侃慌忙之中，舍弃旗舰，乘坐小船而逃，张奕也投降了杜曾。

这次大败，可以说是陶侃从戎以后的第一次惨败，陶侃本人仅以身免。战后，王敦上书司马睿要求自贬，司马睿不许；主要责任人陶侃被免官，以平民身份暂时代行荆州刺史的职权。

杜曾击败了陶侃以后，并没有进一步扩大战果。这里面大约有几个原因：一是杜曾本为荆州将领，论其本心，在荆州群龙无首之时，被胡亢招徕，并无推翻晋王朝的野心；二是，杜曾所部骑兵居多，水军是其弱项，要横渡长江，原无准备；三是此时，他听说一个人从长安前来主持荆州事务，自己已经与江东的司马睿闹翻了脸，如今只有投靠长安方面晋愍帝这个主子了。

于是，杜曾并没有继续深入江东地区，而是率军北上了。

二六一　张光之死

要说到杜曾急冲冲北上要迎接的那个人，还必须先说说梁州刺史张光。

我们还记得，在永嘉元年，也就是公元307年，梁州经过了秦州人邓定之乱，成汉帝国趁机攻下汉中，并将汉中居民迁往了四川。原汉中太守杜正冲东奔魏兴郡，原梁州刺史张殷下落不明，晋王朝本来任命皇甫商为梁州刺史，但是皇甫商没有到任，就由顺阳内史张光接任梁州刺史，而由刘弘的儿子刘璠接任张光的职位。张光从荆州出发，经过魏兴郡，转斗将近一年，辛苦备尝，才到达汉中地区，开始的时候，治所在新城，到永嘉五年（公元311年）三月，才把治所重新迁回到汉中。这位被前荆州刺史刘弘誉为“南土之英”的张光，兢兢业业，史书称“绥抚荒残，百姓悦服”。

然而，好景不长。

到了公元313年，在王如投降王敦以后，王如的余党涪陵人李运、巴西人王建等自襄阳带领三千余家进入汉中，梁州刺史张光派遣参军晋邈率兵在黄金（今地不详）阻挡。

六年前在汉中地区曾经发生过的一幕，又一次在相同的地方、不同的时间里被复制。

张光派出去的大将晋邈收受了李运、王建的贿赂，就劝说张光接受流民们的投降。岳飞说过，文官不爱钱，武将不惜死。这种对仗式的说法固然读起来朗朗上口，也便于记忆，然而，未必就是真理，也未必经得起推敲，西晋末年很多事情恰恰都是坏在了武将爱钱上了，张燕收受邓定等人贿赂如是，今天又是这样。堡垒最容易从内部被攻破，聪明如陶侃如是（陶侃因听从部将张奕，而遭受平生第一场惨败），忠义如张光亦如是。

张光同意了晋邈的意见，把这三千多户四川的流民安置在成固。

事情到此，还没有问题。如果张光像对待其他居民一样，平等地对待这些投降的流民，兴许也能够感化顽石。不过，从这批流民拒绝投降江东势力这一点来看，他们的最终目的大约是像一年前重新叛乱的氐人苻成、隗文那样，要回到老家益州，只不过是想借道汉中而已。如果真是这样的话，将这批曾经反叛过的人置于自己的眼皮底下，一旦成汉帝国来攻，的确十分危险，也是十分不明智的。

可是，事情变坏的原因却并不在此。

此时的晋邈比当年张光诛杀的张燕要坏很多，当年张燕只是受了邓定等人的一个金碗，而贻误了战机，等意识到这一失误，张燕又尽力企图挽回；而今天的晋邈不仅收受了李运、王建的贿赂，当李运、王建暂时安定下来以后，他看到人家携带的金银财宝很多，又心生歹意，想把人家的财宝全给弄过来。

他又一次地欺骗张光说："李运、王建这帮人平时不干农活，只是在忙着修治兵器，他们的内心难以判断，不如将其全部诛杀掉，不然的话，他们肯定会作乱。"

在此之前，张光的一生可谓全部都是闪光点：先是出身中等士族，仅仅依靠百人困守马兰山百日，抵抗叛羌；后来辅佐刘沈讨伐司马颙，因为秦州刺史皇甫重看不起张光的出身，不采纳张光的计策，最后失败；然后是被对手司马颙所欣赏，派到荆州协助刘弘讨伐陈恢，并取得了胜利。而今天，五十五岁的张光在自己手下的蛊惑下，似乎失去了起码的判断力，一切重大决定全部是被晋邈牵着鼻子走。这一次，张光竟然又同意了。

公元313年五月，他派遣晋邈率军攻击李运、王建，双方在盘蛇便作山（好奇怪的名字，此处依据《华阳国志·大同志》）交战，李运、王建退保枸山，张光军攻下枸山，二人被杀。

怒火中烧的王建女婿杨虎收拾余众，据守黄金山叛变，张光派兵前往讨伐。杨虎夜里放弃枸山大营，进攻厄水戍（今陕西省汉中市南郑区东），在离梁州城四十里的地方驻扎下来。张光派其子张孟苌前去讨伐杨虎，双方互有胜负。张光于是向距此不远的武都郡氐王杨茂搜（即居住在仇池的那位）求救，杨虎也向杨茂搜求救。先前，杨茂搜之子杨难敌曾派其养子杨适到梁州去做生意，杨适私自购买了良民一人为奴婢，违反了晋朝不得买卖良民为奴婢的法津，张光大怒，将杨适鞭打致死。杨难敌因此与张光结下怨仇，当时就愤恨地对张光说："大人刚刚来到梁州，碰上灾荒之后，军民的生活都仰赖我氐人供给，现在氐人犯了点小罪，难道说就不可以宽恕一下吗？”于是，开始暗中谋划要进攻张光。

杨难敌瞌睡正愁没有枕头呢，此时，正好张光和杨虎同时向他求救。

八月，杨茂搜派杨难敌率骑兵去汉中，表面说是去救援张光，实际上是去帮杨虎对付张光。杨难敌部队抵达梁州城下，张光用牛肉美酒犒劳杨难敌，可是，光是美酒还不能买到杨难敌的心，他还要求张光给自己一些珍宝，张光没有答应。与此同时，杨虎却偷偷派人给杨难敌送来了很多金银财宝，并且说：“流民们的财宝，都在张光那里，你今天打我，不如打张光。”（这话可能也是实情，因为晋邈将流民的主力部队击败，并将李运、王建斩杀，财宝应大部落入晋邈之手，但是此情张光应不知晓）杨难敌闻言大喜。

可是，张光还蒙在鼓里。

他派杨难敌和张孟苌一起去讨伐杨虎，把自己的儿子张孟苌的部队安排在最前面作战，让杨难敌的部队在后面配合。等到张孟苌和杨虎交战很长一段时间之后，原本负责给予敌人最后一击的杨难敌率军从后面冲杀上来，但是，他没有进攻杨虎，而把屠刀挥向了张孟苌，对张孟苌所部发起了突然袭击，结果可想而知，张孟苌遭到前后夹击，一场本应大胜的战斗反而大败，张孟苌及其弟弟张援被生擒之后处死。

张光只好困守孤城。常在河边走，怎能不湿鞋。张光一向以智谋自诩，过去在刘沈战败后，当司马颙问他的时候，就曾自豪地说过“要不是刘沈听自己的计策，就不会失败”的话，如今，竟然败在后生小辈的手里，而且败得如此的一塌糊涂，死掉了两个亲生儿子，失去了绝大部分的军队，这让张光没脸见人，又羞又气，从此一病不起。

九月，僚属们都劝张光率众往东，退据到魏兴郡。张光按剑说道：“我受国重任，不能讨贼，今天，我死就如同登仙，还说什么退啊！”

说完应声而亡。

张光死后，大家共同推举张光的小儿子张迈暂管梁州事务，张迈率兵出城报仇，也战死在沙场。于是，大家又推举始平太守胡子序暂管梁州事务。

十月，杨虎与氐人联兵进攻梁州城，胡子序守不住，弃城逃走。仇池氐人杨难敌和流民杨虎遂占据了梁州，挖开张光的坟，并焚烧了他的尸体。氐人杨难敌得到朝廷赏赐给张光的鼓吹伎乐，就自称梁州刺史。

公元314年，杨虎率领民众回到老家四川，投降了李雄。杨虎走后，汉中平民张咸等人起兵讨伐杨难敌，杨难敌退回武都老窝，张咸也归降了李雄。至此，梁、益、宁三州全部被李雄攻陷，李雄以李凤为梁州刺史，任回为宁州刺史，李恭为荆州刺史。

至此，李雄的成汉帝国终于摆脱了三面威胁。他占领了汉中地区，巩固了北方；东面罗尚死后，朝廷已经无暇顾及，“三府”人员自相残杀，终归自焚；南边宁州刺史王逊由于治理严猛，上下离心，不少郡县也都投降了李雄。《资治通鉴》说：李雄谦卑虚心，喜爱人才，对于部属，依能力授给官职。命太傅李骧主持内政，使人民获得休养；命李凤在边区招徕归附，安顿流民。无论刑罚和政令都简单宽厚，监狱没有长久羁押的囚犯，兴建学校，设置历史官员。田赋和捐税很低，民间成年的男子，每年缴纳米谷三斛；成年的女子，每年缴纳米谷一斛半；有病的一律减少一半。每家缴纳的绸缎不过数丈，棉花不过数两。事情少，差役也少，人民大多殷实富有，对新归附的难民，都免除捐税。这时，天下大乱，只成汉帝国平安无事，而又年年丰收，境内治安良好，甚至夜不闭户，路不拾遗。汉嘉郡蛮夷部落酋长冲归、朱提郡（今云南省昭通市）蛮夷部落酋长审炤、建宁郡（今云南省曲靖市）蛮夷部落酋长爨量，也都归附了成汉帝国。但是，成汉帝国的缺点是：朝会没有礼仪，官职没有等级，也没有俸禄，一切费用直接向人民要，部队不怎么训练，号令也不严明。

《华阳国志》的作者常璩对于成汉帝国的产生作出如下论述，他说：“我的族祖武平太守常宽说：‘谯周曾经说过，我死后三十年，会有异人进入蜀地，国家将会丢失蜀地。’晋朝丢失蜀地那年，正好是谯周死后的第三十三个年头。常宽又说：‘如果宋岱不死的话，孙阜也就不会撤军回荆州，一个月之内，李流、李雄的人头就会被挂在军营的大门上示众。’我认为宋岱未死之前正在向蜀地进军，当时孙阜还接收了李流的投降送来的人质，在这样大好形势之下仍被李雄打得大败，所以即使宋岱不死，荆州军也不能取胜。杜弢从湘州给巴东监军柳纯写信说：‘先前益州的官员不能宽限李特一年的时间，又不让徐士权出任汶山太守，才造成如此艰难的局面。正所谓失之毫厘，谬以千里啊！’然而不能做到防微杜渐，造成遗恨的还是下面几点：首先，流民最初从西边流入蜀中时，就应当尊照朝廷诏书的命令不让他们进来；其次，撤换赵廞益州刺史之时，应该从朝廷派人前来接任而不该派耿滕接任刺史；罗尚和李特等人在绵竹会面之时，如果听从王敦之计杀了李特，也可以稍得安宁。毫厘之差别，关键在以上几点而不是杜弢所说的那样。”

二六二 明争暗斗

张光死后，继位半年的晋愍帝任命侍中第五猗为安南将军，监荆州、梁州、益州、宁州诸军事，荆州刺史，自武关来到南阳盆地。晋愍帝司马邺身边的关中集团也许明知，江南司马睿集团已经安排陶侃为荆州刺史，却毅然决然地做出这样的决定，自然有其道理。

司马邺继位以后，发出了那篇气吞山河的檄文，又专门给司马睿写了一份诏书，派遣殿中都尉刘蜀、苏马带给司马睿，诏书的内容是："朕以冲昧，纂承洪绪，未能枭夷凶逆，奉迎梓宫，枕戈烦冤，肝心抽裂。前得魏浚表，知公帅先三军，已据寿春，传檄诸侯，协齐威势，想今渐进，已达洛阳。凉州刺史张轨，乃心王室，连旗万里，已到汧陇；梁州刺史张光，亦遣巴汉之卒，屯在骆谷：秦川骁勇，其会如林。间遣使适还，具知平阳定问，云幽并隆盛，余胡衰破，然犹恃险，当须大举。未知公今所到，是以息兵秣马，未便进军。今为已至何许，当须来旨，便乘舆自出，会除中原也。公宜思弘谋猷，勖济远略，使山陵旋反，四海有赖。故遣殿中都尉刘蜀、苏马等具宣朕意。公茂德昵属，宣隆东夏，恢融六合，非公而谁！但洛都陵庙，不可空旷，公宜镇抚，以绥山东。右丞相当入辅弼，追踪周邵，以隆中兴也。"命令司马睿在指定的时间内布置进军事宜，与皇帝亲统的东征部队在中原会师。

公元313年八月二十日，刘蜀抵达建康（因避司马邺的讳而改），可是，司马睿却明白地推辞，他的理由是：自己刚刚平定了江东，顾不着北伐。虽然司马睿说的也有部分的实情，但是，这种实情是从割据江南这一点上考虑得出的结论，司马睿是显然没有置江南于不顾，采取运动作战的手段，全力北上勤王，与敌决一雌雄的打算。那么，如今的皇帝在关中，即便不与敌决战，也不把皇帝迎接到你这里，那你安定下来的江南究竟是为了谁呢？答案不言自明。

这种与司马邺离心离德的做法，当然会引起皇帝的不满。《晋书》没有第五猗的本传，因为，如果把此人立传的话，那么，第五猗肯定要说些什么，也做些什么，这种言行大约会把至高无上的晋元帝置于一种十分尴尬的境地，于是，我们的史官干脆把第五猗视为空气，仿佛此人压根就不曾存在过似的。但是，从司马邺给第五猗任命的官职大约也能让我们知道关中方面，其实是要控制荆州，“监荆州、梁州、益州、宁州诸军事”，梁州、益州，已经属于他人，无从“监”；宁州又太远；落脚点在于那个荆州刺史。

荆州地位对于江东而言，是如此重要，司马睿利用晋怀帝还没有被杀、司马邺还没有上台之机，在山简去世的空当中，从王澄手里好不容易换了回来，这个名头岂能随便丢掉？因此，在司马邺当政期间，从法理上讲，真正的荆州刺史是第五猗，而司马睿和王敦却一直无视皇帝已经任命了一个荆州刺史，还是闭着眼睛，只顾任命自己的荆州刺史：先是陶侃，后是王廙。如上所述，因为正史有意无意地没有给第五猗立传，所以，给人的印象是陶侃和王廙才是正宗的，其实，司马睿的这种做法，说轻了，是你承制便宜行事；说重了，就是犯上作乱、图谋不轨。

不过，在乱世当中，谁又能像后来的写书人那么计较、认真呢？谁有实力，谁就可以随便封官，因此，官帽漫天飞：小小的兖州，如今就有三个“一把手”：最初，刘琨承制擢升陈留郡（今河南省开封市东）太守焦求当兖州刺史。司空荀藩又任命李述当兖州刺史。李述打算攻击焦求，刘琨为了避免内讧，就召回了焦求。等邺城失守，刘琨又任命逃到廪丘的刘演为兖州刺史。中书侍郎郗鉴率领高平郡（今山东省金乡县西北昌邑镇）居民一千余家，退保峄山坞（峄山即邹山），琅邪王司马睿为了拉拢他，也任命郗鉴为兖州刺史。三个刺史各据一个郡，官民无所适从。无独有偶，荀藩的行台还任命族子荀崧为都督荆州江北诸军事、平南将军，开进南阳，也觊觎荆州，按道理说，皇帝派来的正式官员来了，其他的自然就应该收其节制，但是，乱世有乱世的规矩，又有谁在乎一个全城仅有四辆牛车的皇帝呢？

但是，杜曾在乎。

第五猗的到来，似乎让杜曾有一种找到家的感觉，他迫不及待地率军北上，将第五猗迎接到了襄阳，并为自己的侄儿娶了第五猗的女儿，两人结成了亲家，分据汉水的中上游。同时，或者稍后投靠第五猗，还有挚瞻、胡混等人。挚氏《世本》称：挚瞻，字景游，京兆长安人，太常挚虞侄子，高亮有气节。曾做过四个郡的太守，后做王敦的户曹参军。王敦曾将自己的旧裘衣赏赐给老病的外部都督。挚瞻感到己所不欲、勿施于人，谏道："尊裘虽故，不宜给小吏。"王敦问为什么，当时，挚瞻趁着酒劲，回答："如果衣服都可以赏赐别人，那么，侍中标志的貂蝉也可以赏赐给下人吗？"王敦很不高兴地说："你比喻得不对，本身说这话，就不配做太守。" 挚瞻反唇相讥说："不当西阳太守，对于我来说，就像脱了鞋一样无所谓！"王敦就把挚瞻降为随郡内史。当时，挚瞻才二十九岁，《世说新语》还记载：临别的时候，王敦说："卿年未三十，已经做到万石了，也太早了吧。"（内史同于太守，都是两千石，五个加起来就是一万石）挚瞻回答："和你相比，多少早些，但是，和甘罗相比，已经太老了。"

《晋书·赵诱传》记载："猗既愍帝所遣，加有时望，为荆楚所归。"可见，第五猗本人很有威望，在荆州地区也是得人心的，但是，《晋书》对于第五猗、杜曾、挚瞻等人总是用一种叛乱的口吻叙述，动不动就称贼帅，说到底，就是为了掩饰司马睿的不臣之心，为以后陶侃、周访等人打击杜曾、第五猗寻找借口罢了。

然而，目前司马睿还不好意思明目张胆地把手伸向荆州。虽然荆州比湘州的位置重要得多，但是，比较起来，江北的荆州，不仅有名正言顺的朝廷命官，并有杜曾刚刚的得胜之军，而江南的湘州，则是杜弢刚被打回长沙的残兵败将，"兼弱攻昧"，权衡利弊，司马睿把进攻的方向选择到了湘州，他要先吃掉杜弢了，不过，杜弢也不是软柿子，建兴二年（公元314年），移驻林障（在江夏郡沌阳县，今武汉市汉阳西）的陶侃却又一次被杜弢的部将王真袭击，撤到滠中（今湖北省孝感、黄陂以南），得到周访援助，才反败为胜，双方战事处于胶着。

二六三　周玘欲乱

东晋初年，江南的旧有大族，大概可以分为两类：一类是文化士族，比如，吴郡的顾氏就是；吴郡的朱氏、张氏、顾氏、陆氏等由武力强宗转为文化士族比较早，在东晋初期基本上就可以称其为文化士族了，这也包括会稽郡的孔氏和贺氏家族；另一类是武力强宗，以义兴的周氏为代表，也包括吴兴郡的沈氏、钱氏宗族。钱凤所谓的“江东之豪，莫强周沈”，这也是周玘之所以能三定江南的原因。

司马睿镇守江南以后，对于江南的豪族采取的是笼络的策略，在这方面出力最大的当属王导。《世说新语·排调》记载：刘惔去见王导，时值盛夏，王导用肚皮贴着棋盘，说：“何乃渹！（吴地方言，意思是冷）”刘惔出来后，有人问他王导这人咋样，刘回答说：“看不出有什么本事，只听他说吴语而已。”要知道，根据《抱卜子·外篇》三《讥惑篇》的记载，在当时，南方士族对于洛阳风范，充满了艳羡，不仅在语言上时时效仿北方，而且在书法上也处处模仿，更有甚者，还有遭到丧事的时候，哭也模仿北方人的哭法，以致，还有的人父母去世了，在别处“美食大饮”，还说这是京洛之法。吴地的方言不仅为中州名士所耻，甚至是南方人士也羞用，而作为北方士族的代表，王导却主动与江南士族接近，不仅放下架子，学习吴地的方言，而且曲意与之周旋。可见，王导用心良苦。但是，司马睿和王导的苦心，江南大族不是所有的人都领情，我们过去说过的陆玩就严词拒绝了王导的求亲，《世说新语·排调》还记载了一篇王导请陆玩吃奶酪，结果陆玩吃了以后，就病了，他给王导写信直接称：“昨天我吃多了，一夜精神都不好，我虽然是吴人，但是，差一点就成了北方的伧鬼。（伧鬼，是南方人对北方人的侮辱性的说法）”不过，对于司马睿所代表的北方集团，反击最强烈的当属于义兴的周氏。

周氏的无法无天，从周处的一个孙子周缙的所为就可见一斑。《晋书·周处传附周缙》记载，周缙小的时候，行事无所顾忌，曾经在建康的乌衣巷中，遇到了孔家的婢女，就让左右抱着婢女上车，拉走。周玘之所以三定江南，其实还是从维护自身家族利益考虑，并没有安定晋朝的远大理想，只是客观上起到了安定江南的作用，给司马睿以后的到来铺平了道路。

作为北方人士，司马睿在用人方面当然是首先考虑的是北方人士，或者说把北方人士居于核心位置，而以江南人士作为偏佐，南来的北方大族越来越多，逐渐出现了喧宾夺主之势。据史书记载，当时的侍中都是北方人，后来，司马睿才多少补充一两位南士，《晋书·顾荣传》也有“时南土之士未尽才用”之语。就周玘而言，虽然“沈毅有父风”，但其父周处文武双全，而周玘文不能及，这就让士人看不起。而司马睿跟前的红人左长史刁协，却“少好经籍，博闻强记”，同时，还“性刚悍”，自然也就看不起周玘；同时，因为周玘宗族强盛，无法无天，司马睿早也心存疑虑，在前面收复湘州、讨伐杜弢等一系列战斗中，司马睿任用的只是陶侃、周访等出身江南寒门的将领，而把江南第一豪族周氏晾在一边，从此就可以略见一斑：司马睿不想让周氏在统兵平叛过程中，实力进一步增强，这也是周玘一直不能得到升迁的主要原因。

不过，促使周玘密谋叛乱的，可能还有一些更深层次的原因，那就是：随着大量南下北方流民兴产殖利，与周玘等南方大族的利益发生了直接的冲突。吴郡、义兴、吴兴等郡都是江南势力强盛的地方，为了避免冲突，北来的上层大族，比如王、谢诸家，居住都在建业附近，但是“求田问舍”都是渡过了钱塘江，到人烟相对稀少、吴人势力较弱的会稽郡、临海郡等地；而中等士族多数来自淮北，到京口（今江苏省镇江市）、晋陵附近居住，这是因为，“旧晋陵地广人稀”，（见《元和郡县图志·江南道一·润州丹阳县条》）而居住于京口附近地区的原江淮以北的流民，也十分骁勇善战，以后的北府兵就是由这些人组成，这些淮河南北的人被江南人称为楚子，淮河南北之民，颠沛流离，习惯于战乱环境，据《隋书·地理志》的描述，淮南民风“人性并躁劲，风气果决，包藏祸害，视死如归，战而贵诈，此则其旧风也。自平陈之后，其俗颇变，尚淳质，好简约……”京口附近地区“本并习战，号为天下精兵，俗以五月五日为斗力之戏……”而周玘所在的义兴郡就与京口相距甚近，江淮以北流民极可能进入义兴地域，威胁到周玘宗族的利益。《汉书·地理志》称吴越之民“至今好用剑，轻死易发”，于是，两种强悍的势力势必发生激烈的冲突。再加上，本来周玘父亲周处就因为梁王司马彤的排挤陷害，惨死在沙场，这让周玘从内心深处对于腐朽的晋王朝就没有什么好感，他多次拒绝接受州郡的征召就是一个典型的例子。

而周玘密谋发难的直接原因却在于镇东将军祭酒王恢被军咨祭酒周顗所侮。当时，王恢找到了周玘，两人密谋废掉王导、刁协等人，推举南士戴渊、周玘等掌握大权，辅佐司马睿。谋定以后，王恢就秘密联络居住在淮泗地区的流民头领夏铁等人，让夏铁起兵，然后王恢与周玘在三吴地区里应外合。公元313年，夏铁已经聚众数百人，但他还没有起事，就被临淮太守蔡豹及时发觉，迅速杀掉了夏铁，并向司马睿汇报了周玘、王恢的阴谋。

王恢听说事泄，赶紧逃到周玘那里避难，但是，大难临头，谁也顾不了谁，周玘也只能舍车保帅了。

周玘翻脸不认人，决定杀人灭口，他干脆将王恢杀掉，将尸体埋在了自家的猪圈里。

司马睿知道了事情的原委，但还是装作不知道，征召周玘为镇东司马，周玘还没有到达建康，司马睿又改授他为建武将军、南郡太守。可是，等周玘乘船逆流而上，到了芜湖，却又接到司马睿让其返程的命令，命令说得冠冕堂皇：“玘奕世忠烈，义诚显著，孤所钦喜。今以为军咨祭酒，将军如故，晋爵为公，禄秩僚属一同开国之例。”

从司马睿这一系列任命：先从地方上，升迁周玘做镇东大将军的司马，让其管理整个统治区域的军队；不过，这其实是逗周玘玩，在他离开家乡以后，又给周玘一个远远的地方官；等周玘走了一段以后，又任命其为军咨祭酒，明升暗降。

周玘对司马睿把自己当猴耍，十分恼火，又知道自己的阴谋败露，于是，忧愤而死，终年五十六岁。

他临终前对儿子周勰说：“杀我的，是那些个北方佬们，你能为我报仇，才算是我的儿子。”司马睿在周玘死后，赠其为辅国将军，谥曰忠烈。

二六四　击楫中流

晋愍帝司马邺特使刘蜀的到来，给司马睿由镇东大将军加封为左丞相、大都督，使得司马睿成为一人以下、万人之上的帝国大臣，除此以外，当然是希望司马睿能够带领江东子弟，帮助司马邺收复旧京。这个让人垂涎欲滴的官位，对于司马睿而言，可谓是雪中送炭，对于其稳定江南政局、提高个人威信有百利而无一害，司马睿当然是笑纳了。他手下的参佐也都水涨船高，皆大欢喜。以镇东长史刁协为丞相左长史，从事中郎彭城刘隗为司直，邵陵内史广陵戴邈为军咨祭酒，参军丹杨张闿为从事中郎，尚书郎颍川钟雅为记室参军，谯国桓宣为舍人，豫章熊运为主簿，会稽孔愉为掾。

但问题是，司马睿并没有礼尚往来，投桃报李，刘蜀乘兴而来，空手而归。

虽然刘蜀没有得到司马邺想要得到的结果，但是，刘蜀的到来却让一位英雄站了出来，他就是——祖逖。

祖逖，字士稚，是范阳遒人（今河北省涞水县北）。祖逖的父亲祖武，曾任上谷太守。祖逖共有同父同母弟弟祖约，其他为同父异母哥哥祖该、祖纳等共计六人。祖逖很小的时候，父亲就去世了，史书称，祖逖“性豁荡，不修仪检，年十四五犹未知书，诸兄每忧之。然轻财好侠，慷慨有节尚，每至田舍，辄称兄意，散谷帛以周贫乏，乡党宗族以是重之”。后来，折节学书，“乃博览书记，该涉古今”，与刘琨同为司州主簿，刘琨后来曾说，祖逖年少的时候就被王敦称赞。（《世说新语·赏慕》）

两人“情好绸缪，共被同寝”，睡到半夜，祖逖听见公鸡鸣叫，用脚踢醒刘琨，说：“别人以为半夜梦中听到公鸡鸣叫不吉利，我却不这样想，对我而言，这可不是不吉利的声音啊！”（《草木子》里记载有人听到荒鸡鸣，说“此荒鸡也。不久此地当为丘墟，天下其将乱乎？”古人以此认为是不吉利的。《余嘉锡笺注世说新语》引《开元占经》也称，“鸡夜半而鸣，有军”，“鸡夜半鸣，流血滂沱”）两人一起起床挥剑练武。这就是我们过去说过的、著名的《闻鸡起舞》的故事。两人都是关心国家大事的志士，经常半夜起来谈论世事，当时，他们已经隐隐感到帝国危机四伏，祖逖对刘琨说：“如果天下大乱，豪杰并起，你我两人相互之间可不要在中原地区打起来啊！”

“八王之乱”中，各王竞相招聘，祖逖拒绝应命，等到洛阳大乱将要陷落，祖逖率亲党数百家逃难到淮泗，一路上，祖逖将自己所乘的车马让给同行的身体不好的老人，自己徒步行路，药物衣粮都和大家分享，于是，被宗族的人推为“行主”—— 一路的头领。等到泗口〔淮河下游主要支流泗水注入淮河处，被称为清口或泗口，是淮河下游地区南北的交通要道，东有山阳（今淮安），西有盱眙，扼守着这一南北要冲〕，司马睿任命其为徐州刺史，又征召为军咨祭酒，于是，他又率领部众继续南下，渡过长江，居住在丹徒之京口（今江苏省镇江市）。

在镇江期间，祖逖常以社稷倾覆为念，因此，结交的都是一些暴杰勇士，祖逖对他们就像是自己的亲兄弟一样。当时，扬州也发生了饥荒，祖逖手下的人多为盗窃，明目张胆地攻剽有钱人家，祖逖对此一无所问，反而说：“昨夜又去了一趟南塘（秦淮河南岸，富人聚居区）了吗？”《世说新语·任诞》记载：祖逖刚过江的时候，公私都不丰腆，身边没有好衣服和玩赏之物。王导、庾亮等人去祖逖那里看望，突然发现他房间里堆满了皮袍和珍贵的饰物，大家都问他原因，祖逖回答：“昨夜又去了南塘一次。”当时，祖逖经常率领健儿击鼓公开抢劫，当政的人也容忍，不予追究。

祖逖对司马睿说："晋室之乱，并非上无道而下怨叛造成的。根本原因在于藩王争权，自相诛灭，致使戎狄乘机，毒流中原。如今老百姓们已经被残害得狠了，人人都有奋发图强的志向。大王您如果真的能够让祖逖这样的人统领部队，进行北伐，那么，郡国的豪杰志士一定会望风响应，这样，国耻就可洗雪，请大王认真想想。"司马睿素来没有北伐之心，但是，让祖逖做做样子也好，同时，把祖逖支走，对江南的治安状况也有好处，司马睿就任命祖逖为奋威将军、豫州刺史，发给一千人的军粮，三千匹棉布，不给铠甲兵器，兵士让祖逖自己招募，兵器让祖逖自行解决。

司马睿善于玩人，前不久才玩死了周玘，此次，又玩起了祖逖。面对祖逖的慷慨陈词，在大义面前，司马睿不好说什么，但是，给你那点东西，就是想让你知难而退，也让你知道锅是铁打的，等你北伐失败以后，看你还在我耳边絮叨吗？

相比刘琨北去晋阳，朝廷给的是什么？

粮食五百万斛、绢五百万匹、绵五百万斤！几年下来，刘琨如今几乎无存身之地。

祖逖当时的心情可想而知。

他知道司马睿在给自己出难题，但是，祖逖言出必行。

公元313年八月，祖逖毅然决然地率领一同流落到江南的一百多家本族部曲和愿意追随自己的勇士，他们与纷纷南下的人方向相反，而是渡江北上。面对着滚滚东去的长江，面对着远近残破的家国，面对着无数南下的难民船，祖逖，站立在船边，用手狠狠地拍打着船桨，（击楫中流）郑重地发下誓言："祖逖我不能扫清中原，驱逐敌寇，决不再渡过此江，将如这滔滔江水，一去不返！"他辞色壮烈，随从们听了都心潮澎湃，斗志勃发。这就是著名的《击楫中流》的故事。

渡过长江以后，祖逖这批人暂时屯驻在淮河下游的要塞，泗口附近的淮阴（也就是山阳，今淮安，《晋书·祖逖传》称是江阴，但是，祖逖渡过长江以后，就不可能屯驻在江阴了，《建康实录》五、《通志》一二五、《太平御览》三零七、《册府元龟》四一三、《资治通鉴》卷八十八都记作"淮阴"）。

由于没有兵器，祖逖在淮阴居住下来，一方面开冶铸兵器，一方面继续招募义士，祖逖在淮阴应该居住了很长时间，也是因为司马睿的掣肘，使得祖逖的北伐行动，整整晚了将近两三年，直到公元315年，祖逖才得以率领两千余人，继续北上，攻陷了太丘（今河南省永城市西北）、谯县（今安徽省亳州市）。

二六五　一战关中

司马邺没有等来司马睿、司马保的勤王大军，却等来了刘汉帝国中山王刘曜的来犯之敌。

就在司马邺称帝后不久，刘曜就卷土重来。远处的司马睿、王浚、刘琨、张轨、司马保都依靠不了，长安城中的司马邺只能依靠关中大族梁氏（司徒梁芬、冯翊太守梁肃等）、麴允代表的麴氏和索綝为代表的索氏。阎鼎与梁综争权，杀掉梁综以后，惹起了关中诸将的众怒，大家齐心协力将阎鼎杀掉，继而，因司马模之败而被掳掠到平阳的梁芬，又逃回了长安，被司马邺任命为司徒，但是，真正主事的要数麴允和索綝了。麴允是金城（今甘肃省兰州市）人，与游氏世代为当地的豪族，陇西曾有这样的说法："麴与游，牛羊不数头。南开朱门，北望青楼。"虽然如此，在贾疋死前，麴允为安夷护军、始平太守，只是西北地区的一个小小的地方官，愍帝继位以后，以麴允为尚书左仆射、领军将军、持节、西戎校尉、录尚书事，雍州刺史如故。索綝是索靖的小儿子，索綝年少之时，就曾为兄报仇亲手杀死三十七人。愍帝继位以后，迁索綝为侍中、太仆，封弋居伯，又升为前将军、尚书右仆射、领吏部、京兆尹，加平东将军，进号征东，很快，又授予卫将军，领太尉，位特进，"军国之事悉以委之"。麴允、索綝可谓是愍帝的左膀右臂。

我们说过愍帝在继位之初，长安城中居民不足百户，那么，长安城外的关中，乃至秦州地区呢？史书记载，公元310年，略阳郡（今甘肃省天水市东）临渭县（略阳郡郡政府所在县）的氐族酋长蒲洪，骁勇善战而又有谋略，"乃散千金，召英杰之士访安危变通之术"，自称护氐校尉、秦州刺史、略阳公。公元312年，南安郡（今甘肃省陇西县东南）赤亭（南安郡北）羌祖酋长姚弋仲，率众向东迁移到榆眉（今陕西省千阳县），羌人和汉人扶老携幼，追随他的有数万人，姚弋仲自称护羌校尉、雍州刺史、扶风公。氐族酋长蒲洪在秦州，羌族姚弋仲更是来到了关中西部地区，并且，都不再听从晋国政府的命令，自成一股势力。与此同时，由于麴允性格仁厚，没有威严，只会用朝廷官爵安抚手下，新平太守竺恢、始平太守杨像、扶风太守竺爽、安定太守焦嵩，都被加封征镇将军位号，并假节，还加封侍中、常侍近臣职位，村坞堡垒的小帅，也给予银青光禄大夫、将军的封号，想以此结欢众心，但是，事与愿违，这种无功受禄，随意恩赏的做法，更让诸将骄恣，越来越不听话，而且，这种恩赏仅仅局限于上层，却没有给予中下级军官和士兵什么好处，所以，“人情颇离”，也因为这个原因，关中的羌胡无法无天，张扬跋扈，关中地区治安一片混乱。

公元313年四月，就在晋愍帝司马邺继位之初，刘汉帝国中山王刘曜、司隶校尉乔智明、虎牙将军李景年，就联合进攻长安，平西将军赵染率军与他们会师。

麴允率军击破了来犯之敌，并在阵中活捉了敌将殷凯。

刘曜看强攻长安不下，就北上企图进攻长安外围的北地郡，得手以后，再图长安。

司马邺下诏，命雍州刺史麴允率军长安驻防北面的黄白城（今陕西省三原县）进行抵御。

在刘汉帝国军队的打击下，麴允是屡战屡败。无奈，司马邺又命令京兆尹索綝为征东大将军，率长安守军出城援助麴允。

索綝攻破刘曜的呼日逐王呼延莫，以功封上洛郡公，食邑万户，拜夫人荀氏为新丰君，子索石元为世子，赐子弟二人乡亭侯。

战事趋于胶着。

此时，赵染对刘曜说：“麴允率大军在外，长安一定空虚，可以袭击。攻下长安，黄白城自然会投降。请大王您以大兵驻守此地，我赵染率轻装骑兵袭之。”刘曜命赵染率五千精锐骑兵，南下袭击长安。

十一月十九日夜，赵染所部突入长安外城，皇帝司马邺狼狈逃往射雁楼，赵染放火焚烧龙首山下以及附近各军营垒，杀伤和俘虏一千多人。

十一月二十日凌晨，赵染撤退到逍遥园。

十一月二十一日，晋将军麴鉴从阿城（长安城西南，秦王朝阿房宫故地）率军五千人救援长安。

十一月二十二日，赵染退出长安外城，率军返回防地。麴鉴追击，在零武地区追上赵染军，赵染反击，麴鉴军大败。

与此同时，身在黄白城与麴允对峙的刘曜，多次击败麴允，渐渐轻敌，不再戒备。麴允倾尽全力率军偷袭刘曜大营，刘曜军猝不及防，连战皆败，冠军将军乔智明也被杀，刘曜遂率军撤退，返回平阳。

历经将近一年的艰苦战斗，长安方面在没有南阳王司马保协助下，依靠自身的努力，终于击败了刘曜的第一次进攻。

刘曜回到平阳以后，稍事休息就又南下洛阳了。因为，他看到驻屯在洛北石梁坞的魏浚，“抚养遗众，渐修军器”。对于暂时归附刘汉帝国的人，恩威并施，“于是远近感悦，襁负至者渐众”，慢慢坐大。同时，魏浚与荥阳的李矩、河内的郭默都深相联结，已经使得驻守洛阳孤城的刘汉帝国赵固难以存身。刘曜感觉必须要拔掉魏浚这颗钉子，于是，率领大军包围了魏浚的坞堡，刘演、郭默闻讯，连忙派遣骑兵火速前来救援。

刘曜采取“围城打援”的手段，分兵渡过黄河，将部队埋伏在刘演、郭默军必经之路上，邀击两军，遭遇刘曜埋伏的两支救援部队，还没有到达前线，就被打得大败。

魏浚看到救援无望，趁夜逃走，却被刘曜抓住，杀掉了。

魏浚死后，驻守在宜阳一泉坞的魏浚族子魏该统领魏浚的余众，被“督摄远近”的荀藩任命为武威将军，统领洛阳城西的雍州、凉州部众，继续抵抗刘曜。

二六六　图谋王浚（一）

且不论王浚、刘琨以后的结局如何，单看公元313年以前刘琨与王浚之间的过节，刘琨不是没有一点责任。

实事求是地说，在与刘琨发生矛盾之前，王浚在打击石勒方面还是十分积极的，幽州部队与段氏鲜卑、乌丸骑兵多次把石勒打得闻风丧胆，落荒而逃，一直将其赶出了冀州、司州地域。而此时，刘琨却拿别人的土地结好拓跋鲜卑，虽然最后因代郡悬远而没有成为现实，但是，自此刘琨与王浚就埋下了冲突的种子；紧接着，因晋阳残破，刘琨派遣族人高阳（今河北省博野县东南）内史刘希，在河北中山郡（今河北省定州市）招募各地逃荒的难民；幽州所属的代郡（今河北省蔚县）、上谷郡（今河北省怀来县）、广宁郡（今河北省涿鹿县）各郡，很多人前来投靠，集结有三万多人。这种行为显然是对王浚极大的刺激，王浚大为震怒，派遣燕国相胡矩率军会同辽西公段疾陆眷，南下攻击中山郡，杀掉了刘希，把投靠而来的三郡男女老幼，全部掳回。我们不知道刘希究竟用什么法子，竟然让幽州远离战乱的三郡居民成群结队地来到饱经战乱的冀州，但是，推测下来，无外乎一些挖别人墙脚的法子吧。冀州刺史丁绍于永嘉三年去世以后，就由王斌继任，但是，王斌于同年十一月就被石勒杀害，此后，王浚就自任冀州刺史，把整个冀州纳入自己的势力范围了，如今，你刘琨不仅鼓动冀州甚至挖走我幽州的群众，当然让王浚无法容忍了。本来王浚已经把石勒打过了黄河，如果再给予其最后的痛击，也许历史就有可能改写。但是，刘琨看到石勒离开了冀州，来了这么一手，直接导致了王浚“遂辍讨勒之师，而与琨相距”。（见《晋书·王浚传》）

从刘琨的角度来看，刘琨自己的确也是有难言之隐的：要抵御平阳的威胁，就得有兵，要想有兵，首先要有民，而晋阳残破，只好把目光投向东邻冀州，而你王浚自领冀州，并没有得到皇帝的批准，并且，你的实力的确无法守好冀州全境。所以，同为帝国存亡大计，唇齿相依，冀州我当然可以去派官员驻守，“由是刘琨与浚争冀州”。另外，根据《刘琨集·与丞相笺》对这件事情叙述的很清楚，从中我们大约可以看出刘琨这样做的理由：“昔车骑（应为原并州刺史司马腾）感猗㐌（拓跋猗卢的大哥）救州之勋，表以代郡封㐌为代公，见听。时大驾在长安，会值戎事，道路不通，竟未施行。卢以封事见托，琨实为表上，追述车骑前意。”刘琨的意思是说，分封拓跋鲜卑头领为代公的事情，是司马腾生前的时候就定下来的，只不过没有施行，后来，我刘琨表请朝廷封拓跋猗卢为代公，那仅仅是旧话重提，并非我刘琨横生枝节，然后，刘琨接着说：“戎狄封华郡，诚为失礼，然盖以救弊耳，亦犹浚先以辽西封务勿尘。此礼之失，浚实启之。”意思是，这样做的确难听，但是，这与你王浚封段氏为辽西公是没有两样的。然后，刘琨说：“卢新并尘官（当指力微之子，居住于上谷的禄官），国甚强盛，从琨求陉北地，以并遣三万余家散在五县间，既非所制，又于琨残弱之计，得相聚集，未为失宜，即徙陉北五县驻陉南。卢因移，颇侵逼浚西陲围塞诸军营，浚不复见恕危弱而见罪责。” 刘琨一方面也抵挡不了拓跋猗卢强占陉北，另一方面，也考虑着将散居的居民集中起来并无不利，就放弃了陉北五县，自从拓跋猗卢占据以后，东部与幽州西陲接壤，双方摩擦不断，因此，王浚更以为是比自己小近二十岁的刘琨一计不成，又施一计，继续借他人之手欺负自己，自此再也无法释怀。

试想，如果当时晋国这两个北方大佬，都能抓住主要矛盾，即便不能齐心协力共同打击敌人，只要尽最大可能避免相互之间的矛盾和冲突的话，让王浚利用段氏鲜卑对狼狈南逃的石勒穷追猛打，那局面又将如何呢?

然而，历史不容假设。

真实的情况是：战机稍纵即逝，就在王浚与刘琨的相持中，石勒很快在江汉平原咸鱼翻身，并击灭司马越，然后北上襄国。

这就是石勒占据襄国之时，北方的局势。

王浚也想趁着石勒立足未稳将其击败，于是，有了襄国之战。在石勒生死存亡的紧要关头，战局竟然发生了奇迹般的转机，石勒抓住了段氏猛将段末柸，并以此成功瓦解了段氏阵营，段氏鲜卑遂解围而去。王浚仍不死心，就在公元312

年十二月襄国会战的数月之后，王浚再次命令自己的女婿枣嵩都督大军，屯兵易水，欲对石勒进行一次更大规模的打击。王浚征召段氏鲜卑头领段疾陆眷前来会攻石勒，约定日期已到，但是，段疾陆眷等拒不应召，这让王浚勃然大怒，他用重金贿赂代公拓跋猗卢，并传令鲜卑慕容部落大单于慕容廆等，共同讨伐段疾陆眷。拓跋猗卢派右贤王拓跋六修，率军与枣嵩会师进攻，却被段疾陆眷击败。慕容廆派他的儿子慕容翰参战，夺取辽西段家部落的徒河（今辽宁省锦州市）、新城（今地不详），逼近阳乐（辽西郡治所，今河北省卢龙县），但是，此时，慕容廆得到了拓跋六修和枣嵩败退的消息，只好停止攻击。慕容翰遂镇守徒河，把大营设在青山（今辽宁省义县东）。

这次讨伐石勒的行动，变成了王浚集团内部的一场内讧，王浚因此失去了一个长期以来强有力的助手，实力大大削弱，慕容鲜卑还服从王浚指挥，但是，由于慕容部远在辽西，要想南下支持王浚，必须要经过段氏的地盘，并且，此时的慕容鲜卑实力虽处于上升阶段，还远未达到十分强盛的时期，根本对王浚没有多少帮助；而拓跋鲜卑一直是刘琨的坚定盟友，前不久还与王浚刀兵相见，可以说，失去了段氏的支持，王浚已无外援。

但是，王浚对此却不以为意。

史书记载："浚为政苛暴，将吏又贪残，并广占山泽，引水灌田，渍陷冢墓，调发殷烦，下不堪命，多叛入鲜卑。"从事韩咸，驻防柳城（今辽宁省朝阳市西南），极力称赞慕容廆能够善待他的士人和群众，希望王浚能够有所改变，王浚大怒，斩韩咸。

在王浚看来，自己是有天命的。因为，王浚的父亲王沈（就是出卖曹髦的那位爷）别名叫"处道"。神秘预言书上有"代汉者，当涂高"的谶语。这一预言，让公孙述、袁术都心生做皇帝的念头，最后家破人亡。此时，王浚也认为正应验在自己身上，开始筹备自己做皇帝的事情。前渤海郡（今河北省南皮县）太守刘亮、北海郡（今山东省昌乐县东南）太守王抟、司空掾高柔恳切劝阻，王浚把他们全部诛杀；据《艺文类聚》85、《太平御览》841注引王隐《晋书》记载，当时在全国范围内，流传一句童谣："天子在何许？近在豆田中。"燕国人霍原，行为高尚，王浚以豆有豆叶，而豆叶也叫藿（《广雅·释草》：豆角谓之荚，其叶谓之藿）。因此对霍原十分猜忌，他把霍原叫来，问他关于登基称帝的事，霍原默然不答，王浚借此大怒，将霍原砍头示众。胡矩也劝谏王浚，王浚将胡矩出为魏郡太守。

此时，王浚身边的都是一些贪腐小人，其中王浚女婿枣嵩、朱硕尤为贪横。民间传言说：“官府里权势赫赫，有个朱硕。十布袋、五布袋，全进了枣姑爷的口袋。”王浚听说以后，把枣嵩叫来教训了一番，但是也就不了了之。又有谣言说：“幽州城门似藏户，中有伏尸王彭祖（彭祖，是王浚的字）。”

据史书记载，此时的幽州上下“士人愤怨，内外无亲。以矜豪日甚，不亲为政，所任多苛刻；加亢旱灾蝗，士卒衰弱”。

也就是在这种情况下，石勒已经扫清了襄国周围的威胁，开始秘密筹划吃掉王浚这条大鱼了。

二六七 图谋王浚（二）

整个消灭王浚的过程，几乎与“二战”前期纳粹德国对盟国的欺骗相媲美，堪称经典。

由于并不知道王浚的内部情况，石勒想先往幽州派遣使者，实地侦察一下王浚的实力究竟如何。

在讨论如何选派使者上，谋士们都一致建议，应当比照三国后期羊祜与东吴的陆抗那样，平起平坐地称呼。当时，右侯张宾正生病，石勒亲自到张宾住处问计，张宾回答：“王浚借助三部鲜卑之力，称制南面，虽然名义上还是晋王朝的藩属，但是，他实际上早已心怀僭逆，从他的内心来讲，他肯定是想搜罗英雄豪杰，帮助他一起建立一番大业。将军您威声震于海内，您的一举手一投足，足以决定一方的生死存亡，因此，王浚想拉拢将军，就好像楚王项羽想招徕韩信一样。现在我们派遣使节，如果没有显示充分的诚意，而让王浚对我们的企图有所怀疑的话，一旦我们的计划被他察觉，那么，以后即使有任何的奇思妙想，也没有办法再施展了。自古以来，要想建立大功的人，在开始的时候，都必须要先学会做小，因此，我建议我们应当先向王浚称臣。如今我们即使是卑辞厚礼，尚且担心人家不相信呢，却以羊祜、陆抗之间曾用过的敌国之礼，我看这样不会有什么好处。如果想要图谋他人，却让人觉察的话，那就不好得手了。”

石勒说：“还是右侯说得对。”

公元313年十二月，石勒派遣舍人王子春、董肇等多带珍宝，奉表推崇王浚为天子，石勒的奏表上说：“石勒我本是无名小卒，出于少数民族，正赶上晋朝统御力下降，海内饥饿变乱，我流亡逃命，为了活命才聚众起兵。如今，晋朝的国祚已经沦丧，中原无主，苍生没有依靠。明公殿下，您是我们并州的贵族（王浚是晋阳人，与石勒同为并州老乡），为四海所推崇，您不做帝王，能轮到谁呢？石勒我之所以捐弃生命，兴义兵诛灭暴乱的原因，正是在替明公您驱除登上帝位的障碍啊。我跪下请求殿下您应天顺时，践登皇位。石勒我奉戴明公您，就好像对待天地和我的父母一样，恳请明公您明察我对您的点点忠孝之心，像父母对待儿子一样仁慈地对待我这个孝子吧。”

王子春、董肇等人还给王浚的女婿枣嵩带去了石勒的书信，当然随同书信也给王浚这位以贪婪闻名于世的女婿带上了丰厚的礼物。

王浚也不是傻子，他对王子春等人说：“石公是当世的豪杰，占据着赵国的旧都，与我成鼎峙之势，为什么突然要向我称藩呢？这可信吗？”

王子春从容回答：“石将军英才俊拔，士马雄盛，确实如圣上所说。但是，明公您是石公老家的贵族，祖上一直显赫无比，您本人又出镇一方，威名传遍中国，胡人越人，戎人夷人都对您一片仰慕，我主一个小小的势力敢不归附？过去，陈婴和韩信难道说是鄙视做皇帝才不做，能称王而不称王的吗？不是的，那是因为他们自己知道帝王，不是单凭人的智慧和力量就能够挣来的啊！石将军与明公您比起来，那就像是月亮的光辉与太阳的光芒，江河与大海一样啊。项羽、公孙述他们企图称帝的覆车不远，他们就是石将军的前车之鉴，明公您有什么好奇怪的呢！并且，从古至今，确实有胡人能够成为名臣的，但是，却从来没有胡人能坐上皇帝的。石将军并不是他讨厌做皇帝，才把帝位让给您的，全是因为，如果他登上帝位，天下人是不会答应的呀！请您对此再也不要怀疑了。”

王浚听完，不禁大悦，立即封子春等为列侯，派遣使者回报石勒，并给石勒带去幽州的特产。

公元314年一月二十二日，王子春等人与王浚的使者来到了襄国，石勒将精兵劲卒全部都藏了起来，只向王浚的使者露出羸师疲卒，见到王浚的使者毕恭毕敬，面北叩拜使节，接受王浚的书信。王浚让使者将自己用过的麈尾（麈是鹿的一种。麈尾形状像如今团扇，或矩形的装饰扇，以拂去蚊蝇，或扇动凉风。更多的场合，是作为一种增加威仪的道具，谈话时拿在手中，显得主人有模有样。）送给石勒，石勒假装不敢使用，将其悬挂在墙壁上，每天早晚都要叩拜，边叩拜，嘴里边还嘟囔着说：“我见不了王公，见到王公所赏赐的麈尾，就如同见到王公了啊！”

此时，身在蓟县的王浚对人事做了重新的安排，自己身边的很多参佐都占据了好的位置，只有司马游统（已经被任命为石勒主簿的游纶的哥哥）被外放，对此，游统十分不满，便派人秘密投降石勒。石勒立即斩杀了他的使节，将使节人头和书信都送给了王浚，以表诚实。王浚虽然对游统没有降罪，（此事十分可疑，也许这也是王浚的试探之计）但是，从此更加相信石勒的忠诚了。

双方拉上关系以后，石勒更是“献遗珍宝，使驿相继”。也就是说，不停地往幽州派去使节，送上珍宝，麻痹王浚本人，结好王浚身边的幸臣。紧接着，石勒又派遣董肇到王浚那里上书，约定明年（晋愍帝建兴二年，公元314年）三月中旬，石勒亲自到幽州参加王浚的就位典礼。为了把戏演得更像真的，石勒还让董肇捎去给枣嵩的书信，在信中小心翼翼地巴结他，央求他在王浚面前多说说好话，给自己弄个并州牧、广平公当当，好让自己在家乡人面前风光风光。

在石勒的殷勤劝说下，王浚终于答应选择适当的日子，登基即帝位了。

二六八 图谋王浚（三）

一切都演得如此出色。

要实施一个如此巨大的阴谋，石勒需要付出的努力，可想而知。史书没有详细记载，这个巨大的计划在石勒内部，究竟在多大的范围内被人知晓？因为，如果范围太小，这种“投降”行为是否引起了不少中下级军官的不满？石勒采取何等措施消弭这种情绪，以便在即将到来的突袭行动中，能让军官和士兵们一下子缓过神来，迅速投入到军事行动中去？而如果范围太大，如何保守秘密？一旦走漏风声，势必前功尽弃。

这样一个庞大的阴谋，不仅是对一个最高决策者组织能力的严峻考验，而且，也是对所属军队素质的一场检验。

除此之外，石勒需要做的事情还很多。

他首先将王子春叫来，询问王浚那里的真实情况。王子春说：“幽州去年发生水灾，颗粒无收，群众饥饿。王浚的仓库里囤积了上百万斛的粮食，可是，他对人民的痛苦不怜恤，不赈济；刑罚政令苛刻暴虐；赋税差役接连不断；诛杀贤良之士，残害劝谏的人们，手下的民众因为无法活命，几乎逃亡殆尽。内部有枣嵩、田峤贪横暴虐，外面有鲜卑、乌丸怀有二心，统治区的人民情绪极度低落，士兵们个个疲惫不堪。王浚反而大兴土木，建筑登基用的宫殿台阁，设立文武百官，自以为刘邦、曹操都与他无法相比。另外，幽州地区有很多诡异的谣言，听到的人们没有不寒心的，人人都知道王浚立马就要灭亡了，可是，只有王浚自己不知道，仍然扬扬得意，毫不担心。如今是灭亡他的时候了。”

听完汇报，石勒手抚桌案，会心地笑着说：“王浚真的是可以生擒活捉的啊！”

石勒的这一笑，包含有对行动成功的把握，对傻瓜的轻蔑和嘲弄，……

王浚的使节回到蓟城，一致认为：“石勒部众很少，而且力量微弱，他的投降是真实的，决不会有二心。”

王浚一听，也乐了，他笑得应该比石勒更开心。

石勒秣马厉兵，已经做好了一切袭击准备，但是，行事谨慎的石勒却担心，此去刘琨、拓跋鲜卑和散居在冀州的乌丸会乘虚进攻襄国，所以，一直没有采取行动。

右长史张宾对石勒说：“对他人发动奇袭，应出其不意。现在，三军已经集结却不出动，莫非是害怕刘琨、鲜卑、乌桓会抄我们的后路？”

石勒回答说：“是的，我们该怎么办？”

张宾说：“王浚盘踞幽州，就依靠这三方面，如今却都与他不和，成为仇敌，这说明他已经没有了外援；而他的内部呢，幽州饥饿困顿，人民都靠吃野菜过活，王浚已经众叛亲离，甲兵寡少虚弱，这说明他也不会有强兵抵御我们。如果我大军来到幽州郊外，敌人肯定会土崩瓦解。另外，您所担忧的这三方面，他们没有一个将领的智谋和勇敢能赶得上将军您的！所以，你虽然远出，他们绝不敢有什么举动，也绝不相信你会以一支孤军深入千里，去袭夺幽州。我们精锐的轻装野战军前去，往返不会超过二十天，即令他们醒悟过来，我们早已回来了。应该瞄准战机，像闪电一样出发，不要错过了时机啊！刘琨跟王浚之间，虽同是晋国官员，其实势同仇敌，将军如果写一封信给刘琨，送上人质，请求和解，刘琨一定会醉心于我们的降服，而高兴看到王浚的覆亡，绝不会为了王浚而对我们袭击的。”

石勒说：“我自己不能解决的事，右侯就已经考虑好了，我还怀疑什么！”

于是，石勒的轻装骑兵在集合的那天夜里，乘着夜色，打着灯火，出发了。部队刚刚抵达柏人（今河北省隆尧县）的时候，石勒杀掉了主簿游纶，因游纶的老哥游统驻防范阳郡（今河北省涿州市），恐怕游纶泄露军机。石勒又派遣张虑去并州刘琨那里，对刘琨说自己的罪过深重，请求讨伐王浚，来报效国家。此时，刘琨正与代公拓跋猗卢商议三月份出兵平阳，石勒投降无疑让刘琨暂解腹背受敌之势。果然不出张宾所料，刘琨接到石勒的书信以后，大喜过望，立即信以为真，（前不久，你自己将石勒的母亲、侄子送给人家，人家都拒绝与你合作，今天为什么突然相信他呢？）并下书所属州郡，说石勒已经弃恶从善，请求攻下幽州以谢罪，命令服从自己的州郡听任石勒前去，我已经接受了石勒的人质，特此通知大家。从这一点上，就足以看出刘琨的确不是智谋高超之人：我们设想，假如是曹操面对此情，当如何应对？在孙权企图偷袭关羽后路的时候，曾经给曹操写信报告，并千叮咛万嘱咐地不要让关羽知道，而当时曹操的谋士董昭就曾建议曹操，要让关羽知道，如果关羽心疑撤军，那么，曹仁就会很快解围，并且还能鼓励我军士气，孙刘双方相斗。此时的情况其实与当时十分相似：石勒是否真心投降，尚不可知，将石勒书信送与王浚，令其双方相斗，不失为一着妙棋。

但是，遗憾的是，晋王朝的这两个北方大佬全部都被石勒牵着鼻子走。

二六九　图谋王浚（四）

公元314年三月，石勒的精锐部队抵达易水，到了王浚的家门口。

王浚的将领们不是没有清醒的人。在此驻防的王浚督护孙纬就怀疑石勒有诈，他一面派人飞报王浚，一面下令军队备战，打算抵御。可是，此时镇守范阳郡的王浚司马游统，尚且不知他的弟弟游纶已被石勒处决，他下令不让孙纬行动。不仅游统如此，随后，王浚的命令也来了，指示孙纬让石勒大军径直通过。

除了孙纬以外，王浚属下其他将领也都说："蛮夷贪婪而没有信义，此来必有诡计，请发兵攻击。"

王浚大怒说："石公前来，正是要拥戴我。胆敢说要攻击的，一律斩首！"

王浚这么一说，大家就不敢再劝谏了。

城内的王浚下令赶紧准备丰盛的筵席，等待拥戴他当皇帝的石勒。

公元314年三月三日凌晨，石勒大军抵达幽州城下，喝令守城门的将士打开城门。城门大开之后，老奸巨猾的石勒仍然担心城内埋藏着伏兵，他先行驱逐数千头牛羊入城，宣称是呈献的贡品，实际上是要堵塞大街小巷，使王浚的军队不能出动。然后，石勒的精锐骑兵才开进城内，一进城，便纵兵大掠。

这时，王浚的左右又一次请求，请求对石勒发动攻击，但是，王浚又一次拒绝了。不过，他也有些担心，神情恍惚，拿不定主意，一会儿从座位上站起来，一会儿又坐下来，焦躁不安起来。

很快地，石勒率军就来到了王浚的听事堂，王浚仓皇走出，石勒立即命令甲士将王浚抓住。

此时的石勒完全是在嘲弄一个傻瓜，他让人把王浚的老婆抓来，和自己一同坐在床上，让王浚站在对面，以此侮辱王浚。

王浚如今才如梦初醒，他大骂石勒："胡奴才，你调戏人家老婆，竟然凶逆到如此地步！"

石勒根本不屑于直接与其对话，而是派遣下属徐光斥责王浚说："你高居百官之上，爵位列于上公，盘踞幽都骁悍之国，横跨全燕突骑之乡，手握精锐强大的部队，坐观你自己的国家土崩瓦解，京师洛阳沦陷，你不但不去援救天子，反而自己想当皇帝，你不凶逆吗？而且，你任用贪官污吏，诛杀忠良，残害人民，荼毒幽州。这是谁的罪恶？你咎由自取，不要怨天。"并且还责备王浚有积粟五十万斛，却不顾百姓死活而不赈济。

石勒命令手下将领王洛生率领五百精骑先将王浚送回襄国，王浚又气又恨，乘守卫不备，企图投水自杀，护送人员把他从水中拖出，手脚牢牢地绑住，在襄国街市上斩首示众，时年六十三岁。石勒此举当然是要迅速稳定后方人心。

石勒在蓟县仅仅停留了两天。

这两天中，他雷厉风行地做了以下几件事情。

一是，诛杀士兵。将王浚麾下精兵一万人，全部杀掉。

二是，诛杀贪官。石勒斥责朱硕、枣嵩等贪赃枉法，扰乱政令，游统不忠，一律斩首。

三是，褒扬志士。王浚手下纷纷到石勒营门，呈献的金银财宝，请求赎罪。只有前尚书裴宪（因与华轶一起不服从司马睿，而依附王浚）、从事中郎荀绰（荀勖之孙）不肯前去。石勒召见二人，问说："王浚暴虐，我兴兵诛杀，大家都来祝贺，请求宽恕，你们却与王浚同流合污，不想活了吗？"二人回答说："我们几代都在晋政府任职，接受俸禄。王浚虽然凶暴粗野，总还是晋朝的大臣，因此我们前来依靠，不敢怀有二心。阁下如果不建立恩德仁义，只依靠武力镇压，死是我们的本分，为什么要逃脱，就请杀戮！"也不参拜，站起来就走。石勒把他们请回来，向二人道歉，用宾客的礼节相待。

四是，没收财产。没收王浚下属和亲戚们的家产，多达数万钱。只有裴宪、荀绰，家中不过书籍一百多部，食盐、谷米各十余斛而已。石勒说："我不高兴得到幽州，只高兴得到二位先生。"任命裴宪当从事中郎，荀绰当参军。

五是，分遣流民各回老家。

六是，将乌丸审广、渐裳、郝袭、靳市等部落迁往襄国。

七是，焚烧了王浚的宫殿。

八是，任命前晋尚书、燕国人刘翰为宁朔将军、行幽州刺史，在蓟城留下防守部队，设置地方官吏。

仅仅在蓟城停留两天，石勒就匆匆而回，可见当时的情势不允许他长久在此逗留，这一点从其活捉王浚以后赶紧将其送往襄国斩杀，就可见一斑。石勒似乎在蓟城也没有屯驻充足的军队，对于石勒来说，斩杀王浚，瓦解王浚集团的目的，业已达到，而对于庞大的幽州，暂时还无力实现有效的占领，那么，还是收缩兵力，先把冀州经营好再说。

在匆忙撤退的途中，石勒所部被孙纬设伏截击，指望满载而归的石勒所部被打得大败，石勒本人仅逃出一命。

回到襄国以后，石勒派遣东曹掾傅遘兼任左长史，封好王浚的人头，前往平阳向刘聪献捷。刘聪以平幽州之功，遣使者柳纯持节，晋封石勒为大都督陕东诸军事、骠骑大将军、东单于，侍中、使持节、开府、校尉、二州牧、公如故，加金钲黄钺，前后鼓吹二部，增封十二郡。石勒坚决推辞，仅接受二郡的封赏。同时，石勒也晋封左长史张敬等十一人为伯、子、侯，对文武官员也都依次封赏。

二七〇　二战关中

就在石勒以迅雷不及掩耳之势，戏剧性地诱杀了王浚以后，远在西北边陲的凉州〔州治设姑臧（今甘肃省武威市）〕牧、西平公张轨也走到了他生命的尽头，公元314年五月二十日，张轨去世，享年六十岁，病重期间，他留下命令：“文武官员务必安抚人民，上思尽忠报国，下思保护家门。”凉州长史张玺等人上书司马邺，共同推荐世子张寔代理张轨的官位。这当然只是走一个形式。

因为，世子张寔自永嘉二年（公元308年）就已经主持凉州的事务了，所以，张轨的死，对于凉州的政治走向没有产生任何实质性的影响。这里，关于凉州在晋怀帝、愍帝年间支援中央的记载一共有七处：一是，永嘉二年，北宫纯保卫京师洛阳；二是，永嘉四年，献马五百匹，毯布三万匹；三是，在洛阳陷落以前，（具体时间不详）派遣治中张阆往京师送去五千义兵、郡国秀才、孝廉，贡献的器甲方物等；四是，永嘉三年，北宫纯二次保卫洛阳，击败刘聪；五是，永嘉五年，在洛阳陷落以前，派遣将军张斐、北宫纯、郭敷等率西凉五千精骑，星夜驰援洛阳；六是，愍帝时，刘曜进攻北地，张轨又派遣参军鞠陶率军三千人援长安；七是，其后在长安陷落以前，张寔又派遣王该率众入援长安，紧接着，又命令司马韩璞都督步骑一万东赴国难，并命令讨虏将军陈安等为前驱。不过，这是后话了。

如今，且看看在石勒消灭了王浚以后，北中国的局势。

虽然石勒在斩杀王浚本人及其精兵一万多人以后，迅速退回了襄国，但是，如今的北中国的局势因为王浚的被杀而立刻发生了逆转，此时的刘琨也发现了石勒根本就没有投降的意图，不禁大为恐惧，他在向晋愍帝的报告中说，在石勒袭取王浚以后，“勒势转盛，欲来袭臣，城坞骇惧，志在自守”。并且，“勒据襄国，与臣隔山，寇骑朝发，夕及臣城，同恶相求，其徒实繁”。“东北共有八州，石勒已消灭七州（东北只有六州：平州、幽州、冀州、并州、青州、兖州。八州，可能指八个刺史而言：冀州刺史王斌、王象，兖州刺史袁孚、田徽，青州刺史苟晞、李恽，幽州刺史王浚，并州刺史刘琨），先帝所任命的刺史，只剩下我一人。因此，石勒早晚谋划的，就是要消灭我”，使得我晋阳军民“戎士不得解甲，百姓不得在野”。造成的结果就是“自守则稽聪之诛，进讨则勒袭其后，进退维谷，首尾狼狈”。

刘琨的话，说出了石勒消灭王浚以后的整个战局的变化，那就是，在王浚没有被消灭之前，虽然双方有些矛盾，但毕竟是同一阵营的，因此，刘琨可以一心一意地组织南下进攻刘汉帝国；等到石勒占据冀州，并消灭王浚以后，刘琨立即陷于腹背受敌的境地，如果南下进攻平阳，那么，东面的石勒就会乘虚进攻晋阳。相反地，在刘琨无力专心南下的时候，刘汉帝国就能腾出手来，全力进攻关中地区。

果不其然，就在石勒拿下王浚两个月以后，刘汉帝国中山王刘曜、平西将军赵染又一次率军朝长安扑来。

建兴二年（公元314年）六月，刘曜进驻渭汭（渭水注入黄河处），赵染进驻新丰（今陕西省西安市临潼区东北）。

太尉索綝率军抵御。

赵染因为多次取胜，所以对索綝十分轻视，鲁徽说：“晋国君臣，自己知道衰弱，无法跟我们对抗，一定拼死抵抗，将军您应当重整军队以后，去进攻他们，万不可轻视啊。困兽犹斗，何况是一个国家呢？”

赵染说：“像司马模那么强大，我如同摧枯拉朽就击败了他。索綝不过个小丑，岂能污染我的马蹄刀锋？我要捉拿他以后再吃饭。”

第二天清晨，赵染率轻骑数百人，飞马出营，向索綝所部发动攻击。

索綝在新丰城西率部反击，击败了赵染。

赵染后悔地说：“我没有听从鲁徽的话，才落到今天的下场，我还有什么颜面见他！”

回到大营，就下令诛杀鲁徽。

鲁徽临刑的时候，悲愤地对赵染说：“将军刚愎自用，不听劝谏，因愚昧而招致失败。反而嫉妒智慧比你高、能力比你强的人，诛杀忠良，发泄你那愚蠢的愤怒，你还有什么脸面在世间存活呢！这种愚蠢之事袁绍以前曾经做过，今天你仍要做，袁绍的覆灭，理当也会发生在你的身上，我所恨的是没有能见大司马刘曜一面，就被处死了。死去的人没有灵魂就罢了，如果有灵魂，我将在地下见到被袁绍冤杀的田丰，向阴曹地府诉说你的罪恶，让你不得善终。”

说罢，对行刑的人呵斥道：“让我面向东面而死。”

大司马刘曜听说了这件事，说了一句：“蹄印里的积水是容不下一尺长的大鲤鱼的，说的就是赵染这样的人。”（蹄涔不容尺鲤，染之谓也。）

因此战胜利，司马邺下诏，加授索綝为骠骑大将军、尚书左仆射，录尚书，代表皇帝行使职权（承制）。

但是，晋军此战的小胜，并不足以让刘曜撤军。

刘曜、赵染与将军殷凯会师，合军数万，直扑长安。

时驻黄白城的晋雍州刺史麴允进抵冯翊郡（今陕西省大荔县）迎战，麴允的乌合之众在气势汹汹的刘汉军队面前被打得大败。

但是，麴允并没有气馁，他又集结残兵败将，向殷凯的大营发动夜袭，斩殷凯。（这是《资治通鉴》的说法，但是据《晋书·晋愍帝本纪》《麴允传》的记载，并无麴允先败后胜的记载，而是说“允击破之，擒凯于阵”。如果是“擒凯于阵”的话，就不存在“夜袭”了。这也许正如吕思勉先生所说的那样，是刘汉史官对麴允、索綝等愍帝大臣的一种污蔑，此种污蔑在先生看来，还有很多处，我们以后还会讲到。）

一时之间，难以拿下长安，刘曜等只好撤退，回军去攻击帝国南面的晋帝国河内郡太守郭默所在地怀县（今河南省武陟县）。

被刘曜围困的郭默也不是寻常之人。郭默，出身低微，永嘉之乱的时候，他率众作为坞堡头领，在黄河上当了强盗，几年下来，逐渐富裕，从此归附的人逐渐多了起来。郭默的内兄陆嘉取用数石官米给自己的妹妹，郭默将要杀陆嘉，陆嘉吓得逃到石勒那里，得知此事以后，郭默亲自射杀了自己的老婆、陆嘉的妹妹，以表明自己的立场。此时，刘曜与刘参一道围困郭默，（《晋书·郭默传》称是刘渊派遣刘曜来，此时刘渊已死，记载错误，此种错误在《晋书》中很多，如《晋书·庾峻传附庾珉传》就有把刘聪误写为刘渊的情况。）刘曜先抢到郭默的粮食八十万斛，然后，在郭默所住的怀县外面构筑了三个堡垒，使内外断绝，目的是想把城内之人全部饿死。

看到城内粮食告急，郭默给刘曜送去了自己的妻子（当然不是陆氏了）作为人质投降，并请求买进粮食，可是，等到刘曜给郭默送去粮食以后，郭默却又一次在城上驻守，抗拒刘曜。刘曜大怒，将郭默的妻子沉到黄河淹死以后，重新发兵进攻。郭默派遣自己的弟弟郭芝远去并州，向刘琨求救，刘琨知道郭默狡猾，生怕此次是郭默与刘汉军队一起定下的诱敌之计，所以，就把郭芝留在了晋阳，却迟迟不发兵相救。眼看刘琨部队一直不来相救，郭默又派人去晋阳催促。正好郭芝出城给马洗澡，来人就与郭芝一起逃回。逃回以后，郭默又派郭芝去石勒那里做人质，石勒也认为这个郭默是诡诈出了名的，郭默送来的书信石勒连拆都没拆，就派人将信送给刘曜。郭默使人截获了石勒的书信，这下才明白求救无望，开始打算突围，投奔荥阳太守李矩。此时，刘聪对刘曜说："如今长安和北面的刘琨才是真正的威胁，这是国家之忧所在，应该先予去除。而郭默只不过是小丑而已，不足以劳你的神，可以留下征虏将军贝丘王翼光守之，公其还也。"于是刘曜又回到蒲坂（今山西省永济市），不久，又让刘曜回到朝廷辅政。

李矩得知此情以后，就让自己的外甥郭诵率兵接应郭默，但是，郭诵看到刘汉帝国势众，不敢前进。此时，正好刘琨派遣参军张肇，率鲜卑范胜等五百余骑往长安，因为郭默被围，道路不通，无法从河内郡回到并州，将要远赴冀州投奔邵续（时邵续屯驻厌次，今山东惠民县），这支流亡部队路过李矩大营，李矩知道匈奴素来害怕鲜卑，于是他对张肇说："郭默是刘大人任命的，公家之事，知无不为。"让张肇带领这些鲜卑去吓吓驻屯在黄河上的刘汉部队。结果不出所料，匈奴的河上部队远远地望见这支人数稀少的鲜卑骑兵，就吓得不战而逃。然后，郭诵用小船偷偷渡过了黄河，派遣勇士趁夜偷袭刘曜的留守部队，大破匈奴。这样，郭默才率领部众归于李矩。

到了这一年的秋季，赵染进攻关中的北地郡（今陕西省铜川市耀州区），麹允率军抵御，赵染在攻城的前一天晚上，梦见死去的鲁徽一脸愤怒，拿着弓射向自己，赵染从梦中被吓醒。

第二天早上，赵染指挥部队攻城，被城上射来的巨弩射死。

公元314年的刘汉帝国第二次对关中地区的进攻，也随之落幕。

二七一　周勰之乱

转眼就到了建兴三年（公元315年），如今的关中更显凋敝，虽然麹允、索綝亲率乌合之众，屡破强敌，但是，局势没有丝毫改观，关中各地羌、氐、胡人纵横，陇上司马保袖手旁观，甚至是与麹允、索綝同时举义的安定太守焦嵩等人，也拥兵自重，对长安的存亡熟视无睹，而刘汉帝国军队却随时都会卷土重来。

面对岌岌可危的关中局势，司马邺等人心急如焚，他再次给各方大员加官晋爵，以期能够唤醒这些手握重兵的大员们的良知：公元315年二月十二日，司马邺再次下诏：晋封琅邪王司马睿为丞相（原任左丞相）、大都督、督中外诸军事；南阳王司马保为相国（原为右丞相）；荀组〔时驻浚仪（今河南省开封市）〕为太尉，兼豫州（今河南省东部）牧；刘琨〔时驻阳曲（今山西省阳曲县）〕为司空、都督并冀幽三州诸军事。刘琨辞让司空，坚决不接受。

荀组的哥哥荀藩死后，荀组就接任了哥哥的职务，负责留台的事宜，也就是统筹河南地区各个分散的坞堡部队，但是，由于河南地区饱经战乱，坞堡各自为战，缺乏协同，因此，仅仅处于自守状态，对刘汉帝国难以形成真正的威胁；刘琨呢，虽然“形留所在，神驰寇庭”，但是，目前也是难以大举；而司马保呢，如今除了司马邺是司马炎这一支仅存的硕果以外，如果司马邺死去，那是否就轮上自己了呢？这也许就是司马保内心的真实想法吧；江南的司马睿正命令各部全力进攻身处湘州的杜弢，而前不久的一场内乱，也让他心有余悸，更让他感觉江南的稳定是他最首先要解决的问题了。

说到这场内乱，我们还记得前年死去的周玘吧。

周勰，字彦和，是周玘的儿子。父亲死时的遗言，周勰一直不忘。

当时，渡江而来的北方人士越来越多，他们很多都被司马睿重用，作为制约南方豪族的一股势力。史称，这些北方佬“多居显位，驾驭吴人，吴人颇怨”。周勰就想利用吴地本土居民的这种怨恨，以清除司马睿身边的王导、刁协等北方执政大臣，推选南方大族名士以辅佐为名起兵叛乱。

当时，周勰的叔父周札是司马睿的丞相从事中郎，正在家养病。周勰秘密联络自己的父亲周玘的老部下、现任吴兴郡郡功曹（人事官）的徐馥，徐馥自己就有部曲，并且他还假传周札的命令，集结部众，以讨伐丞相司马王导和丞相左长史刁协为名，因此，江南各地的英雄豪杰，群起相从。公元315年一月，徐馥已经集结了数千人马，并且击杀了自己的上司、吴兴太守袁琇，打算拥戴周札当首领，讨伐王导、刁协。此时，在吴兴西边不远的广德（今安徽省广德县），孙皓的族人孙弼也起兵响应，周勰的同族兄弟周续（《资治通鉴》称为周札的儿子，找不到出处，似乎是错误的，因为周札没有起事，其子似乎更不应起事了）也在聚众，准备起事。

史书记载，周札此人“性矜险好利，外方内荏”。“性贪财好色，惟以业产为务”。周勰指望叔父这样贪财好色的人，去做大事，肯定是找错了人。

果然，周札得到消息，又惊又怕，赶紧通知义兴郡（今江苏省宜兴市）太守孔侃。周勰知道周札不同意，遂不敢发动叛乱。

吴兴郡本来指望义兴郡的周家能够起兵，但是，发现义兴毫无动静，徐馥的部众意识到自己被出卖了，都十分恐惧，于是倒戈击斩了徐馥。很快地，孙弼也被人杀死。

而对于周续，处理起来就有点麻烦。

王导对司马睿说：“出动的军队太少，不足以消灭贼寇，出动的军队太多，则建康空虚。周续的堂弟、黄门侍郎周莛，忠心而又勇敢，果断又有谋略，是义兴一郡都敬服的人，我的意思是直接让他单人匹马前往，就足以杀掉周续。”司马睿同意了。

周莛，史书上没有明说他的父亲是谁，也不知道他的字是什么。只是说他是周札的侄子，但是，翻看《晋书·周处传》，周处一共有三个儿子：周玘、周靖、周札，并说周靖早死，而周玘的儿子是：周勰、周彝；周札的儿子是：周澹、周稚。那么，如果是周札的兄子，那只能是早逝的周靖之子了。周莛在做黄门侍郎之前，曾经做过征虏将军、吴兴太守。

司马睿给了周莚一百名力士，让他直接回到阳羡（义兴郡郡治，今江苏省宜兴市）。周莚接到命令，立即动身，昼夜兼程。

事有凑巧，周莚一行来到阳羡，正要进城，在城门口就遇到了周续。

周莚对周续说："我跟你一块儿去见孔太守，有些事情需要当面说。"

周续不肯，周莚硬生生地将他拖到了郡政府。

刚刚坐定，周莚突然对孔侃说："孔太守，你为什么给贼人一个座位？"

周续身上经常带一把利刃，听到周莚这话，他立刻拔出匕首，直扑周莚。

说时迟那时快，周莚大叫身边的郡传教（宣导官）吴曾："还不动手！"

吴曾素来力大无穷，他也拔出刀来，跳起来当场杀掉了周续。

周莚还想乘势诛杀周勰，但是，周札坚决不同意，只把罪行推到周勰的堂兄周卲头上，诛杀了周卲。周莚把事情办完以后，也顾不上回家探望一眼母亲，就长驱而去，他母亲听说儿子回来了，"狼狈追之"。琅邪王司马睿任命周札当吴兴郡（今浙江省湖州市）太守，周莚当太子宫右卫率。因为周姓家族在东吴势力很大，司马睿也不想深究，对待周勰跟从前一样。

不过，周札却好好地责备了周勰一通，壮志未酬的周勰回到家中，自此荒淫无度，随心所欲，经常对人说："人生几何，只要高兴，做什么都行。"

二七二　平定杜弢（一）

周勰之乱被迅速平定，这让司马睿有更多的精力注视着荆湘前线对杜弢的战事。

仔细研究《晋书·周访传》可以看出，司马睿与杜弢围绕夏口地区，其实是展开了一场殊死而又惨烈的搏斗。夏口地区作为上游集团南下的必经之路，又作为下游集团攻击荆湘地区的起始点，对于双方都具有极其重要的战略地位。就在陶侃组织实施的夏口会战前后，作为配合陶侃作战的周访也在夏口附近与杜弢展开了激战。

陶侃率领周访等军一起进入湘州地界。在入湘的第一战中，陶侃让都尉杨举为先锋，攻击杜弢军，大破之，屯兵于城西（不知何城，长沙？）。面对官军的战舰，杜弢用类似杠杆的抛物器（桔槔），朝周访的船舰上抛撒石块进行攻击，周访制作了分杈的木桩进行抗拒，在正面相持中，杜弢还派兵从青草湖（今湖南省岳阳市西南）密抄晋军。陶侃初战告捷以后，陶侃暗令手下去王敦那里要官，王敦上表恢复了陶侃的原有武昌太守的职务。

与此同时，杜弢为了打破僵局，又派遣手下大将张彦、杜弘率领一支突击部队，置正面战斗于不顾，深入敌后，出晋军空虚之地，长途奔袭海昏（今江西省永修县附近），继而攻陷江西南昌，焚烧晋军后方城邑，企图打乱晋军的原有部署和攻击节奏。对于杜弢的这一招，的确让晋军始料不及，据史料记载，当时“湓口（今江西省九江市西北）骚动”。镇守湓口的总指挥王敦，赶紧派遣督护缪蕤、李恒接受周访的节度，回师共同攻击张彦、杜弘。

张彦此去，其实是一步险棋，走好了，将打乱对方的部属，有力地配合前线的战斗；但是，如果走不好，等于是自投罗网。关于杜弢这支远征军在江西作战的具体情况，《晋书·陶侃传》和《周访传》的记载，十分混乱，仔细梳理下来，大致情况是这样的：

在进入江西以后，张彦与杜弘所部既相互协同，又各自独立为战。江南方面，反应也极为迅速，周访等立即进军柴桑城（今江西省九江市西南），偷偷渡过河（不知道是什么河，古史记载总是如此含糊），与杜弘所部交战，斩首数百人。张彦所部则采取大踏步运动战的形式，甚至突进到了石头城附近，晋军在初期慌乱之后，迅速镇定了下来，缪蕤分别在豫章和石头，与张彦所部交战，张彦军处于外线孤军作战，难敌晋军，败退而去，周访乘胜亲率帐下将李午等跟踪追击，咬住不放，临阵斩杀了张彦。

激战中，周访被乱箭射中嘴唇，两颗门牙被射掉，但是，依然神色不变，战斗一直持续到夜晚，双方隔着一条河水，周访所部人数远远少于敌人，他秘密派遣士兵从两侧的山中结阵鸣鼓出来，然后，军中大喊："左军到了！"全军山呼称万岁。一直相持到深夜，周访命令军中多点很多火堆，士兵围绕火堆吃饭，杜弢的部队误以为晋军各路人马相继而来，不到天亮就悄悄撤离战场。

周访对大家说："敌人肯定撤了，但是，他们很快就会意识到我军是没有援军的，肯定会回过头来掩袭我们。赶紧渡河往北。"

周访所部渡过河以后，将河桥截断，刚弄断河桥，杜弢这支部队果然回来，无法渡河，只好回到了湘州。

而杜弘所部则退保庐陵（今江西省吉安市），周访于追击途中，又击败了他们，处于孤立无援的杜弘军只好据城固守。但是，杜弘并没有消极防御，而是派出部队偷偷出城，切断了周访军的粮道，周访只好北撤到巴丘（今江西省峡江县，此处不应是岳阳那里的那个巴丘），远远地看牢庐陵的敌人。等到军粮再次送到，周访再次率军包围了庐陵。杜弘看到无法取胜，想出了一条脱身之计，他命令将军中掳掠来的金银宝贝，从城墙上扔到城外。周访军的士兵一哄而上，开始争抢起来，杜弘趁乱率军突围，往南逃往江西南康地界，南康的太守率郡兵迎击，又一次击破杜弘军。杜弘一路翻山越岭，一直逃到临贺（今广西壮族自治区贺州市贺街镇）。因此战之功，司马睿晋封周访为龙骧将军、豫章太守，加征讨都督，赐爵浔阳县侯。

成功地消灭了突入后方的两支敌军，陶侃的大军从东北面压向湘州。

此时，杜弢能征惯战的将士大多都已经死去，眼看回天乏力，杜弢向司马睿请求投降。但是，司马睿拒不接受。

二七三　平定杜弢（二）

杜弢无奈，想到了那位曾经一起共事过的老上级应詹。此时的应詹已经被任命为益州刺史（虚衔），领巴东监军，此时的应詹也率军东下与陶侃军合击长沙。应詹属于真正的好人，在他离开南平的时候，史书记载："士庶攀车号泣，若恋所生。"他不仅深受老百姓爱戴，曾经的反贼王冲也敬重，此时的杜弢在走投无路的时候，也还是想到了他，可想而知，应詹做人是做得最好的了。

杜弢给应詹的书信，虽然着眼于解释自己如何被逼无奈，走上了反叛之路，但是，我们从中可以看出，杜弢的书信，其实是对西晋整个流民起义的系统总结，也给我们展现出一幅西晋末年流民悲惨生活的真实画卷，书辞优美，哀婉凄楚，抄录于下。

"天步艰难，始自吾州；州党流移，在于荆土。其所遇值，蔑之如遗，顿伏死亡者略复过半，备尝荼毒，足下之所鉴也。客主难久，嫌隙易构，不谓乐乡起变出于不意，时与足下思散疑结，求擒其党帅，惟患算不经远，力不陷坚耳。及在湘中，惧死求生，遂相结聚，欲守善自卫，天下小定，然后输诚盟府。寻山公镇夏口，即具陈之。此公鉴开塞之会，察穷通之运，纳吾于众疑之中，非高识玄睹，孰能若此！西州人士得沐浴于清流，岂惟涤荡瑕秽，乃骨肉之施。此公薨逝，斯事中废，贤愚痛毒，窃心自悼。欲遣滕永文、张休豫诣大府备列起事以来本末，但恐贪功殉名之徒将谗间于圣主之听，戮吾使于市朝以彰叛逆之罪，故未敢遣之。而甘陶卒至，水陆十万，旌旗曜于山泽，舟舰有盈于三江，威则威矣，然吾众窃未以为惧。晋文伐原，以全信为本，故能使诸侯归之。陶侃宣赦书而继之以进讨，岂所以崇奉明诏，示轨宪于四海！逼向义之夫以为叛逆之虏，蹴思善之众以极不赦之责，非不战而屈人之算也。驱略乌合，欲与必死者求一战，未见争衡之机权也。吾之赤心，贯于神明，西州人士，卿粗悉之耳。宁当令抱枉于时，不证于大府邪！

“昔虞卿不荣大国之相，与魏齐同其安危；司马迁明言于李陵，虽刑残而无慨。足下抗威千里，声播汶衡，进宜为国思静难之略，退与旧交措枉直之正，不亦绰然有余裕乎！望卿腾吾笺令，时达盟府，遣大使光临，使吾得披露肝胆，没身何恨哉！伏想盟府必结纽于纪纲，为一匡于圣世，使吾厕列义徒，负戈前驱，迎皇舆于阊阖，扫长蛇于荒裔，虽死之日，犹生之年也。若然，先清方夏，却定中原，吾得一所之粮，使斥流西归，夷李雄之逋寇，修《禹贡》之旧献，展微劳以补往愆，复州邦以谢邻国，亦其志也，惟所裁处耳。

“吾远州寒士，与足下出处殊伦，诚不足感神交而济其倾危。但显吾忠诚，则汶岳荷忠顺之恕，衡湘无伐叛之虞，隆足下宏纳之望，拯吾徒陷溺之艰，焉可金玉其音哉！然颙颙十余万口，亦劳瘁于警备，思放逸于南亩矣。衡狱、江、湘列吾左右，若往言有贰，血诚不亮，益梁受殃，不惟鄙门而已。”

应詹接到杜弢的书信以后，十分同情杜弢的处境，他将杜弢的书信上呈司马睿，并附一封书信，说：“杜弢本是益州的秀才，素来就有清望，文采和道德兼优，做事也很好。过去流落到我的郡界，他的忠贞之心像玉石一样坚白，这都是我应詹所知道的。李骧在乐乡叛乱的时候，杜弢拿出自己的家财，招募忠勇之士，登坛歃血为盟，忠义而又慷慨。因为李骧攻烧了南平，杜弢遂东下，与湘中的乡人相遇，大家因为杜弢很高的威望而推举他为主，探究杜弢的本心，并非要首先作乱。但是攻破湘州这件事，的确是杜弢的罪过，但也是因为兵起以后，无法收场，慢慢失控的缘故。看到杜弢今天的书信，已经显示出很大的诚心了啊。”然后，应詹劝说司马睿接受杜弢的投降。

司马睿接受了应詹的请求，派遣前南海太守王运前往杜弢那里受降，宣布实施大赦，并且，封杜弢为巴东监军。

陶侃、周访，当然也包括王敦等人却不干了，我们哥几个苦战累年，死了多少兄弟，眼看如今大功告成，你应詹一纸书信，就纳降了十万之众，这平定杜弢的功劳都算到你头上了吗？并且，杜弢军中大量的金银财宝，自然也没我们的份了？大家虽然看到王运带来司马睿的命令，也看到王运一行人浩浩荡荡地步入长沙城中，但是，这口气咽不下。反正有句古话叫：“将在外，军令有所不受。”“大夫出疆，有可以安社稷，存万民，专之可也。”于是，城外的将领们不顾司马睿的命令，不顾王运的死活，也不顾放下武器的城外杜弢的军队，趁着杜弢军懈怠之机，继续朝长沙发起猛烈的进攻。

悲愤交集的杜弢，一怒之下杀掉王运，继续命令军队拿起武器。

他又生一计，派出大将王真（《资治通鉴》以及《晋书·陶侃传》均误记为王贡，并以为此人是前些时候投降杜曾的那位陶侃的参军。仔细查看《晋书·愍帝本纪》《杜弢传》《太平御览》一百三十七、三百七十二引王隐《晋书》，也是记作王真，古人就认为，可能是老字的真与贡字形相近，而抄错。）率领三千精卒，从长沙沿着武陵江（今澧水）西上，煽动五溪的夷族，然后进入长江，切断从长江上游而来的粮草运输，并以战舰顺流而下，绕到晋军后方，直至武昌。

陶侃命令手下大将郑攀、伏波将军陶延趁夜急行军，北上巴陵（今湖南省岳阳市），掩敌不备，连夜发起攻击，大破王真，斩首一千余级，俘虏一万余人，王真逃回长沙。

王真败退回来，让城内更加绝望。杜弢每次的出击，也都暗合兵法“避亢捣虚”之术，可谓出其不意。可是，每次都失手，杜弢开始怀疑陶侃的降将张奕，是不是他就是陶侃埋在我军内部的钉子？怀疑之下，杜弢断然将张奕杀掉。杀掉张奕以后，虽然去掉了一个心病，但是，大家也都人人自危，投降的人越来越多。

王真出城挑战，陶侃远远地对他说：“杜弢曾经是益州小吏，盗用国库里的钱财，父亲死了也不回家奔丧。你本来是个好人，为什么要追随他这种人呢？世间能有到老了，还要做贼的吗！”王真开始的时候，还把脚横在马上，陶侃说完，王真收起散漫的面容，把脚也从马背上放下，回话也很恭顺，陶侃发现能够说动，就剪下自己的头发作为凭证，于是，王真也率部投降了。陶侃率部进克长沙，俘获杜弢手下大将毛宝、高宝、梁堪。

杜弢在兵荒马乱中，率部逃脱，杜弢本人不知所终。（《资治通鉴》称其在逃亡的途中死去，《晋书·杜弢本传》称不知所终，善良的人们倒愿意相信后者。）

历时五年的杜弢流民起义，就此被镇压，司马睿得到了整个湘州，他加封王敦为镇东大将军，都督江州、扬州、荆州、湘州、交州、广州六州诸军事，江州刺史，并可以自行任命刺史以下的官吏。

二七四 荀灌救父

从司马睿给王敦的最新任命上，似乎就能够看出司马睿一定要拿下荆州的决心。对比王敦与晋愍帝前此给第五猗的任命，我们发现，两人唯一重复的就是荆州。（王敦为镇东大将军，都督江州、扬州、荆州、湘州、交州、广州六州诸军事，江州刺史；第五猗为安南将军，监荆州、梁州、益州、宁州诸军事，荆州刺史。）梁州刺史张光是公元313年九月去世，朝廷得知消息应该在数月之后，史书记载，在朝廷得知张光去世的消息以后，即任命侍中第五猗为荆州刺史，推算起时间来说，当在公元314年年初，而此时，陶侃已经被江东集团任命为荆州刺史近一年了，不过，其后因陶侃被杜曾击败，又被免去一段时间的职务，但是，很快又因打击杜弢而复职。如今，我们无法知道，在司马睿恢复陶侃荆州刺史职务的时候，是否知道第五猗已经被晋愍帝任命为荆州刺史了。但是，在司马睿任命王敦为都督六州军事的时候，肯定是知道了，但是，为什么司马睿在知道了第五猗已经是荆州刺史的时候，仍然坚持任命王敦都督荆州，并对陶侃荆州刺史的职务不做改变呢?

答案只有一个：司马睿在装聋作哑，暗示王敦、陶侃等人自行拿下荆州!

过去，在晋怀帝被俘的时候，我曾经十分突兀地说了一句话：说从理论上来讲，那时候，西晋已经灭亡了。对于这句话，当时，没有过多的解释。现在稍作说明。晋怀帝被俘以后，晋六玺被送往平阳，王脉凭空中断。接下来的晋愍帝其实也同随后的晋元帝司马睿一样，是各自手下推举而来，只不过仅仅因为司马邺的血缘关系更近一点，司马保与司马睿不便去明争而已，其实，从司马保拒不支援长安，司马睿不仅不出师勤王，而且明目张胆与司马邺的命官争夺荆州来看，在他们各自的心中何曾将其作为真正的皇帝去尊崇呢？这也许就是乱世的规矩，谁有实力，谁就可以随意的封官许愿，然后，再让这些被封了官的下属去掠夺属于自己的土地和人民。

接下来的一幕就印证了这一点。

王如投降以后，除了司马邺赶紧派第五猗来填补荆州北部这一权力真空，作为豫州留台的荀组也不失时机地派出自己的势力南下，他让原驻屯于襄城的侄子荀崧率领人马南下南阳，让荀崧下属石览接替荀崧的职位继续镇守襄城，而自己则仍在开封，依托陈川（陈午之叔）率领的“乞活军”抵御隔河相望的石虎。

在荆州地区出现了一种十分滑稽的情况：这里形成了数支晋王朝名义下势力，虽说都尊奉远在长安的司马邺，但是又相互为敌。具体是：荆州北部，南阳地区为所谓的豫州留台荀组的势力占领；荆州中部，襄阳及其周边地区为皇帝司马邺任命的第五猗占领；荆州东南部，武汉地区为刚刚得胜的陶侃、王敦占领；荆州西部，江陵地区为同样归属于江东集团的应詹占领。

陶侃平定了杜弢以后，挟战胜之威，北上夺取应该属于自己的土地。此时的杜曾领兵驻守在石城（今湖北省钟祥市），扼守着武汉方向北上进攻襄阳的咽喉。

陶侃率军径直包围了石城。陶侃新破杜弢，对杜曾显得有些轻视。陶侃的司马鲁恬劝谏道：“古人作战，要先衡量对方的主将，如今，您手下的战将没有一个能力能超过杜曾的，不要轻易进逼。”但是，陶侃置之不理。

当时，杜曾的部队很多骑兵，但是，陶侃的部队却没有马匹。杜曾秘密打开城门，以骑兵突击陶侃所部，骑兵绕过陶侃阵后，从后面发起攻击，城内守军与陶侃阵后的骑兵相互配合，前后夹击，陶侃大败，数百兵丁投水而死。

得胜后的杜曾不愿恋战，他不想与江东集团对立，这是他投奔司马邺的主要原因，也是过去大败陶侃以后，没有穷追猛打的原因，如今，他再次退让，放弃了石城，北上退往顺阳郡（今河南省淅川县东南），在临去之前，杜曾远远地下马向陶侃施礼叩拜，然后告辞而去。

杜曾无力对付来势汹汹的陶侃，但是，他们想要立足，就必须争夺更大的生存空间，于是，他们把目光瞄向了位于顺阳东北面的南阳。

占据南阳，可以西上接应关中，南下威胁襄阳，东出颍川，北上洛阳。杜曾所部迅速东进围困驻守南阳的荀崧，荀崧势单力薄，城池被围以后，粮食渐渐吃完，荀崧想派人北上向襄城太守石览求救，但是，却挑不出一个合适的人选。

就在荀崧为此愁眉不展的时候，荀崧年仅十三岁的小女儿荀灌主动请缨，愿意率领勇士冲出重围，出城请求救兵。

在荀灌的再三请求下，荀崧终于同意了。夜里，荀灌带领几十名勇士，翻过城墙，乘夜突围。荀灌一行很快被杜曾的围城部队发现，开始猛追，荀灌等一面战斗，一面前进，一直往北跑到鲁阳的山中，才得以逃脱。到达襄城郡以后，找到了石览，但是，石览同样兵微将寡，不敢单独南下。

荀灌又以父亲的名义给南中郎将周访写信，请求周访发兵北上援救，信中还与周访约为兄弟。周访出身吴地寒门，荀家可谓西晋一等一的高门，荀崧的父亲荀頵，与王济、何劭为拜亲之友，荀崧本人曾为赵王司马伦的参军，与王敦、顾荣、陆机等友善，如今，这样的人物竟然屈尊请求与周访结为兄弟，让周访十分感动，周访立即派遣大儿子周抚率领精兵三千，火速北上救援荀崧。

杜曾听说石览、周抚两支军队前来，只好解围而去。

荀崧看到杜曾远去，派遣南阳国中部尉王国、刘愿等偷袭南阳南边的邓州，杀掉了杜曾的堂兄新野太守杜保。（《晋书·荀崧传》称："获曾从兄伪新野太守保，"其实，这里面是有疑问的。我们不清楚这个杜保是否是与第五猗结亲的那个，但是，杜保的新野太守职务为第五猗任命，当无疑义。此时，杜曾已经依附第五猗，而第五猗作为司马邺的命官，杜保新野太守职务何来"伪"字？相反的，在皇帝命官到来以后，你荀组的河南留台任命的都督荆州江北诸军事荀崧，按道理讲，你是要服从人家管理的，不服从当然视同叛逆；更有甚者，江南集团借口杜曾前期不服从江南命令，无视如今杜曾业已归顺朝廷的事实，依仗军事实力一再与第五猗、杜曾兵戎相见，争夺荆州地盘，这不是叛逆又是什么呢？可以说，相对于人家第五猗来说，你陶侃也好，你荀崧也好，视为"伪官"倒更合适一些。因此，想到《晋书》不给第五猗立传，可谓处心积虑，恶毒至极。）

杜曾原来以为投靠第五猗就能消除灭顶之灾，如今他突然发现，不管是江南司马睿也好，还是豫州留台也好，其实没有一个听从长安皇帝的命令的，除非接到的是给他们加官晋爵的命令。并且，更为严重的是，江南集团与豫州留台之间越来越显示出合拢的迹象。自己已经与江南势不两立，只好先靠拢荀崧，然后让时间慢慢消弭与江南实力派之间的隔阂吧。于是，杜曾写信给荀崧，请求准许他讨伐丹水（今河南省淅川县西南）的变民集团，用以赎罪，荀崧因南阳兵力太少，希望依靠杜曾作为外援，也同意了。陶侃一直对曾经惨败在杜曾手下耿耿于怀，他警告荀崧说："杜曾凶猛狡狯，正是所谓'吞食娘亲的鸱枭'。这个人一天不死，荆州一天不能安宁，请老兄你记住我这话。"但荀崧没有接受陶侃的意见。为了向荀崧表现自己的忠心，杜曾再率残军两千人，包围了襄阳，（此时第五猗应在襄阳城中）但是不能攻克，只好撤回。过了不久，杜曾又趁着荆州刺史没有到任，引兵向江陵而去。

二七五　王机居粤

此时，北面荀崧、南面陶侃已经把杜曾打得满地找牙，只嫌荆州地面狭小，而第五猗虽然有着正牌的名头，但是兵微将寡，因此，荆州地区似乎很快就将落入江南集团的囊中，王敦开始考虑把荆州这一重地究竟交给谁手中。如今，陶侃平定了杜弢十几万部众，无论是威名还是实力都无与伦比，而陶侃的亲家兼老乡周访已经是湘州刺史，如果还让陶侃继续做荆州刺史的话，这一对挚友将全据荆湘上游。这一点，不仅王敦意识到了，而且王敦的幕僚钱凤也意识到了，只是没有合适的机会和借口改调陶侃。

如今，这个机会从天而降。

还是在公元312年年底原荆州刺史王澄被王敦杀掉以后，曾与王澄亲如兄弟的王机突然意识到，江东集团对于原荆州官吏不会手软，再加上，当时杜弢所部到处掘墓，却为王机家守坟，王机更加自疑。过去我们说过，王机与其兄王矩都不是寻常之人，在魏晋时期，史书记载出门“观者盈路”的也就是潘岳、卫玠、王矩等区区数人，《幽明录》记载，王矩做广州刺史上任途中，在长沙遇到一个身高一丈多的人，喊他说：“矩奴子，来看我。”王矩一看递过来的名片，是一个叫杜灵之的人。王矩问：“你是京兆人，什么时候出发来到这里的？”回答：“早晨出发的。”王矩很奇怪说不可能，杜灵之说：“是天上京兆尹，我是鬼，受上峰指派来见你。”王矩一听，吓得浑身冒汗。接着，杜灵之问王矩借纸笔用，并说：“你肯定不认识天上的字，我得给你重写。”写完以后，给装了起来，交给王矩说：“到广州以后，再打开。”王矩到任以后好几个月，一直很郁闷，打开书信一看，上面写着：“命令：召王矩为左司命主簿。”王矩很快就病死了。

与哥哥王矩一样，史书记载：王机也是“美姿仪，倜傥有度量”。被从来看不起任何人的王澄比作“以为己亚”。因为王机的父亲王毅、哥哥王矩都曾经做过广州刺史，王机家族在广州根深蒂固，因此，王机就向王敦请求去做广州刺史。虽然广州处于偏远地区，但是你王机仅是一个成都内史，广州再偏远，那也是一个刺史啊，更何况你王机又不是自己人呢？这个请求当然不会得到王敦的许可。不过，事有凑巧，就在王机心生此念以后，（这让人怀疑是王机私下联络的结果）广州人背着广州刺史郭讷，奉迎王机继任刺史。王机遂带领家奴、宾客、门生等一千余人，往广州方向逃去。王敦得知此情，派遣参军葛幽领兵追赶，在庐陵（今江西省吉安市，由此推断，当时王机是随同王澄一起东下，到达江西）追上了王机。王机呵斥葛幽说：“你怎么敢来？想死？”葛幽吓得不敢近前，狼狈而归。广州部将温邵率军接应王机，一同朝广州进发。郭讷听说温邵去迎接王机，赶紧派军攻击温邵，结果，被温邵击败。郭讷又派兵阻止王机进城，但是广州部队的将领们都是王机的父亲、哥哥时的旧部，全部倒戈，将王机迎进城来。郭讷遂拿着朝廷的节杖，躲避起来，王机找到郭讷，私下问其索要节杖，郭讷回答：“过去苏武不失其节，前史以为美谈。这个节是朝廷所授，大义所在，不允许私自给你的，你还是派兵来夺取吧。”王机倒也知趣，没再强抢，自此，王机夺得了广州刺史的职位。

王机也知道自己的这个刺史，是自己夺得的，并不为朝廷，也不被江东集团所认可，所以一直忐忑不安。其实，在乱世之中，此种亦官亦匪、官匪难辨、今官明匪的现象，比比皆是。就在广州紧邻的交州（治所在今越南河内东北北宁府），也存在这种情况。开始的时候，交州刺史顾秘去世以后，州政府官员推举顾秘的儿子顾寿领州事。但州政府帐下督梁硕率军背叛，击杀顾寿，梁硕遂控制了交州（今越南北部）。

此时，逃奔到临贺的杜弢部将杜弘，给王机送上黄金数千两，请求讨伐桂林地区的叛贼，来洗刷罪名，王机将杜弘的请求上报，“朝廷许之”。此处的朝廷，不知道是指长安的司马邺，还是指江南集团。进而，为了缓和对立气氛，王机也请求把自己任命为更加偏远的交州做刺史。王敦一方面感到王机很难驾御，另一方面也想让王机前去，正好能制服梁硕，最后一点是，王机一离开广州，又能给王敦腾出来一个刺史的职位，王敦还有用处！

二七六 陶公运甓

王敦的如意算盘是：把王机调到更远的交州，再把荆州刺史陶侃调任相对偏远的广州，让自己的堂弟王廙顶替陶侃的位置。

王敦也自己给自己找个台阶下，他声称王机收降了杜弘，将功补过，正式任命其为交州刺史。王敦把王机这头安顿好，可是陶侃那头，却让王敦颇感棘手。

本来陶侃是要去江陵上任，去王敦那里告辞，陶侃的下属竟陵郡（今湖北省钟祥市）太守朱伺劝说他别去，皇甫谧的儿子皇甫方回隐居在荆州，陶侃对他很尊重，皇甫方回更说：“我听说敌国灭，功臣亡。你新破杜弢，功劳没有人能够相比，想要没有危险，这可能吗？”陶侃不听，还是去见王敦。王敦果然留下他不放，改调为广州刺史、平越中郎将，任命堂弟、丞相军咨祭酒王廙继任荆州刺史。

消息传来，一片哗然。

广州与荆州相比，那是蛮荒之地，到那里做官，等同于流放。陶侃荆州手下将领都到王敦府上，请求留下陶侃，王敦大怒，坚决不同意。此时，王敦的堂弟王廙即将上任，陶侃故将郑攀、马隽、苏温等人，不想南去广州，又因王廙猜忌凶暴，难以共事，他们很快想到了荆州还有一个正牌的刺史——第五猗。大家率领部众三千人，进驻涢口（今湖北省汉川市东北，涢水注入汉水处），向西迎接杜曾。王廙无法前进，逃回江安（今湖北省公安县东北）。

兵变发生以后，陶侃还没有出发，王敦怀疑郑攀等人的兵变是陶侃在背后策划，他穿上铠甲，手持长矛，将要杀掉陶侃，从里屋出来，又转回去，反复犹豫，来回四次。陶侃看到王敦这样，沉下脸来，严肃地说：“使君你英雄果敢，能够裁断天下之事，今天是什么事情，让您如此犹豫？”说完，起身小便。

趁着陶侃出去，王敦的咨议参军梅陶、长史陈颁劝说王敦说："周访与陶侃是亲家，两人好得就像是人的左右手，哪有把人家的左手斩断，右手不举起来响应的呢？"

听了这话，王敦的杀人之心才熄灭。于是，摆下丰盛的宴席为陶侃饯行。

宴会结束，陶侃当夜就出发了，王敦还把陶侃的儿子陶瞻任命为自己的参军，其实就是人质。陶侃到达豫章，见到周访，不觉流下眼泪，说："如果没有你在外，这次我是没命了啊！"接着，陶侃来到了始兴（今广东省韶关市）。

话分两头。

再说身在交州的梁硕，他也不想得罪政府，当听说新任交州刺史王机抵达了郁林郡（今广西桂平市），梁硕连忙派遣自己的儿子梁侯前去迎接。王机当然知道自己此行所负的使命，他故意找碴儿，埋怨梁侯来迟，说："等到我到交州以后，再把你逮捕起来拷问。"梁侯大惊，飞马逃回交州向父亲报告。

梁硕说："这姓王的小子已经搞乱了广州，现在又想要搞乱交州吗？"于是，下令州兵不得迎接王机。司马杜赞以梁硕不迎接王机，率兵讨伐梁硕，反被梁硕所败。梁硕担心在交州的中原人士会迎接王机，于是他大开杀戒，将北方人中名人全部杀掉，迎接交州前任刺史修则的儿子修湛行州事，出军抵抗。

王机只好暂住在郁林。当时，杜弘刚好大败桂林贼寇返回，在路上遇到王机，王机劝杜弘取交州。杜弘本有此意，就拿着王机的节说："这玩意应该轮流拿，怎能你一个人独自拿着呢！"王机就把自己的节给了杜弘，接着，王机与杜弘、温邵、刘沈等人商量，既然得不到交州，还不如再回到广州。

就在王机等人往广州方向回转的时候，陶侃也到了始兴（今广东省韶关市）。广州人都建议陶侃应该停下来观察局势发展，不可轻率前进。陶侃不听，直抵广州。这时，广州各郡县已纷纷派出使节，前往迎接王机。杜弘向陶侃诈降，陶侃觉察出他的阴谋，积极战备，杜弘来到以后，发现城中有备，解围而去，陶侃乘虚追击，大破杜弘部队，追击到小桂（今广东省连州市），生擒了刘沈。王机派遣牙门屈蓝回到广州，谎称增运军粮，暗中招诱所部，想发动兵变，陶侃发现以后，立即将屈蓝斩杀，另派督护许高讨伐王机，王机逃亡，在途中逝世，许高掘出王机的尸体，斩首，并杀了王机的两个儿子。众将都请求乘胜追击温邵，陶侃笑说："我的威名已经传播，为什么还要再动军队，一封信就可以解决。"于是，陶侃写信给温邵，让他抉择，温邵恐惧，逃走，被陶侃派军在始兴郡赶上，把温邵擒获，斩杀。杜弘走投无路也向王敦投降。至此，广州完全平定，陶侃也因功封为柴桑侯，食邑四千户。

史书记载，陶侃“性聪敏，勤于吏职，恭而近礼，爱好人伦。终日敛膝危坐，阃外多事，千绪万端，罔有遗漏。远近书疏，莫不手答，笔翰如流，未尝壅滞，引接疏远，门无停客”。他经常对人说：“大禹，是圣人，还珍惜寸阴，像我们这样的一般人，更当珍惜分阴，怎么可以整天漫无目的地游乐，毫无节制地酗酒烂醉呢，活着无益于这个时代，死了也不被后人记着，这样是自暴自弃。”他在广州的时候，州里没有公务的时候，总是早上把一百多块砖搬到屋外，晚上的时候，再搬回屋内。人们问其中有什么奥妙，陶侃回答说：“我正要致力于平定中原的大乱，如果生活条件过于安逸的话，恐怕以后身体就不能胜任做事了。”

而此年陶侃已经五十七岁了。

二七七　南征北战

湘州、交州、广州地区渐次平定，荆州地区的杜曾由于王敦的错误处置，又渐渐恢复了元气。荆州地区的同为晋王朝的两个刺史：第五猗和王廙，势同水火。我们暂时把荆州局势放到一边，把目光投向北中国的冀州大地吧。

公元314年三月，石勒闪电般解决了王浚以后，消除了北方的第一大威胁。然而，随之到来的是更大的考验。

这一年，襄国发生了罕见的饥荒，一斤银子才能买到二升谷子，一两银子才能买到一斤肉。同时，周边形势并不乐观：北方的幽州，石勒任命的宁朔将军、行幽州刺史刘翰，在石勒逃回襄国之后，就投降了鲜卑段匹磾，段匹磾遂领幽州刺史。这样一来，石勒的征讨幽州之役，结果就变成了只杀其人，而并未据其城。不过，经过此战以后，原王浚任命的冀州各地太守也都纷纷表示归附石勒。石勒看到幽、冀二州渐渐平定，开始进行人口普查，下令每户每年缴纳布二匹，粮食二斛。

在归附石勒的人中，就有原乐陵太守邵续。

过去我们说过，邵续，字嗣祖，是魏郡安阳人。史书称邵续“朴素有志烈，博览经史，善谈理义，妙解天文”。开始的时候，做过成都王司马颖的参军，司马颖将讨伐长沙王司马乂的时候，邵续曾劝谏道：“邵续听说过兄弟就像是左右手，如今明公您要抵挡全天下的敌人，却要剁掉一只手。这是我不明白的。”后来，邵续又作为苟晞的参军，被任命为沁水令。看到天下大乱，邵续弃官回家，纠集了几百人，驻屯在厌次，王浚任命其为绥集将军、乐陵太守，并把邵续的儿子邵乂任命为督护，邵续招徕流民，实力渐渐强大。王浚灭亡以后，邵续因为孤危无援，暂时投降石勒，石勒也把邵乂任命为督护，带在身边，其实就是人质。

冀州内部渐次平定以后，石勒把目光投向了周边地区。在冀州的东南，是青州的曹嶷，对于河北而言，右边的山西与左边的山东，宛如两条臂膀，如果能拿下曹嶷，攻，可以南下徐州；守，增加战略纵深。石勒上表刘聪，说："曹嶷沿着黄河设置堡垒，有割据山东的打算，请求让我发兵将其灭掉。"

刘聪对于石勒在四年前吞并王弥一事仍然记忆犹新，他当然看出石勒的真实目的就是为了吞并曹嶷这支力量，因此，坚决不同意。石勒虽然对曹嶷垂涎欲滴，但是，如今的实力还达不到独自振翅高飞的地步，只好把一颗狂跳的心强按下来，再把目光游弋到别处。在公元314年到公元315年间，石勒在扫清冀州周边的障碍。

在青州的西南，隔着古黄河，就是刘琨任命的兖州刺史刘演控制的廪丘，在今天的山东省郓城县附近，与石勒任命的顿丘（今河南省清丰县）太守邵攀相持。石勒派遣大将支雄进攻刘演所在的廪丘，却被刘演击败。刘演乘胜派大将韩弘、潘良率领突击部队偷袭了顿丘，斩杀了石勒的顿丘太守邵攀。支雄发现以后，追击韩弘、潘良的这支部队，将潘良斩杀在廪丘城下。

意识到石勒根本不可能投降以后，刘琨与石勒之间也展开了小规模的战斗，他瞅准空隙，命令乐平太守焦球攻击归附石勒的常山郡，斩杀了石勒的常山太守邢泰。但是，一胜一负，刘琨的司马温峤征讨太行山的山胡，石勒大将逯明在半路上邀击温峤，在潞城将温峤击败。逯明在击败温峤以后，转兵东向，攻下庄平，收降了屯聚在那里的流民将领宁黑，接着，又攻破东燕酸枣，将二万余户俘虏迁徙到首都襄国。

此时，刘演的触角又前伸至濮阳，石勒反应迅速，立即派遣大将葛薄前去围攻，经过激战，攻陷了濮阳，斩杀了刚刚被任命为太守的韩弘。

为了缓解刘演的压力，刘琨继续骚扰石勒的北部地区，他在攻下常山以后，接着又派遣将领王旦攻击石勒的中山，将石勒任命的中山太守秦固赶跑。此时，冀州局势似乎朝着有利于晋军的方向发展。东北面，章武人王眘起于科斗垒，扰乱勒河间、渤海诸郡。北面，段匹磾又占据了蓟城，从北面威胁着石勒，同时，段匹磾给投降石勒的邵续写信，劝说邵续归顺晋朝，邵续的下属劝谏道："现在背叛石勒转投段匹磾，您的儿子就有生命危险了啊。"邵续哭着说："我舍身为国，如何能顾得上儿子，去继续做叛臣呢！"邵续转投段匹磾，石勒就将邵续的儿子邵乂斩杀。于是，在石勒的东面又产生了一个敌人，随着邵续的反叛，邵续的女婿猛将刘遐也随之归顺晋朝。

中山、常山、河间一线作为河北中部枢纽，控制了这一线，就能席卷河北南部，也是石勒的必争之地。

石勒先派遣将领刘勔迎击王旦，一战击败了王旦，并在望都关生擒王旦；接着，石勒亲统八千铁骑直扑厌次（今山东省惠民县），企图一举消灭邵续，而邵续在背叛石勒之时，料到石勒绝不会放过自己，已经请求段匹磾速派援军。段匹磾接到邵续的来信以后，立即命令弟弟段文鸯率领鲜卑精骑火速南下。

此时，石勒听说鲜卑骑兵将到，吓得连攻城器具都来不及收拾，赶紧撤围而去。

邵续与段文鸯合兵一处，穷追不舍，一直追到安陵（今河北省景县、吴桥附近），没有追上，俘虏了沿途石勒任命的官吏，并抢掠三千余家人，接着，又派遣骑兵抄掠石勒北部的常山，又抢掠了二千多家。

面对邵续浩大的声势，石勒将临近的平原乌丸展广、刘哆等部落三万余户迁移到襄国。暂时放下邵续，石勒又把兵锋转向了刘演，他先派石虎长途奔袭梁城，驻守梁城的“乞活军”王平，经过死战，击败了石虎；接着，石勒又派支雄、逯明攻击重又反叛的宁黑，攻陷了宁黑驻守的东武阳（今山东省聊城市附近），宁黑投河而死，将一万余人降众迁徙到襄国。

最后，石勒要拔掉刘演这颗钉子：他命令石虎对刘演驻守的廪丘展开了总攻。邵续让段文鸯率领鲜卑骑兵救援刘演，石虎闻讯，赶忙退到卢关津（《水经注》卷五有：“为卢关津，台东有小城，崎岖颓侧，台址枕河，俗谓之邸阁城，疑故关津都尉治也，所未详矣。”《读史方舆纪要》临黄县条：“高陵关县东南八十五里。即卢津关也。旧属临黄县，亦曰黄陵津，其地与濮州分界。”当在鄄城县附近），段文鸯屯于景亭，与之相持。

衮豫豪强张平、樊雅等人在谯县，各有众数千人，为坞堡头领，张平被刘演任命为豫州刺史，樊雅被刘演任命为谯郡太守，（《晋书·桓宣传》称是两人自称的，因为桓宣是司马睿的人，可见，司马睿方面对于刘演任命的官职是不认可的。此处依《晋书·祖逖传》）另外仍有董瞻、于武、谢浮等十几支小股部队，每支人数大约都在几百人，都听从张平的号令。当听到刘演被攻的消息以后，张平等人起义兵救援刘演。善于用兵的石虎深夜率军离开军营，只留下一座空营，而设伏于郊外，对外却传言要撤军回河北，张平等人信以为真，攻入空营，石虎回师将其包围，大败张平军。

接着，石虎顺势猛攻廪丘，刘演眼看守不住，弃城逃奔段文鸯所部，石虎俘获了刘演的弟弟刘启，将其送到了襄国。石勒为了报答刘琨扶养其母的恩情，也善待刘启，赏赐给他田宅，命令儒官教授他学习经书。

二七八　愧贤之堂

四周烽火连天，并不妨碍刘汉帝国皇帝刘聪继续他骄奢淫逸的生活。如果说，没有刘聪骄奢淫逸的生活，刘汉帝国很可能会统一北中国，那么，如果没有一帮忠心耿耿的大臣，刘汉帝国可能早已土崩瓦解了。

刘汉帝国的大臣们知识水平并不比晋王朝的逊色许多，不过他们大多来自寒门，首先要说的当属把两个女儿和四个孙女嫁给刘聪的侍中、太保刘殷了。

《晋书·孝友传》中记载，刘殷，字长盛，是新兴郡人。刘殷的孝顺与王祥可有一比：刘殷的曾祖母王氏，隆冬想吃紫花地丁，刘殷当年才九岁，知道以后在沼泽里痛哭，结果地上就生了紫花地丁，拿回家以后，再吃也吃不完，直到夏天到来的时候，地上能长出这种菜了，才吃完。又曾经梦见有人说："西边的篱笆下面埋有粮食。"醒来去挖真挖到十五钟粟，上面还写着铭文："七年粟百石，以赐孝子刘殷。"一家人吃了七年才吃完。神话啊？

司马攸、羊祜都召他为下属，他都因为曾祖母在堂而拒绝了。并州富豪张宣子十分欣赏刘殷，就把女儿嫁给了他。其后，太傅杨骏、赵王伦征召不就。到齐王冏辅政的时候，征为大司马军咨祭酒，转拜新兴太守。永嘉之乱，刘聪非常欣赏他的才能，提拔为侍中、太保、录尚书事。刘殷经常劝诫子孙说："侍奉君主的要点，在于要委婉地劝谏，我们对普通人都不可以当面说人家的错处，何况是君主呢？"刘殷在朝，尽心辅佐，在大庭广众之下无所是非，等大家都离开了，才单独对刘聪提出建议，并条分缕析出事情的原委，对刘聪规谏很多，不过，刘殷于公元312年就去世了。

刘殷死后，时时规劝刘聪的是陈元达。陈元达，字长宏，是匈奴后部人。本姓高，因为生月妨父，所以改姓陈。从小就喜爱读书，一边耕作，一边背诵，年到四十岁，从不与人来往，后被刘渊征召为黄门侍郎。在位十分忠直，屡屡向皇帝进谏，以致刘聪曾对陈元达说："你应该害怕我，怎么现在我总害怕你呢？"

公元313年，刘聪杀了司马炽以后，自己的母亲张太后也死了，老婆张后是太后的外甥女，也因悲哀过度而死去。此时，刘聪最爱的六刘中的大刘刘英已经去世，只剩下了五刘，刘聪就将二刘刘娥立为皇后。为了取悦刘娥，刘聪要特别给她兴建一座凰仪殿。

廷尉陈元达听说以后，到处找刘聪，当时，刘聪正在逍遥园的李中堂，陈元达事先用铁链绑在腰际，见到刘聪以后，恳切劝阻道："我听说，古代的圣王爱国如家，因此，上天才对他护佑如子。上天为人民立下君王，是要他们来照顾人民的，不是要榨尽天下人的血汗，来满足君主一人欲望的。晋王朝昏庸黑暗，把老百姓看作草芥，所以，上天才要断绝他的国祚。先皇一直是穿着布衣，床上不铺两层被褥，皇后妃妾，不穿绫罗绸缎，御用马匹，不吃粮食。可是，陛下您登基以来，已建了四十多座宫殿，大军还要不断出征，饥荒、瘟疫连绵不断，群众接连死亡，您反而变本加厉，还要大兴土木？……"

刘聪一听，暴跳如雷，大骂："我身为天子，不过是想盖一座宫殿而已，还要征求你这个老鼠崽子的意见？你竟敢妖言惑众，我不杀了你这个老鼠崽子，我的宫殿盖不成。"

立即喝令左右侍卫："拉出去砍掉他，连他的妻子儿女，全拖到东街斩首，我要叫他们这一窝老鼠死在一个巢穴！"

陈元达跑到堂外，把事先绑在腰上的铁链，连同自己的身体锁到堂外的树上，大声冲刘聪喊叫说："我所说的全是为了国家，陛下你却要杀我！如果死者有知，我将上诉于天，下诉于先帝。朱云有句话：'我能到地下追随关龙逄、比干，已经心满意足！'我不知道陛下您是什么样的君主！"

刘聪的左右侍卫拉他行刑，却怎么也拉不动。刘聪看到这样，更是暴怒异常。

刘聪的大司徒任顗，光禄大夫朱纪、范隆，骠骑大将军刘易，也都跪下求情，叩得头破血流，说："陈元达竭尽忠心，事无不言。我们却只会苟且偷安，每每看到他，我们都感到惭愧。但求陛下包涵。"

皇后刘娥也像他的父亲刘殷一样，十分贤明，当她听到消息后，赶紧叫身边的人去阻止行刑，然后，亲手写一份奏章，呈给刘聪，说："现在宫殿已经完备，不需要增添，全国还未统一，更应爱惜民力。廷尉说的话是国家之福，陛下应该给他加官晋爵才对。……陛下为我兴建宫殿，又为了我诛杀直言的大臣。忠臣从此闭口，是因为我；远近怨愤，是因为我；公私财富枯竭，也是因为我；国家陷于危境，还是因为我。天下所有罪恶，都集中在我一人身上，我怎么承当？……我实在没有颜面再侍奉你梳头洗脸了，希望就在此堂之中，让我自杀，以此来阻止陛下的过失。"

刘聪一见脸色大变。

一帮老臣们还在地下嘤嘤哭泣，叩头请求。

过了很久，刘聪这才慢慢说："我这些年以来，有点精神错乱，喜怒失常，不能自我克制。元达是一个忠臣，我一时没有明白。各位竟然叩破自己的脑袋来证明，确实懂得辅佐君王的大义，我心中感到十分惭愧，怎敢忘掉？"

说完，刘聪让大家站起身来，戴上官帽，在座位上坐下，又把陈元达叫上来，把刘娥的奏章交给他过目，说："在外帮助我的有像你这样的大臣，在内帮助我的有像刘娥这样的贤后，我还有什么忧愁呢？"

然后，分别赏赐给大家谷米、绸缎，并把逍遥园改名纳贤园，李中堂改名愧贤堂。

二七九　汉宫内乱（一）

《左传·桓公十八年》记载，辛伯在劝谏周公的时候，曾说过这样的话："并后、匹嫡、两政、耦国，乱之本也。"意思是说，两个皇后，有与太子匹敌的人，有两套行政系统，有与京师一样大的城市，这四样东西是一个国家祸乱的原因。刘聪的所作所为似乎就是要检验一下辛伯的话是否正确。陈元达虽然有赖于刘娥皇后的搭救，捡了条性命，但是，第二年年初（公元314年），刘娥就追随姐姐刘英去世了。贤德的刘娥去世以后，刘聪的后宫更是乌烟瘴气起来。公元315年，刘聪又做了一次新郎，同时娶了中护军靳准的两个女儿：靳月光和靳月华，同时立靳月光为上皇后，刘贵妃（应为死去的刘英、刘娥外甥女，剩下的四刘之一，名字不详）为左皇后，靳月华为右皇后。这次，陈元达又一次诚恳劝谏，以为：同时立下三位皇后，这是不符合礼仪的。刘聪不听从，并把陈元达提拔为右光禄大夫，对外好像是尊崇贤士，其实是为了夺取实权。听说陈元达被免职，太尉范隆、大司马刘丹、大司空呼延晏、尚书令王鉴等纷纷上书辞职，要把自己的职务让给陈元达，刘聪恨得牙根直痒，但是无奈只好又任命陈元达为御史大夫、仪同三司。

一波未平一波又起。这个上皇后靳月光却十分风流，趁刘聪不注意，给他戴了个大大的"绿帽子"，陈元达又一次上书揭发，事情查明以后，刘聪废掉了靳月光，靳月光又羞又气，自杀身亡。可是，美人毕竟是美人，早已经拴住了刘聪的心，等靳月光死后，刘聪时时想起靳月光的万般风情，"绿帽子"是我刘聪戴着，又不是你陈元达，要你多管闲事，弄得满朝皆知！刘聪反而对陈元达怨恨起来。

刘聪似乎对封后有瘾。从开始的呼延皇后，接着是张皇后、刘娥皇后，到靳月光上皇后、刘左皇后、靳月华右皇后，如今，刘聪又把过去的皇后张徽光的婢女樊氏任命为上皇后，接替靳月光的职位。除现有的三位皇后以外，其他身佩皇后印信的，还有七位美女。史称："朝廷内外无复纲纪，阿谀日进，货贿公行，军旅在外，饥疫相仍，后宫赏赐动至千万。"

除了如此众多的皇后以外，刘聪也建立了两套统治系统，开了胡汉分治的先河。刘汉帝国将战争中掳掠来的各族人民，都安置在平阳周围，他设置左、右司隶，各领民户二十余万，一万户置一内史，共设四十三个内史，来统治汉人。又设大单于，此时的大单于是刘乂担任，大单于之下设左、右辅，各领六夷十万落，一万落置一都尉。这种制度，其实在刘渊后期似乎就已经实施，据《晋书·刘元海载记》称：在其死时，刘聪为"大司马、大单于并录尚书事，置单于台"。这个单于台是与统治汉人的尚书台并列的统治六夷的机构。

刘汉帝国面临的危机除了刚才提到的"并后""两政"以外，还有一个最大的问题，那就是"匹嫡"。经过学者考证，刘汉政权本身是联合晋人、氐人等众多势力组建起来的，尤其是公元307年刘渊入都蒲子以后，氐酋大单于单徵的投降，使刘汉帝国实力大增，从而建立起匈奴与氐族的联盟。学者们进而分析，刘聪永兴元年（公元304年）就被封为鹿蠡王，公元308年为抚军大将军，同年十一月封为车骑大将军，公元309年封为楚王，同年十二月加大司徒，公元310年八月，加大单于，而刘乂直到公元310年一月才被封为北海王，八月加抚军大将军，领司隶校尉。刘乂的资历远低于刘聪，但是，在刘聪继位之时，为什么要越过嫡兄刘恭，而让位于刘乂呢？人们因此推测，在刘渊的遗诏中，设计的方案应该是保证刘和继位和单皇后被立为太后，从而兼顾匈奴与氐族的利益。可是，刘和在争位中死去，刘聪一再让位刘乂，就是因为刘乂作为单徵的外孙，是氐族势力的代表，把刘乂立为皇太弟，也是刘聪为了争取氐族、羌族以及六夷势力的支持，出于巩固与氐族联盟的政治需要。

不过，随着统治的进一步巩固，刘聪开始为儿子刘粲继承皇位进行布局。开始他任命其子刘粲为丞相，领大将军，封晋王，以中山王刘曜为大司马。到公元314年十一月，汉赵帝国任命晋王刘粲当相国、大单于，统御中央政府文武百官。

对此，刘乂身边的人已经有所觉察。

公元315年，皇太弟刘乂的东宫延明殿上，竟然落下了血色的雨滴，被大风刮下的房瓦落到地上，竟深达五寸。这让刘乂心中十分厌恶，他询问太弟太傅崔玮、太弟太保许遐。二人都是公元312年的平阳会战中，与卢志一起被刘粲俘获的晋朝大臣，也许是出于颠覆刘汉帝国的企图，也许真心为了刘乂考虑，二人不约而同地建议说："陛下刘聪从前让殿下您做皇太弟，目的在于安抚人心，他的真心早已放到晋王刘粲身上了，满朝文武没有一个不迎合上意的。而今，皇帝又任命刘粲担任相国，仪仗声势远超过了东宫，政府大小事件全由他裁决。目前，很明显的，殿下不仅不能继承帝位，而且，早晚会发生不测。倒不如早早应对，现在，东宫拥有左卫率、右卫率、前卫率、后卫率四翼卫队五千多精兵，而刘粲性格轻佻，一个刺客就能将其刺杀。……假使你有此意，我们可以立即集结二万人的精兵，擂动战鼓，直入皇城正门云龙门。宫廷中禁卫官兵，谁不倒转戈矛，奉迎殿下？大司马刘曜那里，他不会反对的。"

刘乂没有听从二人的建议，但这个消息却被东宫舍人荀裕告发。刘聪立即逮捕了崔玮、许遐，将二人处决；又命令冠威将军卜抽率军把守东宫，将刘乂软禁起来。刘乂忧愁恐惧，上书刘聪，请求自贬为平民，并撤销他儿子们的所有封爵，并建议立刘粲当储君。可是，卜抽把刘乂的奏章压住，不予转呈。

轻松化解了一场可能发生的政变，刘聪继续他的淫乐生活。从公元315年冬天开始，他就不再上朝，把国事全权交给儿子刘粲处理。他变着法玩，在宫中设立集市，让宫女们吆喝买卖，自己就这样整日在后宫游宴，有时能大醉三天，不醒人事，一百多天不出宫门一步，所有奏报都由寝殿侍奉宦官（中常侍）王沈、宣怀和皇后宫执行官（中宫仆射）郭猗负责。原先刘聪规定，只有赦免、诛杀、任官、封爵，才由王沈等进宫报告，由刘聪决定，可是，王沈等人多数并不向沉醉中的刘聪报告，而依照自己的意思决定。

本来主持政府事务的刘粲就已经"骄奢专恣，远贤亲佞，严刻愎谏"了，如今，又加上这些个横行霸道的宦官，整个刘汉帝国的官场更是乌烟瘴气：功臣得不到赏赐，而皇宫美女们的家属，连孩童奴仆都有赏赐，动辄数千万之多；奸邪小人，有的几天之内，都升到太守、部长，王沈等的车辆、服装、房舍，豪华超过各位亲王，子弟亲戚被任命为太守县令的就有三十余人，一个个贪赃枉法，残忍凶暴，作恶多端。

二八〇 汉宫内乱（二）

皇太弟刘乂曾经得罪过郭猗，趁着刘乂失势，郭猗对刘粲进谗言说："如今皇上活着，皇太弟刘乂就想动手，这可是殿下你父子们的仇人啊，可是，皇上仍然十分仁慈，没有将其废黜，一旦皇上有个三长两短的，在下真替您担心啊。您是光文皇帝的亲孙、主上的嫡子，即使是帝国的小孩也都归心于您，为什么要把天下送给他人呢？而且，昨天我听说太弟跟大将军刘敷秘密会商，将在三月三日（上巳）水滨祭祀，宫廷大摆筵席之时，乘机政变。事成之后，将尊奉主上当太上皇，大将军刘敷当皇太子，又承诺让卫大将军刘劢当大单于（刘敷、刘劢，都是刘粲的弟弟）。这二位亲王处于不受怀疑的地位，同时手握重兵，以他们的身份，政变一旦发动，没有不成功的道理。问题是，两位亲王（刘敷、刘劢）贪图目前一点小利，事成之后，主上岂能保全？殿下的兄弟，固不必多说；即令是'太子''相国''大单于'这些位置，也一定会落到武陵王（应是刘乂的儿子）兄弟之手，怎么会给别人呢？现在，大祸迫在眉睫，应该早作打算。我屡次报告主上，主上深怀兄弟之爱，始终不相信我的话。殿下如果不相信我的话，不妨召见大将军从事中郎王皮、卫军司马刘惇，向他们查询，一定可以得到真相。"刘粲同意了。

郭猗又秘密对王皮、刘惇说："两位亲王的叛逆事情，主上跟相国都已经得到了情报，你们是不是参与？"

二人大惊说："没有参与。"

郭猗说："事情已经确实无疑的了，可怜二位是我的老友，却一齐跟着承受灭族大祸！"说到这里，不禁叹息哭泣，泪流不止。

二人大为恐惧，下跪叩头，请求救命。

郭猗说："我可以代你们设法，只不知道你们能不能办到？相国如问你们此事，尽管坦白承认，相国责备时，你们就回答：'我们固然身犯死罪，可是，只因主上宽大仁爱，殿下敦厚和睦，我们检举如不蒙采信，就会因犯诬告而被诛杀，所以不敢报告。'"

王皮、刘惇千恩万谢地答应了。

不久，刘粲果然召见二人，二人先后到达，而言辞内容完全一样，刘粲信以为真。

中护军靳准家的家风似乎就不好，嫁给皇上的上皇后靳月光竟敢给皇上戴"绿帽子"，而嫁给刘乂做小妾的靳准的堂妹也曾经与刘乂的侍从勾搭成奸，被刘乂发现后诛杀，从此，刘乂见到靳准就讽刺挖苦他，这让靳准又羞又愧，无地自容。此时，刘乂失势，一直十分不爽的靳准也瞅准了这个机会，去游说刘粲："殿下应该正位东宫，再兼任相国，使天下人民早日确认谁是领导中心。现在外边谣言纷纷，都说大将军刘敷、卫大将军打算拥护皇太弟，发动政变，时间大概是春季末期。如果皇太弟掌握政权，殿下恐怕连立足之地都没有。"

刘粲说："你说怎么办？"

靳准建议说："如果有人告发皇太弟叛变，主上一定不信。不妨放松东宫的管禁，使宾客们可以自由来往，皇太弟素来敬重士人，一定不会拒绝他们的拜访。其中自会有轻浮卑鄙的小人，迎合皇太弟的旨意，乱出主意。这时候，为了殿下，我会公开上书，揭发他的罪行。殿下再逮捕那些跟皇太弟有交往的宾客，审问他们，取到了口供，主上就没有不相信的理由。"

刘粲遂命包围东宫的冠威将军卜抽，把军队撤走。

如今的刘汉政局呈现出复杂的局面。从靳准所言可以看出，刘乂当时"朝望多归太弟"，说明当时刘乂是被屠各贵族、氐羌势力普遍接受的。这些"朝望"当中，也许也包括太宰刘易、大将军刘敷等人。争斗的主线围绕着刘粲与刘乂的储君之争展开，并伴随着官吏与宫廷近臣的矛盾，由于刘粲身边的人同时也是刘聪的近臣，所以，形势逐渐朝有利于刘粲一方发展。

公元316年二月，刘聪驾临上秋阁，突然下令逮捕少府陈休，左卫将军卜崇以及"特进"綦毋达，太中大夫公师彧，尚书王琰、田歆，大司农朱诰，并全部诛杀。史书没有交代诛杀这些人的具体原因，只说他们都是宦官憎恨的人物。可是，这样的借口似乎过于牵强，难以让人信服，最大的原因也许在于，这些人都是靳准所谓的依附刘乂的朝望之士，而刘聪已经在剪除刘乂的外围了。侍中卜幹流泪劝阻说："陛下正虚位招请贤才，却于一日之间，诛杀七个部长级官员，他们都是国家的忠良，岂不是不应该！即令陈休等有罪，陛下没有交付有关单位宣布他们的罪状，天下人又怎么知道？诏书还在我那里，不敢宣布，请求陛下再加考虑。"他用头叩地，血流满面。王沈大声叱责说："卜幹，你要抗拒诏书吗？"刘聪拂衣回宫，下令免除卜幹的官职，贬为平民。

太宰河间王刘易、大将军渤海王刘敷、御史大夫陈元达、金紫光禄大夫王延等，都到宫门上书说："王沈等玩弄圣旨，光天化日之下欺骗诬陷，在内谄媚陛下，在外谄媚相国，威势权力之大，比拟人主，广结党羽，毒害天下。他们深知陈休等都是忠臣，为国尽节，恐怕揭发他们的奸谋，因而设下陷阱予以诬害。陛下一时疏忽，动用极刑，天地悲痛，无论贤愚，都伤感恐惧。如今，残晋还未完全消灭，巴蜀还没有臣服，石勒正准备盘踞赵魏地区，曹嶷也打算在齐地称王，陛下心脏和四肢，哪一个地方没有祸患？反而因王沈等的帮助，杀巫咸、扁鹊。我恐怕我们终于病入膏肓，以后再谋补救，已来不及了。请免除王沈等官职，交付有司定罪。"

刘聪把奏章给王沈等传阅，笑说："这群小孩被陈元达牵着鼻子走，都成了白痴了。"

王沈等跪下叩头说："我们都是卑微小人，受到陛下过分的宠爱，侍奉左右，洒扫皇宫内院。而大臣们却把我们当作仇人，并因此怨恨陛下。我们情愿被抛到大锅里煮烂，只求国家太平！"

刘聪笑着说："这种疯话我听得多了，你们别放在心上！"

不过，刘聪还是问了问刘粲对王沈等人的印象，刘粲当然坚称王沈等人忠贞清白，刘聪大喜，又一次给王沈等人加官晋爵。

太宰刘易再到宫门上书，刘聪暴跳如雷，把奏章撕得粉碎。公元316年三月，刘易一气之下，卧床不起，被活活气死；刘易去世后，陈元达悲恸万分，他说："'人之云亡，邦国殄悴。'我既没有机会再进忠言，何苦继续默默偷生！"吊唁回来后自杀。刘聪诸子中仅次于其兄刘粲、刘易的大将军刘敷对刘聪也屡次哭泣规劝，刘聪大发脾气说："是不是你想你老爹早死，才这么早晚都来哭活人！"刘敷也忧愤交集，一病而亡。

二八一　六修之变

就在刘汉帝国内部一团乱麻的时候，北部的拓跋鲜卑也好不到哪去。

石勒攻灭幽州王浚这一事件，立刻波及西邻拓跋鲜卑。

这次事件的影响，直接无限期推迟了原先与刘琨约定好的攻击平阳的计划；另外，也使得拓跋猗卢更加严刑峻法。

我们知道，拓跋鲜卑是鲜卑父亲、匈奴母亲融合而成的一支部族，其始祖居住于蒙古大草原东北部大鲜卑山（当属于今天的大兴安岭北段）的时候，史称“统国三十六，大姓九十九”，应该属于部落联盟状况；后来，到力微的爷爷推演的时候，拓跋鲜卑迁移到了草原的西部，加入了檀石槐的大部落联盟，根据王沈的《魏书》记载：“从上谷以西至敦煌，西接乌孙，为西部，二十余邑，其大人曰置鞬、落罗、日律、推演、宴荔游等皆为大帅，而制属檀石槐。”等到檀石槐的大鲜卑联盟崩溃以后，拓跋鲜卑又南下迁到了如今的“匈奴故地”（大约在汉代五原郡境内）和盛乐。推演时期，曾经“七分国人”，把拓跋分为八部，即拓跋氏（北魏孝文帝迁洛阳以后改为元氏）、纥骨氏（推演大哥统领，后改为胡氏）、普氏（二哥统领，后改周氏）、拔拔氏（三哥统领，后改长孙氏）、达奚氏（大弟统领，后改奚氏）、伊娄氏（二弟统领，后改伊氏）、丘敦氏（三弟统领，后改丘氏）、俟亥氏（四弟统领，后改亥氏）。后来，推演又将自己叔父的后代改为乙旃，后改为叔孙氏。又命疏属为车焜氏，后改为车氏，这就是鲜卑的十姓。推演通过任命自己的兄弟牢牢地控制了各部落。到如今，拓跋猗卢控制的部族已经包括了高车、纥骨、匈奴、丁零、柔然、乌丸以及属于东北鲜卑的部落。

拓跋猗卢占据雁门郡土地以后，就将盛乐设为北都，平城（今山西省大同市）为南都。又登上平城的西山，观望地势，在更南面一百里以外，于壘水之阳的黄瓜堆构筑新平城，晋人称之为小平城，使长子拓跋六修镇守，统领南部的独孤部和白部。

石勒擒杀王浚事件对拓跋鲜卑来说喜忧参半。

忧的是：就在石勒杀掉王浚后不久，拓跋猗卢所属的其他蛮夷部落约一万余家，（《魏书·序记》称“多勒种类”，可见，应该都是鲜卑统治下的匈奴和羯人）打算响应石勒，拓跋猗卢发现以后，将这一万余家全部屠杀，以每家五口人计算，此次杀戮的就有五万人。

喜的是：由于石勒擒杀了王浚，致使幽州地区各郡成为“无主财产”，为了进一步拉拢拓跋猗卢，晋愍帝司马邺于建兴三年二月，继加封司马睿、司马保等人以后，又加封拓跋猗卢为代王，增封代郡和常山郡，晋朝廷的目的十分明显，那就是把拓跋猗卢这股力量引向日益强大的石勒，想让其直接与石勒交锋。果不其然，拓跋猗卢在接到任命以后，更加刺激起平定天下大乱的欲望，“帝忿聪、勒之乱，志欲平之。”（《魏书·序记》）

与此同时，并州的刘琨对于猗卢的要求，可以说都是尽量满足。莫含是雁门繁畤的富人，刘琨征为从事，经常担任与猗卢联络官。拓跋猗卢被封为代王以后，可以设置官属，就问刘琨要莫含，莫含不愿离开家乡，刘琨劝说他：“当今胡寇滔天，泯灭华夏。百姓流离，死亡涂地；皇上被抓，落难敌廷。我们并州，处在群胡之间，能勉强自存，完全是代王的原因。因此，我把我自己的珍宝都给了代王，让自己的儿子去代王那里做人质，目的就是为了消灭敌寇，报仇雪恨。你能够成为代王的心腹，不仅是我的心愿，而且也是一州的靠山啊。”莫含这才含泪入代，成为猗卢的参谋官。

晋王朝的计划似乎成功了一半。

不过，此时拓跋鲜卑内部的矛盾却日益激化。我们知道，拓跋猗卢是沙漠汗的儿子，汉化程度很深，早在司马炎时期，为了协调拓跋鲜卑内部矛盾，就曾把部众一分为三，由沙漠汗的弟弟禄官统领原有的旧人，后来，猗卢大量接收晋人，实力逐渐强大，最终又统一了三部。纷至沓来的晋人，带来了先进的生产力，极大地促进了拓跋鲜卑的汉化，使拓跋鲜卑迅速强盛起来，但是，这种强盛是伴随着越来越频繁的战争，这也使得国内仍然存在原拓跋鲜卑人与新加入进来的晋人、乌丸人（“新人”与“旧人”）之间的矛盾和对立逐渐尖锐，在“旧人”看来，连年的征战都是“新人”们带来的，因为，“新人”不属于拓跋鲜卑的任何一个部落，只能属于拓跋猗卢本人，这也使得拓跋猗卢本人的权力不断扩大，新人们在猗卢的政权中居于重要的地位，排挤了旧有的部落贵族，不能不造成“新旧猜嫌”。而拓跋猗卢解决这一矛盾的办法却是严刑峻法。根据《魏书·刑罚志》记载：“魏初，礼俗纯朴，刑禁疏简。宣帝南迁，复置四部大人，坐王庭决词讼，以言语约束，刻契记事，无囹圄考讯之法，诸犯罪者，皆临时决遣。神元因循，亡所革易。穆帝（拓跋猗卢）时，刘聪、石勒倾复晋室。帝将平其乱，乃峻刑法，每以军令从事。民乘宽政，多以违命得罪，死者以万计。于是国落骚骇。平文承业，绥集离散。”《魏书·序记》也有同样的记载：“先是，国俗宽简，民未知禁。至是，明刑峻法，诸部民多以违命得罪。凡后期者皆举部戮之。”史书记载，当时在拓跋部落，经常看到，一家人扶老携幼地一起走向刑场，不知道的人问一家人去哪里，回答：“一起去死。”

拓跋猗卢喜爱幼子拓跋比延，想立他为储君，才在公元313年十二月让长子拓跋六修远离盛乐，驻防新平城，并把六修的母亲废黜。六修有匹一天可奔走五百里的骏马，拓跋猗卢要来，却赏赐给比延。晋愍帝建兴四年（公元316年），六修去朝见父亲，猗卢又教他向幼弟比延下拜，六修坚决不肯，于是，拓跋猗卢命比延坐在自己的御车上游逛，六修看到后认为是自己的父亲，就跪在路旁，等到御车近前却发现竟然是自己的小弟比延，六修又羞又怒，当即离开盛乐，返回新平城（今山西省山阴县南）。

父子二人彻底翻脸。

拓跋六修逃离盛乐以后，拓跋猗卢派人前去召唤，六修不肯听从，拓跋猗卢大怒，率军讨伐，六修迎战，将猗卢的部队击败，猗卢换上平民衣服，潜逃到民间。一个贫贱的女人发现了他，六修遂把父亲杀掉。猗卢的侄子拓跋普根原来在边界驻防，得到六修弑父的消息，率军攻击，将拓跋六修消灭。

从猗卢败于六修，六修败于普根，大约能够看出鲜卑部众对于猗卢残暴统治的不满吧。

拓跋普根继承部落酋长及代王王位，国内大乱，普根统领的多为原来的鲜卑旧人，而猗卢部众多为晋人与乌丸（这里的乌丸不仅仅指乌丸部族，根据《魏书·官氏志》所云，“其诸方杂人来附者，总谓之乌丸”。是当时的拓跋鲜卑对除了晋人以外的所有非鲜卑族少数民族的统称。）相互之间不断残杀。

左将军卫雄、信义将军箕澹，长期辅佐拓跋猗卢，为众望所归，打算投奔刘琨，他们对新人们说："听说旧人十分嫉妒新人的勇敢善战，打算把新人全部屠杀，我们不早作打算，恐怕会被杀绝。"

汉人和乌桓人都十分惊恐，纷纷表示说："无论是生是死，我们都愿意追随二位将军。"卫雄、箕澹遂连同留做人质的刘琨的儿子刘遵率汉人、乌桓人，共三万余家，马牛羊十余万头，归附刘琨。

刘琨听说以后，大喜过望，亲自率领一百多骑兵赶到平城接纳安抚，刘琨实力因此重振。

卫雄等人投奔刘琨，使得拓跋鲜卑实力大减，不仅如此，而且雪上加霜的是：刚刚登上代王之位的拓跋普根在位一个多月就去世了，而他的儿子刚刚生下，还在怀抱。拓跋普根的母亲惟氏拥这位婴儿继位，但到了公元316年的冬天，这个没有名字的婴儿也死掉了。拓跋猗卢小弟拓跋弗的儿子郁律继位，这就是《魏书》上所称的平文皇帝。

二八二　灭国之战（一）

长安方面在公元314年击退了刘曜的第二次进攻以后，到第二年年初，司马邺下诏命令平东将军宋哲屯兵华阴（今陕西省华阴市），企图夺回被刘汉帝国占领的潼关，进而打通与关东地区的联系，与此同时，为了解决朝廷开支，晋愍帝不得不把目光投向了被盗墓贼偷挖的汉代陵墓。

《晋书·晋愍帝本纪》记载：公元315年六月“盗发汉霸、杜二陵及薄太后陵，太后面如生，得金玉彩帛不可胜记。时以朝廷草创，服章多阙，敕收其余，以实内府。丁卯，地震。辛巳，大赦。敕雍州掩骼埋胔，修复陵墓，有犯者诛及三族。”《资治通鉴》记载：“盗发汉霸、杜二陵及薄太后陵，得金帛甚多，朝廷以用度不足，诏收其余以实内府。”

两本书都异口同声地强调是盗墓贼挖掘的三个陵墓，由于挖出来的珍宝很多，强盗用不完，朝廷才下诏将剩下的收归政府使用。

霸陵是西汉文帝刘恒之墓，在西安市东北；杜陵是西汉宣帝刘病已的坟墓，在西安市东南；薄太后是汉文帝的母亲，刘邦的小老婆，也在西安市东北。从这上面我们不知道这些盗墓贼究竟是何许人，有如此大的力量能够同时盗挖了三座汉陵。只有看看《晋书·索綝传》的记载，才知道，当时自长安以西，已经没有人给朝廷供奉，而长安以东就更不用说了，就连百官都因为饥饿，不得不到郊外亲自去采摘野生稻谷，维持生命，更不用说老百姓了。当地的尹桓和解武等率领数千人家，挖开了这三座陵墓，获得了大量珍宝。消息传来，司马邺问索綝说：“汉陵中的珍宝怎么那么多啊？”索綝回答：“汉天子刚继位一年，就开始为自己营造陵墓，国家财政收入一分为三，一部分供奉宗庙，一部分接待使节，一部分用来修陵墓。汉武帝活的时间比较长，等到去世的时候，埋葬他的茂陵已经装不下宝物了，陵墓上种的树都很粗了，西汉末年，赤眉军盗发茂陵，拼尽全力去取里面的珍宝，也没有拿走一半，直到如今，那里面腐朽的锦绣绸缎还堆积如山，珍珠玉器还到处都是。杜陵和霸陵还是汉帝王陵中比较俭省的，不过，也是百世的殷诫啊。”

我们不知道，在此次大规模的盗墓行动中，司马邺政府究竟充当了什么样的角色。即便是政府主导或是暗中支持的行动，根据为尊者讳的传统，正史也是不会说出来的。事后，政府在善后处理上采取了三项措施：一是大赦，免除了盗墓贼的罪过；二是要求将陵墓重新掩埋好；三是将剩余的大量宝物收归政府。

仔细分析起来，这件事情不是没有蹊跷：那就是，既然陵墓中如此多的珍宝，那么盗墓贼为什么还要接二连三地挖了三座呢？如果不是政府主导的行动，唯一的解释就是尹桓和解武，并且另外还有一个人，分别带领各自的一帮人马分头同时盗墓。那么，紧接着的问题就是：如此大规模的行动，长安城中能够击退刘曜大军的部队为什么没有制止呢？虽然没有明确的证据，但是，个人却十分怀疑此次行动，就是长安政府为了解决财政困难不得已作出的决定。

就在长安忙着挖墓的同时，刘曜在解决了帝国南面魏浚和东南面郭默的威胁以后，东进上党郡，企图把上党郡的刘琨势力全部赶走。此时，刘汉帝国已经控制了上党的大部分地区，但是，刘琨的势力并没有从此地完全被清除，刘琨任命的上党太守把治所迁移到了襄垣，继续坚持抗争。八月刘曜率军在襄垣地区击败刘琨所属部队，并计划着北上进攻身在阳曲的刘琨。刘聪命令刘曜说：“长安还没有攻下，可以把刘琨放在一边，全力拿下长安以后，再说。”于是，刘曜率军回到了蒲坂，为再次进攻长安做准备工作。

九月，刘曜率军渡过黄河，这次，他还和上次一样，没有直接进攻长安，而是选择了进攻长安的外围，兵锋直至北地郡（今陕西省铜川市耀州区），企图切断长安与安定等地的联系，远远地包围长安城。

长安方面反应迅速。司马邺立即命令领军将军麴允为大都督、骠骑将军率军抵抗，由索綝留后。

刘曜闻听麴允大军前来救援，退屯粟邑（今陕西省白水县北），麴允屯军黄白城（今陕西省三原县），处于北地郡与长安城之间，兼顾二者。刘曜一时无计可施，只好向东南攻陷了冯翊郡（今陕西省大荔县），冯翊太守梁肃先逃往万年（今陕西省西安市临潼区东北）。在攻下冯翊以后，刘曜转兵北上，进攻距离长安较远的上郡（今陕西省韩城市），上郡太守张禹与冯翊太守梁肃又一起一直逃到遥远的凉州金城郡的允吾（吕思勉先生称为甘肃省皋兰县西北，有说是在甘肃省永靖县，有说是在青海省民和县，存疑）。

麹允军队忍耐着饥饿，离开驻地黄白城，进驻灵武（具体地点不详，但是，吕思勉先生所说是宁夏回族自治区宁朔县西北，不知道依据是什么，但是从当时的情况，麹允是不可能置长安于不顾，远去宁夏的，柏杨先生以为当在咸阳市附近），但是，因为兵弱不敢进逼。

经过刘曜这一搅和，关中地区的氐、羌、匈奴等众纷纷响应，史称“关右翕然，所在应曜”。

司马邺向司马保、张轨以及雍州、秦州等地的太守们都发出了紧急救援诏书。

凉州刺史张轨闻讯，派遣参军麹陶率军三千人入援长安，但是，面对刘曜的大军，这区区三千人马不过是杯水车薪。远在凉州的救兵已到，而近处的司马保的秦州救兵却迟迟不见踪影，司马邺心急如焚，接二连三地派遣使者前往上邽催促，可是，司马保的左右都迎合司马保的意思，一致认为，不仅不能去救援长安，而且要驻军陇山山口，切断关中通往陇西的道路。他们的理由是：目前，敌人势力很大，不能与之争锋，还振振有词地引用了一句古语：“蝮蛇螫手，壮士断腕。”

司马保的从事中郎裴诜怒火中烧，他反唇相讥，厉声说道：“如今的情况是，蛇已经把头咬住了，难道说头也能切断吗！”一句话说得司马保及其手下哑口无言，司马保只好任命镇军将军胡崧为代理前锋都督，而根据司马保的命令，胡崧这个前锋并不先行，而要等待各路军队集结完毕后，再行出发。哪有一副勤王奔命的样子！

看到形势危急，麹允与索綝商量：既然人家司马保不派兵前来，那么，只好放弃长安，将皇帝司马邺护送到他那里去。索綝看出了司马保的不臣之心，他对麹允说：“假如司马保得到了天子，他肯定是要利用天子来满足他个人的私欲的。”

索綝是担心司马保把司马邺毒死？还是架空司马邺？还是到了司马保那里，麹允和索綝再无大权？这些情况兴许都会发生。

二八三　灭国之战（二）

长安就是在这种焦虑中度过新年的，其间，司马邺仍然不断地向司马保、张寔征兵勤王，司马保居心叵测，自不待言，而凉州的情形却比较复杂。大量失去家园的中原士族来到凉州，受到张寔的重用，这些人士是凉州发展的人才储备，为张寔不可或缺，但是，在国难当头之际，这些流落至此的人士一直怀有报国之心，极力劝说张寔发兵勤王。然而，凉州毕竟偏远，实力较弱，并且，这两年凉州也是连年遭受旱灾，百姓饥馑，再加上盘踞在秦州的司马保态度暧昧，如何妥善处理这些关系，既不能在国难面前表现得麻木不仁，又不能因为勤王之事让凉州元气大伤，这的确让张寔颇感头痛。就在去年年底，兰池军士张冰得到了一颗玉玺，上面刻着“皇帝玺”三个字（《资治通鉴》称“皇帝行玺”），兰池长赵奭献给了张寔，张寔的下属都纷纷称贺，张寔却说：“我经常对袁绍曾得到一颗玉玺，就试图立幽州牧刘虞，将玉玺举向曹公这件篡逆之事，你们大家怎么忽然有了这话？”于是，将玉玺送到了长安。这一事件十分蹊跷，也许本身就是张寔导演的一出闹剧，一是给臣下无形中一种心理暗示，二是表现出自己的忠义之心。

不过，在司马邺的催促之下，张寔还是派遣了将军王该率领五千步骑入援长安，并送上各郡应当上缴的供奉，司马邺大喜，下诏拜张寔为都督陕西诸军事，并且以张寔的弟弟张茂为秦州刺史。司马邺的这一任命，把司马保置于十分尴尬的境地，我们知道，司马保此前是右丞相，都督陕西诸军事，后进位为相国，而如今，把张寔任命为都督陕西诸军事，等于是把整个陕西（这个概念不是今天的陕西省，而是整个西北地区）的军权全部交给了张寔，等于是剥夺了司马保的权力，更有甚者，还把司马保如今盘踞的秦州刺史的位置，也让给了张寔的弟弟的张茂！听到这个消息的司马保，脸色应该是相当难看吧，即便是张寔也会忐忑不安吧。这兴许是司马邺对司马保不满的一次集中发泄吧。

到建兴四年四月，坚守在上郡的新任太守籍韦看到解围无望，率领余众逃离上郡，流亡到汉中的南郑，刘曜至此将上郡攻陷。攻陷上郡以后，刘曜大军于七月转而再次进攻北地郡，当时，整个关中地区十分饥馑，尤其是被围的北地郡，处境更是十分危急，《晋书·刘聪载记》记载，“人相食啖（意思是囫囵吞枣地吃）”，北地附近的羌族首领军须运粮给北地太守鞠昌，结果，这支运粮部队被刘汉将领刘雅率军击败。

北地危急，太守鞠昌派人突围请求援兵，闻讯的麴允立刻率领三万大军，前去救援。

刘曜得知麴允大军将要抵达的消息，命令部队绕着北地郡的治所泥阳城（今陕西省铜川市耀州区），燃起熊熊大火，霎时间烟焰满天，尘土蔽日。然后，刘曜派出士兵扮作逃难的群众，三五成群地冲着麴允大军前来的方向而去。

麴允的部队奔赴到距离北地城数十里地，前锋远远看到整个泥阳城方向火光冲天，就问逃难而来的“老百姓”，泥阳城如今怎么样了。

这些“老百姓”异口同声地说，泥阳已经陷落，整个城市已经被烧得寸草不生，你们已经赶不上了啊，刘曜大军即将朝这里扑来！

不辨真假的麴允相信了这些难民的情报，犹豫不进，大军长途而来，又饥又饿，听说北地已经沦陷，更是惶惶不可终日，争先恐后地往回溃散逃命。

刘曜把泥阳城暂时放在一边，集中主力，迅速追击麴允未战先败的三万援军。

刘汉帝国军队在磻石谷追上了麴允大军，双方展开了一场激战，心惊胆战的麴允大军被打得大败，麴允率领残兵败将逃回了灵武。

打退了麴允的援军，刘曜从容回师继续包围北地郡。看到救援无望的北地太守鞠昌，过了数日，只好弃城而去。

刘曜终于占领了北地郡这一战略要地，切断了长安西北方向可能的增援。接着，刘曜率军进抵泾水以北，渭水以北从属于长安政权的所有城池全部溃散瓦解。刘曜俘虏了晋建威将军鲁充、散骑常侍梁纬、少府皇甫阳。刘曜过去就听说鲁充是位贤才，曾专门悬赏生擒，看到鲁充以后，刘曜给他敬酒说：“我得到先生，天下怎能平定不了！”鲁充说：“身是晋国将领，国家败坏到这种程度，我不敢乞求活命，如果蒙受你的恩德，请你赶快赐我一死，只有这样才是我的荣幸。”刘曜说：“真是一位义士！”

就送他一柄佩剑，使他自杀。

刘曜杀掉梁纬以后，看到梁纬的妻子辛氏容貌非常美丽，打算收她作为自己的小老婆，辛氏坐在地上，大哭说：“我听说，男人珍贵的是义气和节烈，妇女珍视的是不侍二夫。我的丈夫已亡，在大义上，我不能独存。而且，一个女人遭受侍奉两个丈夫的耻辱，你要这种女人又有什么用处！？我乞求你让我去死，好在地下侍奉舅姑！”说完，号哭不止。

刘曜没有办法，只好说：“真是贞女！那就听从她的意愿吧。”听任她上吊而死。

刘曜对二人的尸体，都依礼予以埋葬。

二八四 灭国之战（三）

建兴四年八月，刘曜的大军终于在剪除了长安外围各个据点以后，进逼长安。

在听说刘曜威逼长安的时候，张寔还是派遣了安故太守（胡三省注称：安故郡为张氏分金城郡和西平郡而设置）贾骞出使司马保那里，征求司马保的意见。此时的司马保为相国，都督陕西诸军事，张寔此举当然无可厚非。但是，值得注意的是：在张寔随后给司马保的书信中可以看出，对于张寔请求发兵增援长安的请示，司马保予以拒绝，张寔的叔父西海太守张肃，恳请侄子允许自己作为先锋，火速救援长安，但是，张寔以张肃年纪较大，不宜出征为由，拒绝了张肃的请求；麹允多次向安定太守焦嵩求救，焦嵩此人本是乱世乘乱拥众而起的人，素来看不起麹允，他看到麹允的告急文书，说：“等到麹允走投无路的时候，我再发兵救他。”

长安的局势就在这种迟迟等不来援兵的情况下逐渐恶化起来。

首先是刘曜的部队包围了长安，断绝了长安与外界的联系，“内外断绝”。

其次，随之而来的是，麹允与公卿大臣们退守长安小城，坚持到了十月，城内的粮食渐渐吃完，“米斗金二两”，此句可断句为“米，斗金二两”或者“米斗，金二两”，含义不同。在写两晋时期的时候，经常看到的那一幅人间地狱的图画，又一次展现在我们的面前：人们相互残杀，相互吞食，“死亡逃奔不可复制”。但是，只有凉州来的忠义之士一千多人，却下定了必死的决心，坚守不移。

看到长安危急，司马保终于派遣镇军将军胡崧率兵前来救援，在灵台（据《三辅黄图》记载：周文王灵台，在长安以西四十里。）击破了刘曜的部队，在打败刘曜的部队以后，胡崧并没有继续扩大战果，乘胜长驱京师，解救被围中的皇帝，而是担心如果打败了刘曜，朝廷得救，麹允、索綝等人功劳更大，于是，胡崧不仅没有继续进攻，反而率军退回了槐里（今陕西省兴平市），继而率领长安以西的救援部队，驻军遮马桥，远远地观望。散骑常侍华辑则率京兆郡、冯翊郡、弘农郡、上洛郡（今陕西省丹凤县）等四郡的部队，东屯霸上，并不敢进。

此时的刘曜也没有贸然攻城，而是采用了围困之策。一方面长安城高池深，易守难攻；另一方面刘曜部队本身的战斗力就不是很强，再加上长期异地作战，其实早已经成为疲兵；如果司马邺再坚持一段时间，救兵再积极一点，也许，刘曜会又一次功败垂成。

长安城内一幅人吃人的人间惨剧还在上演，但是，刘曜的后方也好不了多少，就在此前不久，史书记载，“平阳大饥，流叛死亡十有五六”，“河东大蝗，唯不食黍豆”，“平阳饥甚，司隶部人奔于冀州二十万户”，可见，刘汉政权也同样面临着空前的危机，同时，兵强马壮的石勒还在趁火打劫，他派遣石越率领精骑两万，西向进入并州地界，招降纳叛，借机扩大自己的实力，挖刘聪的墙脚，那次司隶校尉所部的二十万户大逃亡，就是石越直接挑拨的结果，刘聪派遣黄门侍郎乔诗去石勒那里责备，石勒拒不接受，反而为了防备刘聪可能到来的打击，暗自结好割据山东的曹嶷，做好应对真正翻脸的前期准备工作。不过，长安城内的司马邺和城外的救援部队却并不知道刘汉帝国的窘境，而刘曜依然按部就班地牢牢地包围着长安城。

长安城内终于到了不可收拾的境地：偌大的长安城中再无一粒粮食，皇家粮仓中只剩下几十个原来用于发酵的面饼，麹允拿来亲自将其削成细屑，熬成稀粥送给司马邺吃。然而，这些稀粥也很快被吃完。

司马邺哭着对麹允说：“如今竟然困顿到这种地步！外无救援，我为社稷而死，这是我的本分啊。但是，我念及将士们却忍受如此惨烈的苦痛。所以，我想趁着城还没有陷落，做那件羞耻忍死的丑事，大约还能够使得百姓们免受被屠城的灾难。你去吧，写降书吧，我决心已定了！”

到十一月，司马邺让宗敞去给刘曜送去降表，而此时，索綝却留下宗敞，偷偷派自己的儿子逾城给刘曜捎信，说：“如今城中的粮食尚能够支持一年，长安小城不容易被攻克。如果你答应让我当车骑将军、开府仪同三司，封为万户郡公的话，我愿意开城投降。”

刘曜将其子斩首，把尸首送还索綝，并给索綝捎话说："帝王的军队，是仗义而行的。孤率领军队打仗已经有十五个年头了，从来不曾以诡计来打败对手，每次都是让对方兵穷力竭，走投无路以后，才攻取他们。今天，索綝你竟然说出这样的话来，天下的恶行是一样的，因此，我擅自将你的儿子杀掉了。如果你真的兵粮未尽，你就坚守，那随便你好了。如果真的粮草吃完，兵力衰微，那么，我还是奉劝你早早明白天命所归。孤恐怕我军的兵威如同严霜一般，一旦降临，你们将要玉石俱焚的。"

索綝在司马模投降被害以后，曾以伍子胥自勉，（"与其俱死，宁为伍子胥。"）自不当有此，后世的不少史学家对此也深表怀疑，认为，此是刘汉史学者的杜撰、诬陷，是为以后他们杀掉索綝寻找借口。理由是，一、当晋愍帝投降以后，被杀的不止索綝一人，而其他大臣并没有这种通敌的行为，那为什么也被杀了呢？这种杀降的不义行为，刘汉帝国的史官只能靠编造索綝通敌的故事而去粉饰。二、史书记载，当时长安城内饥馑严重到令人发指的地步，人们"死亡逃奔不可复制"，既然这样，刘曜是很容易就能知道城内的情况的，那么，索綝就是再愚蠢，也不可能去编造这样没人相信的谎言的，故事本身就不符合逻辑，因此，不可信。

建兴四年十一月十日，宗敞（《晋书》记作宗敞，今从《资治通鉴》）抵达了刘曜大营，送上了降表。

第二天，十七岁的司马邺叹息一声，说："误我的，是麹允和索綝二位啊！"（大约是埋怨二位辅佐他当皇帝吧？）然后，按照中国经典的君主投降的礼仪，司马邺乘坐着一辆由羊拉着的车子，脱下衣服，光着膀子，嘴里含着一块璧玉，车子的后面带着一口棺材，缓缓出长安的东门投降。

满面尘土的文武官员攀着司马邺的车子，抓着司马邺的手，哭声震天，如丧考妣，见此情景，司马邺也忍不住悲从中来，泪下如雨。

御史中丞冯翊郡人吉朗叹息着说："我的智慧不足以贡献谋略，勇气不足以战死沙场，我怎么还有脸君臣相随，北面侍奉强盗？"

吉朗当即自杀。

司马邺君臣的队伍缓缓来到刘曜的军营，刘曜按照礼仪，下令焚毁棺木，接受了璧玉，命宗敞陪伴司马邺回到城内的宫中。

隔了一天，到了十一月十三日，刘曜把司马邺和晋帝国三公和郡长级以下文武官员，（大约只有三公和郡长级官员才有资格伴随司马邺出降，并在当天被留在了军营，这次是把皇帝与所有的下级官员也都弄来了）集合在刘赵兵团大营，而刘曜的军营所在地就位于长安东门外的豆田壁，大家还记得那首“天子在何许？近在豆田中”的童谣吗？

十一月十七日，这些人被送到了刘赵帝国的首都——平阳。

第二天，刘聪亲登光极殿，司马邺上前叩头。看到此情此景的麹允悲从中来，伏在地上失声痛哭，搀扶不起，刘聪当即大怒，把麹允打入大牢，忠义的麹允也选择了自杀。

对于司马邺，刘聪政权还是多少要点虚伪的“礼仪”的，封司马邺为光禄大夫（特级国务官），怀安侯；加授刘曜“黄钺”（君王诛杀时专用的铜斧）、大都督、督陕西诸军事、太宰，封秦王。大赦，改年号为麟嘉。

对于司马邺的大臣，刘聪也是要做些表面文章的，死去的麹允，追赠为车骑将军，追封节愍侯；索綝呢，以为索綝奸邪，绑赴街市斩首。尚书梁允，侍中梁濬，散骑常侍严敦，左丞臧振，黄门侍郎任播、张伟、杜曼等所有重臣以及各郡郡长全被刘曜诛杀，只有散骑常侍华辑逃奔南山。

西晋就此灭亡了。从司马炎到司马邺，西晋一共有五位皇帝：司马炎、司马衷、司马伦、司马炽、司马邺，持续了五十三年。麹允、索綝以关中破败之地，纠合义士，拥乌合之众，抵御敌人长达四年之久，居功至伟，最后败亡，实属可叹！

二八五　痛失并州

司马邺被俘以后，从长安政府中逃亡出来的朝廷大臣纷投各地，黄门郎史淑、侍御史王冲从长安逃到了凉州，而弘农太守宋哲则逃往江东。这些人分别给他们的新主子带来了似是而非的司马邺的口谕或者诏书，史淑、王冲对张寔说，就在皇帝出降的头一天，皇帝司马邺让他们两人带着诏书，任命张寔为大都督、凉州牧、侍中、司空，并且可以承制行事，还说，皇帝已经让琅邪王司马睿做皇帝了，张寔你要全力辅佐。

对于被俘皇帝的恩德，张寔不能不有所表示，他在凉州的首府姑臧大哭三天，并辞官不受；然后，他命令太府司马韩璞、抚戎将军张阆等，率步骑一万人，要东下攻击刘汉帝国，并命讨虏将军陈安、安故太守贾骞、陇西太守吴绍，各率本郡部队为前锋，同时，又写信给在上邽的相国司马保，说："国家有难，我不忘报效国家。前些时派贾骞晋见大王，途中却接到大王的命令，让贾骞班师。不久，又听到敌人进犯长安的消息，您的将领胡崧不肯进击，麹允还送给胡崧黄金五百，让其发兵，得知此情以后，我遂决定派贾骞翻山越岭进军赴援。可是，却传来长安沦陷的消息，忠心不能实现，悲愤之余，虽死也难逃其责。如今，我再次命令韩璞等率军前往，听候你的命令。"

话虽说得中听，但是，当时秦州地区的局势却已经大变。刘汉军队的到来，不仅扰乱了关中地区的平静，而且，也波及了陇右地区。在此地的羌族、氐族也纷纷而起，再加上年轻的"睡王"司马保根本就没有统御能力，因此，不仅仅是长安所在的雍州地区，而且此时的陇右地区也已经是遍地烽火。正应验了前此不久的一首童谣："秦川中，血没腕，唯有凉州倚柱观。"

此时，皇帝已经被俘，说打到平阳，那只是一句空话，原是不当真的。那么，除了平阳，此时，凉州韩璞的部队去哪呢？与刘曜在长安附近的军队拼个你死我活吗？韩璞只好回师。可笑的是，当这支勤王之师回师的途中，在抵达南安郡（今甘肃省陇西县东南）的时候，却遭到了当地叛羌的围攻。双方僵持了三个多月，韩璞的部队弓箭和粮食全部用完，一万余人几乎要全军覆没。韩璞杀掉驾车的牛，大宴将士，流着眼泪说："你们想念不想念自己的爹娘？"大家回答："想念。"韩璞问："想念妻子吗？"大家回答："想念。"韩璞又问："想不想活着回去？"大家回答："想。"韩璞又问："是否服从我的命令？"大家回答："服从。"韩璞亲自擂起战鼓，全军大声呐喊，向敌人发起最后的进攻。正巧，张阆率金城郡的援军抵达，前后夹击，斩杀叛羌数千人，大破羌军，才解围而去。

身为丞相的司马睿在听到了皇帝被俘的消息，也不得不做出一些姿态，如果说张寔的姿态上演得还比较逼真的话，那司马睿演得就有些失真了。司马睿在得知长安失守、皇帝蒙尘以后，自己亲自穿上盔甲，住在野外的军营中，并且，传出命令，要定期北伐。可是，北伐的部队却在规定的日子里，毫无动静。就在人们纳闷之时，司马睿传出话来，说军队无法按时出征的原因是，督运粮草的粮草官淳于伯没有按时筹集足够的军粮，大军未动，粮草先行，这个道理谁都知道，如今北伐声势搞得这么大，总不能虎头蛇尾，不了了之吧。于是，司马睿下令，将这个可怜虫淳于伯斩首示众。在司马睿看来，杀掉一个淳于伯当然大军就可以不发了，然而，事情还没有完。当这个身负奇冤的淳于伯被刽子手砍掉头颅之后，将大刀在柱上拭去血迹的时候，在众目睽睽之下，那大刀上鲜血却忽然顺着柱子上冲去，突出柱梢二丈多高，洒落在地上，围观的人民群众都认为淳于伯是冤枉的。舆论的压力，让受到司马睿宠信的丞相司直刘隗似乎看到了打击江东士族的机会，他上书说："淳于伯犯的罪，不至于诛杀，请撤销从事中郎周莛等人的官职。"司马睿当然乐于看到周莛等人被打压，但是，右将军王导等重臣却纷纷上书，深自责备，也请求解除自己的官职。这样一来，司马睿只好表态说："政令刑罚失当，都是我不明事理之故。"把所有的责任自己一个人揽了下来，专制政权的特点就是最高统治者是没有办法受到处罚的，他只有处罚别人的份，司马睿揽了下来以后，就等于大家都没事了，一概不予追究，而那场大张旗鼓的北伐表演也就此偃旗息鼓。

只有苦苦支撑的刘琨，是真心要想勤王，然而，刘琨不仅不能实现他的抱负，自己的防地也将面临灭顶之灾了。

自公元312年晋阳失而复得以后，刘琨就一直请求拓跋猗卢再次出兵一举灭掉刘聪，公元313年六月，刘琨与拓跋猗卢，在陉岭（今山西省代县西北句注山）之北，举行军事会议，商讨对平阳采取行动。（《魏书·序记》将此事记为前一年，错误。）这次会议，当然是刘琨相信了司马邺前此不久那篇气吞山河的诏书吧。

七月，刘琨进驻太原市西南的蓝谷，拓跋猗卢命拓跋普根进驻北屈（今山西省吉县）。刘琨派监军韩据从西河郡（今山西省吕梁市离石区）南下，准备攻击刘汉帝国皇子济南王刘骥驻守的西平城。刘聪派刘粲等抵抗刘琨，骠骑将军刘易等抵抗拓跋普根，荡晋将军兰阳等协防西平城。

当初的约定是，拓跋猗卢率领十万大军从蓝谷南下，而关中部队渡过黄河东进，合击晋阳。

然而，晋愍帝司马邺无力组织大军展开攻势，因此，关中之兵没有按照约定出现。

所以，当刘琨等得到消息，即行撤退。刘聪命各军仍屯留原地，做进击准备。

此次行动无果而终，但是，刘琨仍然不死心，又一次约定拓跋猗卢能够在第二年的三月出兵，因此，当石勒报告归顺刘琨的时候，刘琨的心情可想而知。

然而，形势急转直下，石勒却迅速灭掉了王浚。

当听说石勒迅速拿下王浚，刘琨方知上当。当时刘琨的处境可以从其给王导的信中看出，他的《与王丞相笺》写道："实困无食。残民鸟散，拥发徒跣。木弓一张，荆矢十发。编草盛粮，不盈二日。夏即桑葚，冬则营豆。视此衰叹，令人气索。恐吴、孙、韩、白，犹或难之，况以琨怯弱凡才，而当率此，以殄强寇。"

即便如此，身在阳曲的刘琨还不打算放弃并州。到公元316年初，拓跋鲜卑中的六修之乱，让刘琨终于等来了卫雄等人带来的数万人马，刘琨此时的心情可想而知。而此时的主要敌人刘聪似乎也同样面临着危机，一方面宫廷内部矛盾重重，山雨欲来，另一方面，统治区内发生严重蝗灾，接踵而至的是更为严重的饥馑。据史书记载："河东大蝗，唯不食黍豆。靳准率部人收而埋之，哭声闻于十余里，后乃钻土飞出，复食黍豆。"民众纷纷逃亡。

而此时，身在冀州的石勒果然瞅准了机会，他在渐次平定了河北诸地以后，不仅派兵往西推进至并州地界，招诱刘聪的部众，而且，想趁着刘琨刚刚招徕数万鲜卑晋人，一举消灭刘琨，以免其死灰复燃。于是，石勒亲自率军度过太行山，包围了乐平郡（今山西省和顺县西北）太守韩据所在的坫城。

被围的韩据赶紧向刘琨求救。刘琨新得到拓跋猗卢的部众，正打算利用这股锐气，去讨伐石勒。长期在鲜卑生活的箕澹、卫雄对刘琨说："这些部队虽然以汉人为主，但是，他们长期留在塞外，对你还难以效忠。如今之计，不如对内收集鲜卑人的谷米，对外抄掠敌人的牛羊，紧闭关口，扼守险要，专心农耕，暂时休战，让这些民众得到休养，等他们真正对您心悦诚服的时候，再带他们去杀敌，那样的话，大事可成。"

心急如焚的刘琨对这些话根本不予接受，他动员所有的部队，命令箕澹率步骑兵二万人为先锋，主动攻击石勒。刘琨则率领大军进驻广牧（今山西省寿阳县西北），作为声援。

听到箕澹部队将要到来的消息，石勒手下对石勒建言说："箕澹兵强马壮，锐不可当，不如暂时躲避，深挖壕沟，加固城堡，挫其锐气，才能万无一失。"石勒却说："箕澹所部人数虽多，但是，长途而来，人困马乏，军令不整，哪来的强壮？敌人就要逼到跟前了，怎么能逃走？而且，大军一动，怎么能轻易地中途折回？如果箕澹乘我们撤退，从后追击，我们连逃命都顾不上，又怎能挖壕增垒？这是自杀的做法。"立即把进言的人杀掉。然后，他任命孔苌当前锋都督，下令三军："最后一个出营门的，斩首！"

于是，在险要地方，就地构筑阵地，并在山上布置疑兵，大军的前沿设置两层埋伏。在一切准备停当以后，石勒先派出轻骑兵与箕澹所部接触，双方刚一交锋，石勒的轻骑兵就假装被击败，向后迅速撤退，箕澹派出他的部队追击而来，进入了石勒预设的阵地。

正一路狂追的箕澹所部，被漫山遍野的石勒军团团围住，受到四面夹击，全军覆灭，石勒俘获配备齐全的武装战马就有数万匹之多。箕澹、卫雄率亲信骑兵一千余人，远远地奔回了代郡（今河北省蔚县）。看到救援无望的韩据，也只好放弃城池逃走。

石勒大军乘胜北上进攻。身在阳曲的司空长史李弘，献出并州投降。一时间，刘琨苦苦支撑多年的并州，完全支离破碎，面目全非，刘琨本人也惶惶不可终日，进不能进，退不能退，不知如何是好。天无绝人之路，就在此时，身在幽州的幽州刺史段匹磾，写信邀他前往幽州，共同抵御石勒。

在万般无奈之下，公元316年十二月五日，也就是在司马邺被俘以后不足一个月的时间，刘琨率领残余部众，离开了他战斗了整整十年的并州，绕道飞狐谷（今河北省蔚县东南），投奔段匹磾所在地蓟县（今北京市）。石勒分别把阳曲、乐平郡的居民强迫迁到襄国，并在各郡设立太守、县令，然后率大军班师，而留下孔苌继续进攻箕澹据守的代郡，孔苌很快就斩杀了箕澹。

二八六　混乱汉廷（一）

《晋书·愍帝本纪》在说到晋愍帝被俘的时候，说道：“巨猾滔天，帝京危急，诸侯无释位之志，征镇缺勤王之举。”一句话概括了当时各方大员的态度。在俘虏了晋愍帝司马邺以后，着实让刘聪兴奋了好长一段时间。不过，此时的刘汉帝国除了俘虏了一个十七岁的孩子，让刘聪飘飘然以外，其实得到的实惠并不多。姑且不说朝廷内部矛盾重重，就刘汉帝国的疆域而言，也并没有扩大多少：首先，刘曜虽然打下了长安，但是，饱经战乱和自然灾害的关中地区，赤地千里，居民十不存一；其次，并州的刘琨虽然逃到了远远的幽州，但是，得到实惠的不是刘聪，而是石勒，是石勒安排了自己的地方官，并将原在并州部分地区的居民迁往了自己的根据地——襄国；最后，从表面上来说，刘汉帝国的疆域是与刘渊在世的时候要扩大了许多：西到关中地区，往东到冀州、司州，再往东更是到了青州。但是，这些名义上的地盘却并非刘聪能够直接控制的，随着地盘的扩大，军阀们的离心力也越来越大，刘曜也因为顾忌宫廷内部的激烈斗争而不愿意轻易地离开自己的防地和军队回到首都平阳；石勒更不用说了，很久以前就擅自杀掉王弥，成为一支独立的势力，石勒甚至在平阳和并州饥馑的时候，招诱刘聪的二十多万部众。在五胡十六国时代，由于长期的战乱，人民被杀、被饿而死的数字大得令人咋舌，因此，在当时，土地很多时候与居民相比而言，重要性要小很多，以后的很多战争一个很重要的目的就是掠夺对方的人口。所以说，石勒的这种明目张胆的招诱行动，其实就是一种战争行为。而远在青州的曹嶷呢，虽然也是打着刘汉帝国的旗号，作为西晋王朝的对立面而存在的势力，但是，曹嶷与平阳的刘聪之间毕竟隔着日渐强大的石勒，曹嶷从感情上讲，当然厌恶石勒，毕竟是石勒杀了自己的老领导王弥，因此，曹嶷对黄河西岸的石勒处处小心，设置了重兵防守。不过，感情归感情，利益归利益，当石勒担心自己因招诱刘聪部众而被刘聪打击，向曹嶷主动和解以后，曹嶷只好结好石勒。

这就是刘聪俘虏了司马邺以后的情形，也就是说，刘聪帝国并没有得到真正的胜利。如今，关中已经被刘曜征服，并州东北部那是石勒的天下，刘聪要想继续扩大属于自己的疆域，只能往南发展。

在晋愍帝建兴五年、晋元帝建武元年的公元317年二月，也就是在晋愍帝被俘三个月以后，刘汉帝国皇帝刘聪派遣自己的从弟刘畅率领大军渡过黄河，向新郑的李矩所部发起了攻击，企图打下新郑（《晋书·愍帝本纪》记作荥阳，错误，此时，李矩已经从荥阳后撤到了新郑），拔出李矩这颗钉子，进而向中原地区发展。

李矩是西晋末年难得的一位优秀将领，在我看来，他的权略，他的忠义，他的胸怀，他的战功，与祖逖相比，有过之而无不及，他所处的环境却更为险恶，而他死后的名望却无法与祖逖相提并论。过去，他曾经采取诱敌之计，大败亲率大军前来的石勒，这也是石勒成熟以后为数极少的一次战败。而像郭默这样连刘琨都不是十分相信、连石勒都不敢相信、连刘曜都敢欺骗的大盗，也甘心投靠李矩，并被李矩的诚心所感染、所熏陶，足见其人是何等了得！让如此了得的人，住在自己的眼皮底下，这当然让刘聪寝食难安，必欲除之而后快。

即便是携战胜之威，刘聪仍然没有明目张胆地前来与李矩对攻，他派遣刘畅率领步骑三万，采取突然袭击的办法，出现在了新郑城下。

在中原坚守的不少堡垒，兵民往往是一体的，边耕作边战斗，平时是农夫，战时是士兵，李矩的手下也是如此，刘畅大军的突然到来，让李矩根本没有时间集结部队，情况千钧一发。此时，刘畅的大军就驻扎在韩王故垒（《资治通鉴》胡三省注："李矩屯新郑，则韩王故垒亦在新郑也。战国时，韩天郑，徙都之，故有故垒在焉。"又注："子产相郑，郑人怀其惠，为之立祠。"魏晋时期，人们称战国时期韩国的都城为韩王故垒，在今河南省新郑市西北），距离新郑城仅七里。

在这危急关头，李矩心生一计，他向刘畅表示投降，并派遣手下的老弱残兵送去十分宝贵的牛和美酒，以犒劳刘畅的大军。当刘畅派人前来探查的时候，李矩将所有的精锐全部隐匿起来，只让老弱妇孺面对刘畅的使节，于是，刘畅像数年前的他的从兄刘聪围攻洛阳一样，再次上当。刘畅不以为意，大宴诸将，个个喝得烂醉如泥。而新郑城内的李矩却丝毫没有停止战斗的准备工作，他一方面派出信使，火速向驻防他处的郭默求救，另一方面，等到夜晚来临的时候，李矩集结城内的精勇，密谋趁夜偷袭刘畅大营！

当李矩把自己的计划告知众将的时候，大家都面露为难之色，士兵们更是因为敌人人数众多而十分害怕。为了鼓舞斗志，李矩让自己的外甥郭诵前往新郑城内的子产祠里去祈祷："子产您过去曾经做郑国的相国，国境之内连不祥的鸟叫声都听不到。如今，凶狠的胡人和满身恶臭的羯人，您怎能让他们践踏您的厅堂！"然后，李矩让子产祠的巫师，对大众宣布，届时，子产将派遣神兵相助，一定能够胜利！将士们听巫师这么一说，顿时群情振奋，个个踊跃报名杀敌。于是，李矩命令郭诵和都护杨璋精选了一千名士兵，组成敢死队，趁着夜色朝刘畅大营扑去。

这一千名勇士悄无声息地降临到了一片祥和的刘畅大营。顿时，喊杀声惊天动地，沉睡中的刘畅士兵突然从梦中惊醒，也有不少在睡梦中身首异处，三万大军一时间像一只无头苍蝇，完全失去了方向。这支突击部队以一千之众，杀敌几千人，并一直将这三万敌人杀得四散奔逃，完全丧失了反抗能力。刘畅只身狼狈而逃，史书记载："仅以身免。"

但是，还没有完。

等李矩大败刘畅以后，郭默的弟弟郭芝也奉郭默之命，率军前来救援，还在路上的时候，郭芝就听说了李矩大胜的消息，但是，郭芝并没有回师复命，而是继续来到了新郑向李矩报到。李矩已经缴获了刘畅的大批战马、武器，他拿出五百匹战马（这在当时可是十分珍贵的军需物资）送给了郭芝，又命令郭芝率军，分三路趁夜追击刘汉帝国的残兵，跑远了的刘汉帝国的残兵败将，逐渐放慢了脚步，但是，在他们还没有喘一口气的时候，三路追兵突然出现在他们的身边，又是一阵砍杀，李矩的追兵再次大获而归。

但是，这还没有完。

当时，为刘汉帝国驻守洛阳的是那个赵固。此人曾经因为害怕石勒兼并而撤围北上，并因为害怕受到刘演的攻击而暂时投降，最终还是选择了叛逃刘汉帝国。不知道是什么原因，此人与自己的长史周振关系十分恶劣，这个周振就偷偷地给中央打小报告，说出了很多赵固的罪过，因此，此次刘聪交给刘畅的另外一个任务就是：在消灭了李矩以后，再取道洛阳，顺便杀掉赵固，让周振代替赵固的职务。而此次李矩大败刘畅，从刘畅的大帐中就得到了刘聪写给刘畅的这个命令。

到了这一年的八月，在洛阳的赵固长途奔袭，偷袭晋卫将军华荟所在地临颍（今河南省临颍县），杀掉了华荟。华荟是华歆的重孙，是司马炎泰始年间太子少傅华表的孙子，根据史书的记载，当时河南留台的荀组此时应该已经因为石勒的逼迫而被迫向南迁移，华荟也随之暂住临颍，却被赵固所部偷袭，父子均被杀害。

赵固所部出现在新郑南面的临颍，其对于李矩的威胁显而易见。此次，李矩又实施了一个反间计，他仅仅派出一个使者，将刘聪的那份命令刘畅袭杀赵固的命令，轻轻地送到了赵固的案头之上。

看到这一命令的赵固内心的愤怒可想而知。他立即斩杀了周振父子，并率领骑兵一千人，向李矩投降。这个不愿投降石勒、不愿投降刘琨、一心要效忠刘汉政权的赵固，就这样轻松被李矩收服，而且自此对刘汉帝国恨之入骨，死心塌地地听命于李矩。李矩并没有把赵固留在自己的身边，而是在看到他真心实意地投降以后，仍命其返回洛阳守卫。但是，这次却不是为刘汉帝国守卫洛阳，而是为晋帝国守卫。

李矩就是如此举重若轻，不仅收降了一员战将，而且，又收复了一座城市。

二八七　混乱汉廷（二）

中国古人向来相信“天人感应”的说法，认为奇怪的天象总会预示着人事的变故。公元317年一月的天象就像永嘉六年的天象一样，显得十分诡异。就在一月的庚子日，白天出现了漫天的虹霓，天空中现出了三个太阳。《晋书·刘聪载记》对此有更详细的记载：“三日并照，各有两珥，五色甚鲜；客星历紫宫入于天狱而灭。”刘聪召来太史令康相询问缘由，康相回答，三日预示着天下将要三分，一为我刘汉帝国，二为江东司马睿，三为四川李氏。他继而指出，石勒雄踞赵魏，曹嶷狼顾东齐，鲜卑之众星布燕代，这些地区都有兴盛的趋势。如今京师寡弱，石勒强盛，假如其从上党地区攻入，曹嶷作为后援的话，陛下该如何处理？最后，他建议刘聪像秦始皇和汉武帝那样率兵东巡，在东巡途中，就像汉高祖收服韩信那样将石勒、曹嶷轻松拿下。刘聪听了，不置可否，但是心中十分不快。从刘聪的内心分析，他何尝不想如此呢？但是，他也深知，自己绝不是刘邦，而石勒也并非韩信，怎能轻松拿下？当刘邦轻松拿下韩信的时候，已经完成了大一统，即便是韩信举兵反抗，其时军心民心早已厌倦了战争，胜算究竟多少，其实难知，更何况刘邦对韩信素有知遇之恩。而当下的石勒呢？如今天下分崩离析，与汉初全然不同，石勒早已自成一家，冀州、司州为其独立打下，也与韩信由刘邦将其移封到楚地迥异，并且，他刘聪也从来不是石勒的恩人，采取巡视的做法企图用一介力士，就将石勒、曹嶷擒拿回京，岂不是天方夜谭？此举只能促使石勒、曹嶷早日翻脸。而今，他刘聪辖区天灾不断，部众大量叛逃，部队接连失利，自保不暇，哪能图人？！

这兴许就是刘聪不乐的根本原因吧。

然而，外患并没有促使刘汉政权内部更加团结，就像西晋的皇族内斗一样，一旦开始，不斗个你死我活，不会轻易收场。也就是在去年（公元316年）的二月，刘聪突然兴雷霆之怒，一日之间诛杀了七位部长级官员，到了九月，他在光极前殿大宴群臣，仍为皇太弟的刘乂也照例受到了邀请。当刘聪看到他这个弟弟几个月下来，头发花白，面容憔悴，见到他以后，只是一个劲地叩头谢罪的时候，刘聪一时间也悲从中来，痛哭失声，并仍然像过去那样对待刘乂。

然而，父亲的这一举动却深深地刺激了刘粲。刘粲之所以指使皇宫内侍将刘乂的辞职信压住不呈，目的就是让自己的父亲更加憎恶这个不识时务的弟弟，而目前的事态极有可能会发生逆转，自己过去的阴谋也许会弄巧成拙，成为笑柄。于是，他加快了谋害他这个叔叔刘乂的步伐。我们还记得贾南风是如何诛杀司马亮和卫瓘的吧？这次刘粲的做法就是贾南风政变的翻版。

公元317年三四月间的一天（具体时间不详），刘粲派了一个叫王平的人，对刘乂说：“刚才我接到了皇帝的命令，叫我通知您，京师将要发生叛乱，命您马上命令你的护卫部队戒严，做好战斗准备。”大约这个名叫王平的人素来为刘乂所信任，刘乂信以为真，就命令自己的东宫卫士穿上铠甲，驻守东宫。

当刘粲得知此计已成，立即飞告靳准、王沈等为刘聪信任的重臣，说：“刚才王平报告说，东宫暗暗守备，厉兵秣马，我们该怎么办？”

靳准立即向刘聪汇报，刘聪一听，大惊失色，脱口而出：“怎么会这样！怎么会这样呢！”

就在刘聪半信半疑之间，王沈等人不失时机地异口同声说道：“这件事其实我们早都有所耳闻了，只是因为害怕给陛下您报告了，您不相信，才不敢对你汇报啊！”

刘聪立即下令让刘粲率兵包围了皇太弟居住的东宫。与此同时，刘聪又派遣王沈、靳准等人发兵逮捕了与刘乂亲近的十几个氐羌等族的酋长，把这些人或者高高吊起，或者用烧红的铁钎熏眼，严刑拷打之下，这些人都屈打成招，编造出自己与皇太弟刘乂合谋造反的“事实”。看到这些口供以后，刘聪发自内心地感激王沈等人，他说：“从今以后，我算是知道了你们才是真正的忠臣啊！”接着，他勉励大家：“你们要多想想知无不言言无不尽这句古语，不要只想着过去你们言之不用的憾事啊！”

千载以下，我们似乎能够看到王沈、靳准等人内心微微泛起的阴冷的嘲笑。

接下来的事情，就好办多了。刘聪随即诛杀了刘乂素来的亲信大臣以及东宫的官员，人数达几十个，这些人也都是靳准等人平常讨厌的人，活埋了一万五千多士兵和平民，并将刘乂贬为北地王。

这一重大事变，致使附属于刘汉帝国的氐羌部众大量叛逃，史书记载，“氐羌叛者十余万落”，一落，就是一帐篷，大约为一家，我们以一家五口计算，此次叛逃的部众就高达五十万人，难怪史书记载：“平阳街巷为之空。”在《晋书·刘聪载记》上，此句在上句之前，而在“坑士卒一万五千人之后”，坑杀士卒一万五千人，似乎还不足以使平阳街巷为之空，而叛逃十余万落，造成平阳街巷空空荡荡的，倒较为可信，因此，个人认为，此句似应在“氐羌叛者十余万落”之后。

在人众集体叛逃的同时，蝗虫却大量涌来。尤其以平阳、冀州、雍州最为严重。当然，冀州是石勒的治下，蝗虫的到来就意味着粮食的紧缺，石勒的应对之策是派兵下田抢劫老百姓的口粮，因此，在冀州地区，人们还把石勒以及石勒的部队比作另外一种蝗虫：胡蝗。

不过，这丝毫没有干扰到刘粲的夺嫡步伐，刘乂被废以后，很快地，刘粲就趁着皇帝命令靳准镇压叛逃部众之机，让其将刘乂暗杀，彻底解除了他的心腹之患。于是，刘聪只得封刘粲为皇太子，并大赦境内，以其为代理相国、大单于，总理国政。

刘汉政权经过这次惨烈的斗争，终于确立了刘粲皇位继承人的地位，以皇太弟刘乂被杀而告终，但是，这次血腥的政变，不仅对于刘汉政权的打击十分空前，而且，对于身处其中的当事人也不同程度地受到一系列的影响，首先，皇帝刘聪的平衡之术彻底失败，皇太子刘粲的势力一支独大，在刘聪将要走完的人生最后一年里，我们不知道其是否还真正牢牢地掌握着权力，但是，从史书的一些字里行间，我们发现，也许此时其影响力已经有了动摇，比如，在以后当其纳王沈的养女为左皇后，被大臣反对的时候，他是让宣怀对太子刘粲说这些大臣如何可恶，而让刘粲去杀掉这些大臣。其次，对于靳准而言，看到刘氏皇族之间的仇杀，他无论内心深处是如何想的，但是，毕竟在这场斗争中，他的地位得到了提升，并诛杀了异己，但是，不幸的是，就在他率兵镇压叛羌的时候，天雷却击死了他两个儿子！

二八八 坐断江南

段匹磾邀请刘琨来到幽州，除了意欲同奖王室以外，当然有借重刘琨的地位以及在晋人中的崇高声望，统一段氏思想，共同对抗石勒的味道。因为，他知道，当刘翰将幽州让给自己的同时，其实也将石勒这股祸水引向了自己。虽然经过了襄国之战，段氏与石勒结为兄弟，但是，在段匹磾看来，与石勒结盟本身不仅违背大义，而且简直就是为虎作伥，毕竟段氏之所以能够发展起来，主要还是得益于忠于晋室，才得到了晋人的大力支持。同时，石勒狡诈多端，其与段氏结好，难保不是其权宜之计，绝不可靠，因此，即便单纯从部落安全考虑，也不能一朝纵敌，养痈成患。然而，段氏部落的头领、自己的哥哥段疾陆眷，实力最强的从弟段末柸，包括自己的叔叔段涉复辰等人均虑不及此，甚至从弟段末柸至今还对石勒感恩戴德，不过，即便如此，段氏诸头领仍然没有彻底抛弃晋室，这也使段匹磾产生一点希望，那就是借重刘琨兴起讨伐石勒，并借此提高自己在部落中的影响力。

对于刘琨而言，他是带着国仇家恨来到幽州的。他在并州苦苦支撑了十年，然而，也就是在并州这块土地上，他失去了父母和亲人，按照刘琨过去的从事中郎卢谌、崔悦后来给司马睿上书所说的那样，真可谓是“琨父母罹屠戮之殃，门族受歼夷之祸”。如今，晋愍帝司马邺被俘，就连帝国北方硕果仅存的一块土地也沦陷了，而自己往日依靠的拓跋鲜卑已经不再支持自己，天下之大，已无容身之地。那么，段氏鲜卑呢？段氏鲜卑素来是王浚的同盟，从某种程度上讲，是与他刘琨和拓跋鲜卑对立的，平日里并无深恩厚德，然而，此时的刘琨再无选择的余地，如果不应段匹磾之召，自己要么就被段氏与石勒前后夹击，要么就含恨浮海逃亡江南。可是，刘琨心中还有微弱的希望，史书记载：“琨之去晋阳也，虑及危亡而大耻不雪，亦知夷狄难以义伏，冀输写至诚，侥幸万一。”说明，他早已将自己的生死置之度外，哪怕是有一点点兴复的可能，他都愿意尽自己的全力去尝试，以期保住晋帝国在北方的这一点点火种。于是，刘琨没有选择逃亡，而是毅然决然地率领几百部众投奔到段匹磾的帐下。

刘琨与段匹磾在幽州城下相见，双方以死生报国相期许，悲凉慷慨，歃血为盟。安顿下来以后，两人将目光同时投向了遥远的一个人——司马睿。如今，晋帝国最具威望的只剩下两个人：一个就是丞相司马睿；另外一个是相国司马保。国不可一日无君，两人经过商量，决定联络北方的段氏、慕容氏、邵续，甚至远在山东骑墙观望的曹嶷，派人前往江南，奉司马睿登基为帝，克复业已陆沉的神州大地。

司马睿在永嘉元年（公元307年）被任命为安东将军、都督扬州诸军事，镇守建业，那一年他正好三十一岁，到今天也正好十个年头。其间，他目睹了强大的太傅司马越被石勒消灭，也经历了杜弢流民在湘州揭竿而起，从公元311年被晋封为镇东大将军，兼督扬、江、湘、交、广五州诸军事以后，司马睿开始关注整个江东地区的安定，紧接着，他就出兵平定了占据江西的华轶，击退了石勒的南进，当王澄被杜弢赶出荆州，司马睿又将自己的手伸向了荆州。晋愍帝司马邺继位以后，司马睿被封为左丞相、大都督，督陕东诸军事，这一职位使他更有理由将整个荆州地区纳入自己的势力范围，然而，荆州的局势纷繁复杂，王如、杜弢、胡亢、杜曾等相继而起，并且，身在长安的司马邺也派出第五猗来蹚这滩浑水，这让司马睿十分尴尬，荆州、交州、广州的旧臣也面临着一场是听从皇帝司马邺还是听从司马睿的艰难抉择。荆湘地区的战事连绵不断，杜弢军甚至前突到鄱阳湖地区，直接威胁到建业的安全，与此同时，司马睿的后方也并不稳定，江东大族周氏与渡江而来、整日仍然保存着中原清谈之风的名士大族们矛盾日渐尖锐，蠢蠢欲动，虽然周氏犯有谋反的重罪，但是，基于江东宗族强盛的势力，司马睿也没有采取过激行动予以深究。长安的司马邺试图以高官厚禄唤起司马睿勤王之举，然而，即便是在司马睿官位变成一人之下万人之上的丞相以后，利益永远是第一位的，司马睿从未产生消灭胡羯、统一华夏的想法，而是用这样的名头进一步巩固自己阵营的向心力，完成对荆州地区的控制。在北中国的刘琨、邵续、李矩等人苦苦支撑的时候，司马睿的江南相对安定祥和。如今，原来曾经席卷荆湘的杜弢已经被完全平定，然而，杜曾却与第五猗一起，像昔日的华轶那样，与自己分庭抗礼，那么，当长安沦陷、司马邺被俘的消息传来，司马睿又将作何举动呢？

公元317年的二月，前弘农太守、平东将军宋哲来到了建业。据说，在长安城陷落以前，晋愍帝司马邺让宋哲带给司马睿一份诏书，主要内容是：……我今天困守穷城，忧愁万端，担心会时刻出现意外，因此，我命令宋哲前往丞相你那里，宣布我的旨意，让你执掌万机，克复旧都，修复园陵，报仇雪恨。得到宋哲正式的通知，司马睿又一次穿着白衣服，到郊外为皇帝发哀。发哀完毕，因为有了宋哲带来的皇帝旨意，司马睿身边的臣子就腿搓绳，顺水推舟，请求司马睿就势登基称帝。而司马睿感觉时机还不成熟，他泪流满面着说："我，是一个罪人啊！只有遵循为国而死的大义，以雪天下的大耻，才多少能抵消我应当被杀头的罪过啊！我的官位是琅邪王，你们诸位贤人却不停地逼迫我！"说完，回头对自己的亲信奴婢下令，出去准备车马，不但皇帝自己是不当的，而且自己如今的丞相也不当了，要回到自己的封国去。琅邪国，如今在曹嶷的治下，司马睿的这一滑稽的举动形同儿戏。群臣见状，赶紧退而求其次，请求依照魏晋改朝换代之际，司马师、司马昭做过的事情，暂时称为"晋王"，好做个过渡。这样，司马睿才终于同意了。于是，司马睿称晋王，大赦天下，并且改元为建武。对于杀爷奶、父母的，以及刘聪和石勒，不予赦免。并设置百官，建立宗庙社稷。司马睿喜爱次子宣城公司马裒，打算立他为太子，对右将军王导说："选立继承人，应以品德为主。"王导回答："世子司马绍跟宣城公司马裒都有高尚的美德，可世子年纪要长（本年司马绍19岁，司马裒18岁）。"司马睿立王世子司马绍为晋王太子，司马裒为琅邪王，作为祖父司马觐的嫡孙，使司马裒由"小宗"改为琅邪国的"大宗"，并命司马裒为都督青、徐、兖三州诸军事，镇守广陵（今江苏省淮阴市）。以抚军大将军司马羕为太保；谯王（刚王）司马逊的儿子司马承，继承谯王王位；征南大将军、汉安侯王敦为大将军、江州（今江西省及福建省）牧；右将军王导为都督中外诸军事、骠骑将军、中书监、录尚书事，左长史刁协为尚书左仆射；秘书长（右长史）周顗为吏部尚书；军咨祭酒贺循为中书令；右司马戴渊、王邃为尚书；司直刘隗为御史中丞；行参军刘超为中书舍人；参军事孔愉为中书郎；其他参军都擢升奉车都尉；掾、属都擢升驸马都尉；行参军、舍人都擢升为骑都尉。王敦辞让江州全权州长，王导辞让中外都督，贺循因年老多病，辞让中书令，司马睿都接受了他们的请求，改命贺循为祭祀部长（太常）。

《左传·隐公三年》在说到信义的时候，有一句十分有名的话："苟有明信，涧溪沼沚之毛，苹蘩蕰藻之菜，筐筥锜釜之器，潢污行潦之水，可荐于鬼神，可羞于王公。"到了末世，人们更多地借助于外界隆重的仪式，来表明相互之间的信任和忠诚，但是，如果没有一颗真诚的心，再隆重的仪式也是徒劳。据史书记载，刘琨与段匹磾不仅歃血为盟，而且还结为姻亲，并且，双方有共同的志愿，似乎不应该再生枝节。然而，一山难容二虎，刘琨位列三公，其崇高的声望让段匹磾感到对于自己的威望产生了巨大的威胁，这一点，刘琨也有所觉察，内心隐隐感到十分不安。本来，刘琨与段匹磾商议各自派遣使者一同前往江东，劝司马睿继承皇位。刘琨打算派的使者是从事中郎续澹，段匹磾派的是荣邵，刘琨不仅让续澹带上劝进表，而且将司马邺授予自己的司空官职的节、官印、官服都送还司马睿，同时，还打算将自己的妻儿等也一同送到江东，而自己孤身一人效节北方。两位使者还没有出发，正巧一个叫王成的人从平阳逃来，说南阳王司马保已经在陇右称晋王，据说士众甚盛，将要攻下关中。段匹磾听到这个消息，犹豫起来，留下荣邵不遣，想另派鸿胪边邈去陇右劝司马保继位为帝，但是，又担心刘琨单独派遣续澹去江南，于是，不让续澹等人引路，在盗贼横行时期，这样大规模的南下，如果没有所过道路忠于晋室的人士保护，是难以抵达江南的。因此，续澹等人南下的计划没有实现。不过，刘琨并没有气馁，他对温峤说："如今晋祚虽然衰微，但是，天命并没有改变。我将在河朔地区建立功业，想让你在江南施展抱负，你愿意为我一行吗？"温峤回答："我虽没有管仲、张良之才，但是，您却有齐桓公、晋文公的志向，要建立辅佐皇帝的大业，我不敢推辞。"温峤母亲听说儿子要远去万里之外，母亲崔氏坚决不让儿子远行，温峤不听，扯开衣服，不顾而去。

公元317年六月十五日，温峤等人抵达建康。中书监王导、吏部尚书周顗、中书郎庾亮，都十分喜爱温峤的才华，争着与之结交。当时，除了司空、并州刺史、广武侯刘琨以外，奉晋朝正朔的太尉兼豫州牧荀组、冀州刺史邵续、青州刺史曹嶷、宁州刺史王逊、东夷校尉崔毖〔时驻襄平（今辽宁省辽阳市）〕以及幽州刺史、左贤王、渤海公段匹磾，领护乌丸校尉、镇北将军刘翰，单于、广宁公段涉复辰，辽西公段疾陆眷，兖州刺史、定襄侯刘演，鲜卑大都督慕容廆等一百八十八人，也都上书"劝进"，但是，司马睿拒不接受。虽然司马睿没有即时作出登基为帝的行动，但是，他却将年号改为建武。并且，在张寔因为路途遥远，并不知道司马睿改元的消息，因此所派使者带来的文书上依然使用了司马邺的建兴年号，对此，司马睿一直耿耿于怀。可以说，司马睿没有自立为帝，其实，他已经自视为帝了。

二八九　祖逖北伐

自晋愍帝建兴元年（公元313年），祖逖击楫中流、率领部众从京口来到淮阴以后，直到建武元年的公元317年，我们才在史书中再次看到祖逖的影子。在这长达四五年的时间里，我们有理由相信，祖逖绝不是仅仅屯留在淮阴，招募勇士、打造兵器、囤积粮草。因为，当祖逖再次出现在各种史籍上的时候，他的部队已经进抵了谯城城下，从谯城（今安徽省亳州市）到淮阴直线距离约三百公里，在和平年代，这个距离也许用不了多少时日，但是，在战乱年代，我们相信祖逖的部队是转斗而前，才到达这个通向中原的门户。

在祖逖到来之前，从谯郡到徐州等地，散布着大大小小无数的坞堡，这些坞堡都是流民组成，有的自给自足，有的以抢劫为事，力量较大的几千人，较小的十数百人，其中较大的是张平和樊雅，北中郎将刘演为了对付石勒的威逼，就拉拢这些力量，任命张平为豫州刺史，樊雅为谯郡太守。（《晋书·桓宣传》称，此二人是自称。）张平等人曾经为解救刘演，北上与石虎交战，战败，刘演也被迫放弃廪丘，与段文鸳移屯厌次，依附邵续。战败而回的张平、樊雅等人继续屯守谯郡，司马睿因为舍人桓宣与二人是同乡，就任命桓宣为参军，派其说服二人，二人立即派主簿随桓宣来到建业投诚，司马睿随即任命二人四品将军，让其捍御北方。

紧接着，祖逖的部队就进抵芦洲（今安徽省亳州市东涡水北岸）。目前祖逖的正式职务是豫州刺史、奋威将军，两个豫州刺史，当然是不可以的。于是，祖逖派遣自己的参军殷乂前往张平、樊雅处说服二人，谁知，这个殷乂却是个刚愎自用、目空一切的家伙，当他见到张平以后，对张平十分瞧不起。他一边巡视张平的营寨，一边横挑鼻子竖挑眼，指着张平的住处，轻蔑地说你住的地方只配做马厩——言外之意，张平就是畜生不如的东西了！？——但是，殷乂还没完没了，他指着院子里放着的大锅，说我想把他给砸了，铸作铁器，还有点用处。张平说："这可是帝王用的大锅。等天下太平了，正需要用它呢，为何要急着砸碎！"殷乂斜着眼，瞥着张平说："你能保住脑袋不？还吝惜一口大锅！"张平早已忍无可忍，他大喝一声，抽出大刀，一刀下去，就在座中将殷乂斩为两段，本来张平已经愿意归顺祖逖，但是，此时却勒兵固守，阻止祖逖继续北进。

祖逖被阻于谯城之下，连攻一年多的时间，谯城依然不下。当时，附属于张平的流民部队还有董瞻、于武、谢浮等十几支，每支也就几百人马，在正面进攻无法取得进展的情况下，祖逖只好采取离间之计，他偷偷派人与谢浮联络，许以重赏，劝诱谢浮诛杀张平，谢浮假装请张平到自己的防地，乘机袭杀了张平，并率众投降了祖逖。司马睿为了表彰祖逖的功劳，才开始派人给祖逖运送粮食，即使如此，由于道路遥远，司马睿的粮草也没有送到祖逖部队的手上，人众增加的祖逖军中发生了饥荒，祖逖往谯城东北方向的太丘（今河南省永城市西北）撤围而去。不过，樊雅并没有让祖逖安心而去，他集合所部趁夜率众追击祖逖，攻入了祖逖营垒，樊雅手持大戟，直扑祖逖的中军大帐，一时间，祖逖军中一片大乱。祖逖赶紧命令左右亲兵与敌格斗，都护董昭拼死苦战，终于将樊雅之军击退。击退樊雅以后，祖逖重整部伍，马不停蹄回军反击樊雅，然而，张平的余部接应着败退的樊雅，稳定了阵脚，双方陷于僵持。

祖逖兵弱不足以强攻谯郡，只好四出向浚仪蓬陂的乞活军头领陈川（其自称陈留太守）、南中郎将王含（王敦之兄）求援。此时桓宣已经被王含招为自己的参军，王含就派遣桓宣率领五百甲士北上前往祖逖军中增援，而陈川也派遣猛将李头率军南下帮助祖逖。见到桓宣以后，祖逖对桓宣说："你过去就曾经说服过张平和樊雅，他们对于你十分信任。如今，请你替我再走一趟，说服樊雅，如果樊雅能够投降，不仅不会被杀，相反，我还要好好地重用于他。"桓宣领命后，二话没说，再次只带了二个从人，匹马来到樊雅的城中，他对樊雅说："祖逖祖豫州，正要全力荡平刘聪和石勒两个反贼，全靠你的支援。前些时候，全是因为殷乂轻薄，并非是祖豫州的本意。如今我们双方如果和解的话，对于您而言，不仅仅是功业可以建立，而且富贵也能拥有。如果您还继续固执己见，江东大府将要增派猛将强兵，这样的话，以您乌合之众，固守穷城，贼人从北面攻击您，国家攻击您的南面，没有一点点活路。请您冷静地考虑考虑。"樊雅与桓宣故人相见，专门为桓宣安排酒宴，结为挚友，两人言谈甚欢，酒后，樊雅即让自己的儿子随着桓宣一起回到祖逖的军中。过了几天，樊雅亲自来到祖逖军中，拜见祖逖，相见以后，祖逖又将樊雅派回城中安抚他的部众。然而，樊雅的手下却都以为过去曾经辱骂祖逖，担心祖逖肯定不会善罢甘休，不敢随着樊雅投降，樊雅没有办法，谯郡重新闭城自守。祖逖再次领兵攻打谯郡，并再次派桓宣进城劝说樊雅，这次樊雅终于下定决心，诛杀了异议者，开城投降。

攻下谯城以后，立下大功的桓宣才领兵而去，而另一位苦战立功的陈川猛将李头也将离去。打下谯城以后，祖逖得到了樊雅坐下的一匹骏马，李头十分喜爱那匹骏马，但是，又不敢直接问祖逖索要。祖逖知道以后，立即将那匹骏马赠送给了李头，这让李头感激涕零，他每每感叹说："如果能够得到这样的主子，我李头死而无憾！" 关于陈午在浚仪的乞活军，史书是这样记载的："午时据浚仪，众可五千余人，率劲悍善战。午既死，子赤特尚幼。大帅冯龙、李头等共推午从父川辅相赤特。川遂自号宁朔将军、陈留内史。川本大陵县吏，以法绳下，众心不附。"这也许就是李头屡屡发出这种感叹的原因吧？然而李头的这些话，将立刻会招来杀身之祸，而这一变故也直接导致了陈川以后的叛降，现在我们暂且不表。

听说祖逖顺利地拿下了谯城，石虎立即率兵南下，企图在祖逖立足未稳之时，将其伸出中原的触角打回，赶回淮河下游。王含闻讯，又一次派遣桓宣率兵增援，久攻谯城不下，又听说桓宣援兵将至，石虎只好解围而去。桓宣到来以后，就擅自留了下来，帮助祖逖攻打谯城附近尚未归附的坞堡，巩固这个江东势力联络中原地区的枢纽，桓宣因功被封为谯国内史。自此，谯城就成了祖逖北伐的大本营，祖逖很长时间就居住在此地，并以此为据点，与石勒集团进行着艰苦卓绝的战斗。

祖逖的胜利，显然刺激了远在江南的司马睿，可以说，祖逖的胜利是司马睿登基的一个奠基礼。既然已经立为晋王，起码的姿态还是要做的。在祖逖打下谯城不久，司马睿就又一次宣布要进行大规模的北伐，这一次，他任命自己最心爱的次子司马裒为元帅，并传檄天下："逆贼石勒，肆虐河朔，逋诛历载，游魂纵逸。复遣凶党石虎犬羊之众，越河南渡，纵其鸩毒。平西将军祖逖率众讨击，应时溃散。今遣车骑将军、琅邪王裒等九军，锐卒三万，水陆四道，迳造贼场，受逖节度。有能枭虎首者。赏绢三千匹，金五十斤，封县侯，食邑二千户。又贼党能枭送虎首，封赏亦同之。”说的是气吞山河，令人读之心潮澎湃，不过，这只不过是司马睿的又一次作秀而已，只是，这一次司马睿没有找来一位类似淳于伯的替罪羊，而是自顾装聋作哑，不久就硬着头皮将司马裒接回了建业。虽然没有淳于伯这个替罪羊，但是，对于司马睿个人而言，这一次北伐的代价可谓惨重，因为，就在司马裒被送回建业后不久，这个司马睿最喜爱的儿子就因病去世了，享年仅18岁。

二九〇　周访定荆

当刘琨从蔚县东南的飞狐口逃往幽州以后，石勒的大将孔苌就尾随而来。孔苌很快就占领了箕澹据守的代郡，并不断进攻屯聚其地的流民首领马严、冯䐗，兵锋直接威胁到幽州的左侧背。孔苌这一搅和，让原居住于其地的难民纷纷逃往更加东面的段氏鲜卑统治下的辽西郡（今河北省卢龙县），这种恐慌情绪立即像瘟疫一样迅速在石勒的统治区内蔓延起来，司州、冀州、并州、兖州等地的人民都不再安心生产，成群结队地偷偷往东北方向逃亡，石勒千辛万苦从四处挖来的劳动力眼看流失十分严重，这让石勒头痛不已，他只好问计于濮阳侯张宾，张宾回答：“马、冯二人并非你的死仇，难民们也都眷恋故乡。我建议撤退大军，任命合格的地方官招徕安抚，那么，流窜在冀州、幽州的贼寇，自然就消失了，逃亡到辽西的难民，也会自然回来。”石勒从善如流，立即命令孔苌回军，并任命武遂县令李回为易北督护兼高阳郡（今河北省博野县东南）太守。李回把郡政府迁到易京（今河北省雄安新区），马、冯的部众很快投降了李回，逃亡的难民也络绎不绝地回到了家乡。这是建兴四年的事。

虽然石勒大军并没有继续北上进击幽州，但是，对于刘琨和段匹磾而言，兵强马壮的石勒终归是一个劲敌。与其坐而待毙，莫若起而奋击。这当然是客观情势使然，另外，似乎还有来自建业方面的因素。那就是：为了答谢刘琨“劝进”的一片忠心，司马睿投桃报李，授予刘琨为侍中、太尉，其余官职如故，赠予刘琨名刀，并亲切写信勉励刘琨，要“抚宁华戎，致罚丑类，动静以闻。”俨然将北中国的全部权力都授予给了刘琨。为了报答司马睿的知遇之恩，刘琨回信信誓旦旦地保证：“我谨小心亲自佩带在身上，亲手诛杀掉刘聪、石勒两个丑类。”基于这两个方面的原因，刘琨与段匹磾开始了紧锣密鼓地筹备工作。

段匹磾推举刘琨为大都督，由刘琨传檄四方，征集各地义军，并专门传檄给段涉复辰、段疾陆眷、段末柸等合兵一处，共同会集襄国，一举剿灭石勒。刘琨、段匹磾先行率军，驻扎在固安（今河北省易县），等待众军到齐以后，一同出发。消息传来，石勒内心十分恐惧，因为他清楚地知道，自己的统治区内还不稳固，就在他进攻乐平韩据的时候，后方的南和县令赵领就招合广川、平原、渤海等地几千户民众归降了厌次的邵续，河间的邢暇也是招降纳叛，拒不应命。于是，他赶紧派人从间道飞马前往段末柸处，用重金收买了段末柸。一方面段末柸本来就对石勒感恩戴德，另一方面，也想趁着段匹磾大军在外，企图抄掉段匹磾的后路，袭占幽州这座大城，于是，在接下了石勒的重金以后，段末柸就想方设法要破坏掉此次讨伐行动。不过，段涉复辰与段疾陆眷刚刚派出使者到建业“劝进”，对晋王朝表示忠心，此时言犹在耳，在加上刘琨崇高的地位和威望，难以从道理上阻挠此次讨伐行动。段末柸只好从另外一个角度去说服自己的从叔和从兄，他对二人说：“那有身为叔父、哥哥，却跟着侄儿、弟弟去打仗的道理？即使万一成功了，那也只是段匹磾一个人的功劳啊！在朝廷那里哪有我们的份？”段涉复辰、段疾陆眷一听，觉得很有道理，就引军而还。刘琨与段匹磾在固安左等右等，一直不见段涉复辰等人的大军前来会合，段匹磾担心有变，也赶紧与刘琨一起回到了蓟县。此次声势浩大的讨伐行动与司马睿那次一样就这样无果而终了。不过，这样的结果绝非刘、段二人的本意。

而远方司马睿的那次则纯粹是一场表演，因为，在司马睿看来，没有荆州的江南是不安全的，而如今的豫州则是满目疮痍，得其地不足以富国，权衡再三，他还是把全部的注意力用在了荆州方向。如果没有王敦的嫉贤妒能，也许荆州在陶侃的打击下早已收到了江东集团的怀抱。公元315年，就在陶侃连败杜曾，几乎要全取荆州的时候，王敦却将陶侃贬到了遥远的广州，而任命自己的从弟王廙为荆州刺史，史书上没有记载司马睿在听到这一消息的感受，但是，从司马睿到江东以来，开始的时候，羽翼未丰，只能依靠王导、王敦，慢慢地，重用来自北方的其他名士，除此之外，又起用一些修养深厚的南方士人，而对于来自南方的武将，只重用那些出身寒门、毫无根基的人才，如陶侃、周访等人，而对于同样勇猛的江南武家大族则一直敬而远之，不让其染指军事，典型的就是周氏家族。从这一点来看，司马睿一直以来就是采用的平衡各方力量、竭力避免一股势力坐大的策略。当他得知王敦的这个请求以后，司马睿的内心可想而知，不过，唯一聊以自慰的是：王廙是司马睿的姨弟，司马睿本人对王廙也是青眼有加。从这一点上来看，似乎也很难说，任命王廙之错全在王敦。可是，让司马睿气愤的是，王敦的这一请求却坏了占领荆州的整体计划。

陶谦走后，陶谦的旧部马俊、郑攀等人在与王敦交涉无果之下，愤而叛乱，与杜曾合流，并迎接第五猗共同对抗王廙，偷袭王廙，王廙逃往江安。退到江安的王廙又一次组织部队讨伐马俊等人，结果，又一次被击败。于是，由于江东集团错误地估计了形势，荆州局势开始朝着不利于江东集团的方向发展。

据《晋书·赵诱传》称："（第五）猗为愍帝所遣，加有时望，为荆楚所归。"这说明，第五猗本人是深得荆州地区老百姓的认可的，另外人家是皇帝派来的正牌刺史，当然腰板站得直了。而与此相反，王廙却是"忌戾难事"（《晋书·朱伺传》），这也是郑攀等人反叛的一个重要原因吧。如何尽快扭转不利局面，把将要到手的果子牢牢地拿到手中，这是摆在江东集团面前刻不容缓需要解决的事情。从《晋书》中的《周访传》《赵诱传》《甘卓传》《杜曾传》《朱伺传》等的记载，我们能够看出，江东集团几乎动用了一半以上的精锐来与司马邺争夺荆州的控制权。

面对越来越多的敌人，郑攀的部众退到了横桑口（今湖北省汉川市西南），大将军王敦命王廙都护武昌太守、征虏将军赵诱，襄阳太守朱轨，陵江将军黄峻，司马李桓等进击，郑攀等请求投降，并以司马孙景最先提出叛乱，将其诛杀，投降了朱轨等人，与此同时，杜曾也表示投降，并请求攻击第五猗所在的襄阳，用来赎罪。

局势突然之间，似乎又有了转机。

于是，王廙高高兴兴地往荆州〔州政府设江陵（今湖北省江陵县）〕上任，他留下长史刘浚镇守扬口垒（今湖北省潜江市）。当时，王廙对杜曾表示要偷袭第五猗深信不疑，而那位木讷的老将、竟陵内史朱伺却对王廙说："杜曾是一个狡猾的巨贼，外面表示要率众西还，其实他是想引诱官军西上，然后，他再回过头来袭击扬口垒。应该重新部署，不可轻率西进。"王廙一向自命不凡，固执己见，认为朱伺年老胆怯，不予理会，遂率大军溯江西上。杜曾果然回师，直扑扬口垒。王廙得到报告，才命令朱伺返回，朱伺的部队刚刚进抵营门，就被杜曾所包围。刘浚知道北门危险，想让朱伺守卫北门，这时，有人对刘浚说，朱伺和郑攀过去都在陶侃门下，是同僚，可能有变。听了这话，刘浚才决定由自己守北门，命朱伺守南门。

伪降的杜曾、郑攀等知道此情，就全力进攻北门。当时荆州旧将领马隽也随同杜曾作战，而马隽妻子原来留在扬口垒，有人主张要活剥了他妻子的面皮。朱伺说："杀了他的妻子，不能解除包围，只能增加愤怒！"这才停止。朱伺平时经常用的弩，突然之间用不成了，这让朱伺十分厌恶。等到杜曾攻破北门，朱伺身负重伤，败退到船上，下到船舱，敌人大呼："贼帅在此！"情急之下，朱伺凿破船舱，使船下沉，朱伺在水底潜行五十多步，才勉强逃脱。杜曾派人告知朱伺说："马隽感激你保全了他的妻子，而今，阁下全家内外一百余口，都交给了马隽，马隽尽心保护，欢迎你随时回来入伙。"朱伺回答说："没有白发的强盗，如今我已六十有余，不能再和你们一起去当强盗。纵是一死，也要回到南方，妻子就随你处置了。"遂投奔王廙的所在地甑山（今湖北省汉川市东南），当时，王廙与李桓（大约也投降了杜曾）、杜曾等人在甑山激战多日，军士们经常叫喊："敌人来啦！"朱伺因惊恐伤口破裂而死。

到了公元317年九月二十九日，赵诱、朱轨以及陵江将军黄峻，联合进攻杜曾，在湖北省江陵县东北的女观湖会战，赵诱等大败，全军覆没，赵诱、朱轨等人被杀。女观湖大捷，让杜曾威震江南，于是，他乘胜直扑沔口〔今湖北省武汉市·沔水（汉水）注入长江处〕。

武昌的重要性，我们过去已经多次说过，如果武昌不保，敌人顺流而下，那么，江南地区将面临灭顶之灾，因此，在剿灭杜弢的战斗中，就曾围绕着武昌附近，双方展开过多次的较量。女观湖的惨败，也许是导致司马睿第二次北伐夭折的另外一个原因吧。

面对气势汹汹而来的杜曾，这次，司马睿亲自下令豫章太守周访去截击杜曾。显然，由于陶侃之贬的过节，王敦似已难以面对周访，在这危急关头，只好由司马睿本人出面了。周访的豫章兵团有八千子弟兵，接到命令以后，就一直挺进到沌阳（今湖北省武汉市西南沌水北岸），与杜曾军对峙起来。杜曾军乘胜而来，锐不可当，周访对部下说："比敌人提前做好打击他的准备，是行军打仗的关键。"于是，他命令将军李恒在左翼，许朝在右翼，周访自己在中军，竖立帅字大旗。杜曾果然不敢先攻击中军，而是先攻左、右两翼。周访也知道杜曾勇冠三军，他自己在阵后射猎野鸡，以安定军心，并下令说："一翼战败，擂三声战鼓；两翼全败，擂六声。"

赵诱的二儿子赵胤，率领父亲的残余部队，也配属左翼阵地，竭力苦战，被击溃后立刻集结，但仍然不能支持；赵胤飞马向周访告急，周访忌惮杜曾实力强盛，想让赵胤的兵先消耗杜曾，等到杜曾的部队被消耗得疲惫了，再发起总攻击，因此，当他看到赵胤请求救援的时候，他暴跳如雷，大声叱责，命他继续死战。赵胤痛哭失声，回马死战，这场惨烈的战斗一直从早晨厮杀到下午四时，周访的左、右两翼全被杜曾击败。

当周访听到六声战鼓的时候，他亲自遴选了精锐敢死队八百人，亲自在军帐中给每一位壮士敬酒，严令不许妄动，必须听到战鼓，再行出击。杜曾蜂拥而来，大约冲到周访的大帐三十步远近的时候，周访亲自擂响了战鼓，霎时间，八百壮士一跃而起，喊杀声震天动地，此时，杜曾军早已筋疲力尽，不能抵抗，一时间土崩瓦解，当场阵亡一千余人。周访马不停蹄，命令乘夜追击，诸将都请求等到明天再说，周访说："杜曾骁勇善战，刚才他们之所以被击败，是因为他们过度疲劳，而我们是以逸待劳。此时，要趁着他们疲惫不堪之机，才可将其一举消灭。"于是，周访率领所部穷追猛打，杜曾所部四散奔逃。

其后，周访继续北上，一直夺占了襄阳，杜曾、第五猗等人撤退到武当（今湖北省丹江口市西北），而王廙也终于进入荆州〔州政府设江陵（今湖北省江陵县）〕。周访因此战功，被司马睿擢升为南中郎将、都督梁州诸军、梁州刺史，进驻襄阳，承担着继续讨伐杜曾的重任。

二九一　愍帝之死（一）

司马睿将周访任命为南中郎将、督梁州诸军、梁州刺史，屯兵襄阳，不能不说没有北上关中或策应豫州祖逖的意味。而梁州，自张光死后，仇池氐人杨难敌在建兴元年（公元313年）将胡子序赶走以后，短暂占领，到了第二年，汉嘉郡、涪陵郡和汉中郡就被成汉帝国所有。李雄以李凤为梁州刺史，驻节北方。撤离汉中中心地区的仇池氐人被赶回老巢附近地区，到了如今，氐王杨茂搜去世，其长子杨难敌被立为王，号称左贤王，屯兵下辨（今甘肃省成县），而他的弟弟杨坚，号称右贤王，屯兵河池（今甘肃省徽县），二人一南一北，屏护着仇池台地。

这仅仅是关中、陇右地区复杂形势的冰山一角。晋愍帝司马邺被俘以后，关中地区并没有因此有丝毫平静的迹象。刘曜取得长安之战的胜利以后，就被拜为相国，都督中外诸军事，镇守长安。且不说刘曜眼皮底下的关中地区尚有晋的残余势力，即令是氐羌也并没有归附刘汉帝国，比较著名的当属在榆眉（今陕西省千阳县）的羌人头领姚弋仲和在略阳临渭（今甘肃省天水市东）的氐酋蒲洪。此二人都奠定了五胡时期一代基业，此时，姚弋仲自称护西羌校尉、雍州刺史、扶风公，而蒲洪则自称护氐校尉、秦州刺史、略阳公。

而身居陇右的“睡王”司马保，在司马邺被俘以后，也蠢蠢欲动。《晋书·司马保传》记载：“愍帝之蒙尘也，保自称晋王。”而《晋书·元帝本纪》却在晋元帝太兴二年，记载：“是岁，南阳王司马保称晋王于祁山。”《资治通鉴》也随之这样记载。我们都知道，蒙尘的意思，是皇帝被赶出皇宫，流亡在外的代称。如果按照《元帝本纪》和《资治通鉴》的记载，此时司马邺已经被杀，就不应该记作“蒙尘”了。那么，《元帝本纪》将司马保称晋王的事件掩到司马睿称晋王，继而登基为皇帝之后，又有什么深意呢？答案似乎还是在处处证明着司马睿皇位的正统性吧？但是，不论如何，司马保的处境也十分不妙。上邽连年大饥，士众困窘，不仅如此，司马保的内部也不团结，在司马保的父亲司马模被俘以后，都尉陈安依附于司马保，司马保配备给他一千精锐部队，让其讨伐叛乱的羌族，对陈安宠爱有加。司马保的这一举动，让一直追随司马保身边的将领们十分不满，以张春为首的司马保原班部将纷纷向司马保进谗言，称陈安是内奸，请求司马保及时将其除掉，但是，司马保没有答应。在这种情况下，张春等人擅自埋伏刺客，刺杀陈安，陈安被刺成重伤以后，飞马逃往陇城（今甘肃省秦安县东），此时，陈安还需要司马保这棵大树，虽然自立门户，当是仍然遣使“贡献不绝”。只有遥远的凉州还稍微平静一点。除此而外，还有我们很久没有提及的吐谷浑，如今“据洮水之西，极于白兰，地方数千里”。大致的位置在如今青海省到新疆地区。鲜卑吐谷浑，有子六十人，吐谷浑死后，长子吐延继位。史称：“吐延长大有勇力，羌、胡皆畏之。”

这就是整个西部地区的情势。

而幽州的段匹磾和刘琨在讨伐石勒未果以后，还将要面临更大的变故，这些变故为当事人所始料未及，咱们暂且不表。只是如今屯守在厌次的邵续，因石勒的南和令赵领等率广川、渤海千余家归附而实力逐渐壮大，在建武元年（公元317年）前后，司马睿以邵续为冀州刺史，随着邵续力量的强大，司马睿又加封其为平原乐安太守、右将军、冀州刺史，进平北将军、假节，封祝阿子。值得一提的是，邵续的女婿刘遐和邵续的女儿。刘遐字正长，史称其“性果毅，便弓马，开豁勇壮”。冀州地区都将其比作关羽、张飞，纵横于黄河、济水之间，无人能挡。邵续就是看中了刘遐这一点，才将自己的女儿许配给了刘遐。而邵续的女儿也十分了得，史称：“骁果有父风。”刘遐曾经被石虎所围，邵氏仅带数骑，飞马解救刘遐于万众之中！司马睿也封刘遐为平原内史。此时，因为地界相连，邵续正与山东的曹嶷互相侵略，你争我夺。

而黄河以南地区的局面也仍旧还是一片混乱。

兖州本来是三个刺史，一是刘琨任命的刘演，此时廪丘已经丢失，刘演逃往邵续那里；二是荀藩任命的李述，此时不详；三是司马睿任命的郗鉴，还坚守在峄山坞堡，三年之间，人众增至数万，郗鉴抗击着来自石勒和驻守泰山的徐龛的夹击，史称：“外无救援，百姓饥馑，或掘野鼠蛰燕而食之，终无叛者。”

再就是谯郡的祖逖了，不过，祖逖的性格大约司马睿并不欣赏和放心，因此，在祖逖拿下谯郡以后不久，司马睿就又任命了蔡豹为徐州刺史，也随后来到了谯郡。蔡豹，字士宣，他的叔爷就是大名鼎鼎的蔡邕。原来司马睿是任命蔡豹为振武将军、临淮太守，这时，晋封其为建威将军、徐州刺史，与祖逖平起平坐。过去祖逖一直瞧不起蔡豹，此时两人职位相当，又居住一城，祖逖感到很不好意思。

在祖逖的北面就是一直统领义军，坚守在最前线的李矩、郭默，李矩驻守在新郑，郭默当在荥阳。而此时，原本在开封的荀组应该因为石虎的紧逼而南下到了更为安全一点的许昌，因为，这里有附近的襄城太守石览和南边驻守在南阳的侄儿中护军荀崧（荀彧玄孙，女英雄荀灌之父，为都督荆州江北诸军事、平南将军，镇宛，曲陵公），相互有个照应。虽然败退了下来，但是，荀组家族的崇高威望，使得司马睿不能小视，更为让司马睿不能忘怀的是：在洛阳陷落，群雄并起的时候，是荀藩和荀组以行台的名义，率先推举司马睿为盟主，从而让司马睿在当时的各个大员中脱颖而出，逐渐有了崇高的威望。荀藩已经去世，司马睿在与群臣商议之后，任命远在许昌的荀组为司徒。

而这些都还不算是最前线，在最前线的还有宜阳界一泉坞的魏浚同族侄儿魏该，他被司马睿封为冠军将军、河东太守，督护河东、河南、平阳三郡。还有驻守洛阳的刘汉帝国叛将赵固。也就是这个赵固，又掀起了一场惊涛骇浪。

二九二　愍帝之死（二）

李矩收降赵固以后，就开始策划对刘汉帝国的反攻。

晋愍帝建兴五年、晋元帝建武元年（公元317年）十一月，也就是在赵固投降两三个月以后，河内太守郭默就会同驻扎在洛阳的赵固，袭击刘汉帝国的河东地区。对于这次行动，《晋元帝本纪》和《晋愍帝本纪》均没有记载，只在《晋书·刘聪载记》上有所记载。此次行动应该是经过了精心策划以后才实施的一次突击行动。郭默与赵固的部队从黄河南岸出发，进展十分神速，一直前突至平阳东南面的绛邑（今山西省翼城县南），以李矩所能搜集到的有限的部队，竟然能前进到刘汉帝国首都附近，不能不说是一个奇迹。

赵郭联军的突然到来，引起了刘汉帝国汉族民众的普遍响应。刘汉帝国右司隶的汉族部众有将近三万人，盗取在牧马苑中的牧马，携带妻子，往赵郭联军方向叛逃。

这一事变立刻引起了刘汉帝国的反应，其骑兵将军刘勋率领骑兵尾随叛民追杀，刘勋纵兵杀戮叛民，沿途杀掉了一万多人，赵固、郭默救援不及，只好缓缓撤退。刘勋趁势邀击赵固、郭默，但是，赵固早有防备，在撤退途中，回师击败了刘勋的追兵，全师而还。

这次长途奔袭，是在愍帝被俘以后晋军组织的唯一一次对刘汉帝国本土的主动进攻。主力由晋残留在北方的义军和刘汉帝国的叛军组成，与远在江南的司马睿毫无关系。由于史料缺乏，我们再也无法知道，赵固、郭默等人是如何能够从洛阳一直突袭到了刘汉帝国的近畿，但是，由于力量悬殊，最后，赵固等人只好撤退了下来。

此次行动让刘汉帝国惊恐万状，刘聪立即命令太子刘粲亲率刘雅生（《晋书·刘聪载记》记作刘雅）等众将，领兵十万步骑，进屯洛阳城北黄河北岸的小平津（今河南省孟津县东黄河渡口），企图一举铲除洛阳的赵固。面对刘汉帝国的十万大军，赵固并无惧意，他放出话来，说："我要打败你们，生擒刘聪，来赎回天子司马邺。"刘粲给刘聪上表说："子业如果死去，那么，晋民将断了希望，就不会再被李矩和赵固等人蛊惑，也不再会为其效命，将会不攻自破。"

刘聪看到刘粲的奏表，深以为然。这是因为，前此不久，一次，刘聪率众于上林苑打猎，让司马邺代理车骑将军，身披戎装，拿着画戟走在队伍的最前面，行三驱之礼。关于三驱之礼，历来有两种解释：一种是《周义正义》的说法："凡三驱之礼，禽向己者则舍之，背己者则射之，故失其前禽也。"即打猎时将三面包围，网开一面。王弼、孔颖达等人也是这种意见。另外一种则是结合《春秋》中提出的君主田猎的"三田制"，即孔子以为天子在夏天打猎有违农时，主张在春、秋、冬季打猎。三驱之礼为一年打猎三次的意思。

结合刘聪让司马邺持戟前导，目的也是为了羞辱这位晋王朝的前皇帝，似乎让其拿着武器在队伍前面跑来跑去驱赶野兽这种说法，较为可信吧？看到前皇帝在队列前面忙来忙去，围观的群众指指点点着说："这就是长安的皇帝啊！"老百姓有的想起自己的身世，竟然忍俊不禁，流下眼泪。当时，看到这种情况，刘粲就对刘聪说："如今司马睿跨踞江东，李矩、赵固同恶相济，四海之内兴兵作乱的，都是以司马邺为号召，不如早点将其杀掉。"刘聪说道："过去，司马炽被俘以后，我曾经杀掉了庾珉等人，然而民心却依然这样，我不忍心再行诛杀，暂时再观察一段时间吧。"

如今，刘粲又一次对刘聪提及此事，而此次赵固与郭默的突袭行动，竟然有三万多晋人叛逃，这让刘聪大为震惊。如今，已经与司马邺被俘有一年的时间，刘聪决定最后一次考察一下随司马邺而来的晋朝旧臣是如何反应再说。于是，在这一年的十二月，刘聪大宴群臣于光极殿，让司马邺像仆人那样刷洗酒具，给客人逐一倒酒，喝了一会酒，刘聪起身去撒尿，又让司马邺拿着伞盖追随。这一系列举动，无不像刀子一样深深地刺痛着晋朝旧臣的心，酒会之上，很多晋朝旧臣都潸然泪下，也有一些人在寂静的大殿上控制不住哭出声来。

就在此时，曾经的尚书郎辛宾，在众目睽睽之下，从自己的座位上站了起来，他不顾一切地跑到了司马邺的跟前，抱着司马邺失声痛哭。

刘聪的脸立刻沉了下来，他厉声说道："过去我诛杀了庾珉等人，难道还不足以让你们引以为戒吗！”命令手下将辛宾拉出，斩首。

辛宾被载入了《晋书·忠义传》，而他的族兄也同样被载入《晋书·忠义传》中，辛宾的族兄辛勉，在晋怀帝被俘以后，也一同被押到平阳，刘聪任命其为光禄大夫这样荣耀的职位，但是，辛勉却固辞不受，刘聪让其黄门侍郎乔度拿着药酒，逼着他接受，辛勉说了一句千载之下仍然振聋发聩的话：“大丈夫岂能仅仅因为多活几年，就让自己的气节有污点，去服侍第二位主子，死后有何脸面去见武皇帝司马炎呢！”拿着药酒就喝，乔度赶紧夺下，说：“主上试试而已，您真是位高洁之士啊！”叹息而去。刘聪对这位老爷子也很佩服，在平阳西山专门给他造了一处住所，每月都送来酒米慰问，但是，辛勉一直没有接受，死时八十岁。兄弟二人同载于《晋书·忠义传》中，可谓难得。

杀掉辛宾以后不久，公元317年十二月十八日，刘聪下令杀掉晋愍帝司马邺，司马邺死时年仅十八岁。

此时，西晋真正亡了。从晋武帝司马炎泰始元年公元265年到晋愍帝司马邺建兴五年公元317年，共计五十三年的时间。在过去的断代上，普遍的是把西晋愍帝司马邺在长安被俘的公元316年作为西晋亡国，而把建兴五年的公元317年则使用司马睿的建武元年年号，作为东晋的起始之年。《资治通鉴》等书都是这样安排的，这固然掩盖了司马睿的僭越行为，照顾了司马睿的面子，但是，个人认为，这种做法，其实是没有道理的。东晋的真正起始之年应当从司马睿公元318年正式登基继位为帝开始，而不是从公元317年。

十八岁的司马邺被杀了，他像一颗在天空中飞逝的流星短暂地划过璀璨的夜空。史书没有像对待晋怀帝那样对其个人有些许的评价，所以，我们不知道他的为人、个性，哪怕是虚美之词都没有。根据古人习惯于赞美尊者的惯例，这似乎很不正常，也许是司马邺本人确实不怎么样？但是，从史书中唯一的出自本人之口的那句“误我者，麹索二公也”中，我们似乎也能感觉其不是智力过低之人；也许是东晋时期的史家对于司马邺有成见，故意只字不提？我们不得而知。我们只知道他有一个比自己的伯伯司马衷还智力低下的父亲司马晏，也只知道他有两个哥哥，大哥无名，二哥司马祥，还有两个弟弟司马固和司马衍，大哥与三十一岁的父亲司马晏在洛阳陷落后的大屠杀中同时遇害，其他三个兄弟也都“没于贼”，或死或生，没有下落了。

二九三　政治制度

西晋亡了，北中国的大地上依然战火连绵，没有停息的迹象。让我们在开始东晋之旅之前，暂时忘掉那些血腥，对西晋时代做一个小小的总结。

西晋政权，完全是一个由世家大族控制的政权，处处维护着世家大族的利益，也体现了世家大族统治的特色。

一是世家大族位居高位。西晋的名臣如琅邪王祥，河东卫瓘、裴秀，泰山羊祜，颍川荀顗、荀勖，陈国何曾，太原王浑、王沈，河内山涛，京兆杜预等等都是身居高位的重臣，当时的权力中枢与东汉一样，是尚书台，主官为尚书令，类似当今的总理，这一职位只有高门望族的人才有望企及；不过，西晋的职官特色还在于，在尚书令之上，还有录尚书事的头衔，而这个录尚书事，可非同小可，他才是名副其实的执政大臣，更是只有皇帝的近臣如贾充、卫瓘、梁王司马肜等人才做得，史称“自魏晋以后，亦公卿权重者为之”。

二是机构臃肿、冗官多。司马炎建立西晋以后，同时设置了“八公”，即太宰（本为太师，为避司马师讳改）、太傅、太保、太尉、司徒、司空、大司马、大将军。后来，在非常时期，还出现了丞相和相国。太宰（也是就太师）、太傅、太保都是周王朝的上三公，是与皇帝坐而论道的官，没有什么事情的，以后也并不是经常设置的，只是在曹魏初年设置了太傅，封钟繇为太傅，曹魏末年以郑冲为太保，到了西晋一并设置；太尉、司徒、司空，是汉代的三公，此时也全部保留；又加上了汉代并不是经常设置的、与太尉职权重叠的大司马、大将军并用。这正八公以外还有骠骑、车骑、卫将军、伏波、抚军、都护、镇军、中军、四征、四镇、龙骧、典军、上军、辅国等大将军，左、右光禄大夫等都是所谓的“从公”，这些基本上均是司马炎为安排旧臣而因人设置的官职，平时没有什么事情可做，但是，却是十分显赫，属官众多，据《晋书·职官志》的记载，这些公以及开府地位为从公的，有长史、西东阁祭酒、西东曹椽、户仓贼曹令史、御属阁下令史、西东曹仓户贼曹令史、门令史、记事省事令史、阁下纪事书令史、西东曹学事各一人，并给虎贲二十人。如果这些公还有军职的话，还另外增加司马一人，从事中郎两人，主簿、记室都各一人，舍人四人，兵曹、铠曹、士曹、营军、刺奸、帐下都督、外都督、令史各一人，同时，司马下面还有类似长史一类的属官，从事中郎也给侍从二人，主簿、记室都给侍从一人。如果这些公是持节的都督的，另外再增加参军六人，其他属官根据战争规定增加相应的护卫。特进和光禄大夫也有相应的属官。另外，尚书机关也从曹魏明帝时的二十五个部门，猛增为三十五个。地方上，在司马炎统一中国以后，将全国划分为十九州，一百七十三个郡，远远超过了两汉时期的州郡数，而与此相对应的是，西晋的登记人口却与两汉时期无法相比，比如，在太康三年，全国登记的民户为三百七十七万，只相当于东汉一百四十五年登记户口的三分之一多点。

三是九品中正制的走样。此点我们已经说过，不再赘述。唯一补充的是，九品中正制到了后期，中正直接操纵选拔官员，而中央组织部门只成了橡皮图章。

四是分封诸王。不少人认为，西晋亡国就亡在了分封诸王上了，不过，仔细考察历史，我们发现，西晋的王国地不过一郡，诸王并未君临其国，王国的国相（后改为令史）都由中央任命，和太守没有什么差别，《晋书·地理志》记载了王国置军的规定，但是，在泰始年间一直到咸宁二年长达二十年的时间里，王国似并未置军。因此，当时的人都以为此种分封并不能起到屏护中央的作用，据《晋书·段灼传》《刘颂传》，段灼、刘颂的上书中就可见一斑。段灼称："诸王宜大其国，增益其兵，悉遣守蕃。"刘颂称：诸王"君贱其爵，臣耻其位，莫有安志。"对照史实，比如，在咸宁三年，诸王被逼迫离开洛阳的时候，都是"涕泣而去"，王国的属官也都是高门大族不屑去做的，例如，秦王司马柬的属官李含、赵王司马伦的属官孙秀等等，都是出身寒微之人。因此，分封诸王，并不是像一些人想象的那样对于西晋亡国产生了多大的影响。而真正产生影响的似乎在于诸王出镇，像西晋那样重用宗室诸王，绝不见于汉唐，终司马炎泰始年间，豫州、邺城、雍凉、徐州、青州、兖州、沔北、扬州等都督区，诸王都督的常有四五人，几乎占到都督人数的一半之多；到晋武帝的晚年，宗王都督竟达六人，〔分别为都督豫州诸军事的司马肜、都督邺城（冀州）的司马伦、都督雍凉的司马柬、都督青徐的司马晃、都督扬州淮南的司马允以及都督荆州的司马玮〕超过了都督总数的一半。尤其是豫州、冀州、雍凉和青徐这四大军区，基本上长期为司马氏诸王所盘踞，比如雍凉和邺城从未有外姓大臣都督。然而，可笑的是，恰恰是这些地区，也是最先动乱、动乱得最惨烈的地区。这不能不说明：西晋由治到乱，宗王充当大军区司令，进而宗王兴起大乱，才是根本原因，而与分封诸王关系甚微。真正掀起波澜的还是那些个领兵的宗室大王，而那些无兵无权的小王们其实是起不了什么作用的。

五是西晋兵制。西晋军队大致可以分为三部分：一是中央军；二是地方州郡兵；三是王国军队。兵员来自世代为兵的人家，当然，到了西晋后期，战乱频仍的时候，兵民合一，又有所谓的“义从”，就不局限于兵家了。中央军有数十万之众，承担拱卫京师、守卫边境等重任。州郡兵负责地方治安，但在武帝平吴以后，就被裁撤掉了，但是，当战乱来临以后，地方武装又一次被组建起来，地方官又带起了部队，即所谓的“刺史领兵”，最终形成地方军阀，削弱了中央对地方的控制力，这一点在东晋时期更为明显。再者就是王国的军队，整个西晋共分封了五十七个王，粗略计算下来，王国军队的总数当在二十万以内，是一支不小的力量，不过，这支力量分属于五十七个王，并非一支统一的力量。在武帝裁撤了州郡兵以后，这支力量在地方上的作用就凸显了出来，成了诸王尔虞我诈、争权夺利的工具。

二九四　经济基础

东汉末年的战乱对社会生产和人民生活带来的灾难是巨大的，曹魏时期的很多大臣比如杜恕、蒋济、陈群等都曾经说过，当时的全国人口还不如汉朝时期的一郡那么多，比如，杜恕就说，南阳郡在东汉时期就有五十三万户，二百四十四万人，而此时曹魏全国编户才六十六万户，四百四十三万人。西晋建国以后十五年，即到了晋武帝咸宁五年，国困民穷的局面仍然没有得到改观，正如《晋书·傅咸传》傅咸指出的那样，“诚由官众事殷，复除猥滥，蚕食者多，亲农者少也。”“公私不足，由设官太多，……当务之急，在于并官息役，上下务农而已。”

晋武帝泰始四年就正式颁布了户调之令，在田租以外征收的布帛。到太康元年，晋武帝平吴以后，又颁布了占田课田制和户调之式。这些我们在前面都曾经简要介绍过，在此不再赘述。田租和户调都属于正税，按道理说，除了正税以外，就不应该再向人民群众征收其他的赋税了，但是，其实，有晋一代，还有很多名目繁多的杂税，如珠税、鱼税等等。

除了赋税以外，老百姓还要负担劳役，一是力役，根据汉人郑康成的解释，所谓的力役就是“治宫室、城郭、道渠”之役。二是运役。由于这段时期战争频仍，群众负担的运输劳役也十分沉重，即使在西晋时期，也并没有多少减轻。三是兵役。西晋时期，除了兵户以外，兵源还有来自编户中征召和招募的兵，《晋书·傅咸传》中傅咸所说：“加以服役为兵，不得耕稼，当农者之半。”足以为证。到了西晋末期，更是不分什么兵户不兵户了，如《王弥传》中记载王弥等人攻陷魏郡等地，将所有人都“调为军士”。四是吏役。在魏晋时期，名为统治阶级的吏，其实成为一种劳役。因此，吏也经常与士卒并称，如“吏士”“吏卒”“武吏”等等。五是杂役。即是说工匠服的那些各种各样的劳役。

魏晋时期的高官豪族，之所以能够穷极奢侈，就在于这种巧取豪夺。汉代的田租额度，大多为十五税一，或者三十税一，但是，到了魏晋时期，就增加为“以十税五六为常”，如，《晋书·傅玄传》记载：傅玄在泰始四年上书称：“旧兵持官牛者，官得六分，士得四分；自持私牛者，与官中分。施行以来，众心安之。今一朝减持持官牛者官得八分，士得二分；持私牛及无牛者，官得七分，士得三分。人失其所，必不欢乐。”关于租调制度在魏晋时期的发展和变化，十分复杂，大致脉络是：在曹操平定袁绍以后，确立了按亩收租四升田租、每户出绢二匹、绵二斤的定额制做法，虽然如此，在实际征收过程中，也根据贫富的差别浮动。《三国志》就曾经记载，在曹操做司空的时候，县令将曹操家应缴纳的户调与曹洪家定为一样，曹操就提出异议，说：“我家哪得如子廉耶？”意思是说曹洪家比自己家富裕，应该多出。到了晋代，根据《初学记》引用《晋故事》记载：“凡民丁课田，夫五十亩，收租四斛。”同时，又实行“九品相通法”对一个地区户调总数，按照区域内民户财富情况，让财产多的多出，财产少的少出。

西晋建立以后，统治者还是比较留心农事的，主要采取的措施有：一是率先垂范。如泰始四年，晋武帝亲耕田，并颁发劝农诏书；第二年，又赏赐劝农有功的地方官员。二是鼓励引导。在平定吴国以后，晋武帝鉴于北方地广人稀的现状，鼓励吴蜀人士来北方生活，宣布给予免除二十年徭役的优待。三是兴修水利。如《晋书·食货志》记载，杜预咸宁三年上书，称：“今者水灾，东南特剧。……宜发明诏，敕刺史二千石，其汉氏旧陂旧堨及山谷私家小陂，皆当修缮以积水。其诸魏氏以来所造立，及诸因雨决溢蒲苇马肠陂之类，皆决沥之。”再如，杜预在平吴以后，在襄阳、南阳地区组织人力引水灌田，恢复生产。四是增加农业人口。为了增加帝国的人口，西晋政府下令凡是超过十七岁的女孩子没有出嫁的，就由官府代为给找婆家。然而，西晋时期的农业科学却比较衰微，据《隋书·经籍志》记载的五种农家书：《汜胜之书》《四人月令》均为汉人所作；《齐民要术》为北魏贾思勰所作；其他两本书《禁苑实录》和《春秋济世六常拟议》尚无法知道著述年代。

西晋统治时间不长，工商业有一定程度的发展。根据史书记载，当时的丝织品已经有了绫、绮、纱、锦等不同品种；从考古发现上，也能印证西晋的陶瓷制造业也达到了较高的水平；王濬在益州造船伐吴，所造大船可容纳二千人，上可走马，从这可以看出，当时的造船技术也是比较高的。从史书上记载的一些达官贵人因经商而致富上来看，当时的商业也是很发达的，《晋书·义阳王司马望传》称："望性俭吝而好聚敛，身亡之后，金帛盈溢，以此获讥。"而说到他的儿子司马奇的时候，称"亦好畜聚，不知纪极，遣三部使到交广商货，为有司所奏，" 在记载石崇的时候，称其"在荆州，劫远使商客，致富不赀"。描写与王恺斗富的时候，称其"命左右悉取珊瑚树，有高三四尺者六七株，条干绝俗，光彩曜日"，其有那么多的珊瑚树，这些都说明了当时的商业也比较发达，对外的交往也是相当频繁的。

二九五 社会生活

婚姻制度：

一是明嫡庶之别。《晋书·武帝本纪》记载："嫡庶之别，所以辨上下，明贵贱。而近世以来，多皆内宠，登妃后之职，乱尊卑之序。自今以后，皆不得登用妾媵以为嫡正。"说的是，对于正妻即使去世以后，也不能以妾升为妻。

二是婚礼的沿革。根据中国古代的礼仪规定，婚礼不举乐、亲朋好友不来道贺。对此，《礼记》有明确的记载。至于婚礼作为大喜事，为什么不让道贺、不举乐？《礼记·曾子问》上说："孔子曰'嫁女之家，三夜不息烛，思相离也。取妇之家，三日不举乐，思嗣亲也'。"《白虎通·嫁娶》也称："嫁女之家，不绝火三日，思相离也。娶妇之家，三日不举乐，思嗣亲也。感亲年衰老，代至也。"但是，到了魏晋南北朝时期，虽然政府有禁止的规定，但是，民间却"嫁娶之辰，多举音乐"。

三是婚姻自由之风未泯。这一点，我们从《晋书·王濬传》中徐邈让自己的女儿挑选王濬为夫、从《贾充传》中看贾午私通韩寿、从《潘岳传》中妇女连手萦绕潘岳等等，可以想见当时女性的自由。同时，妇女离婚、改嫁也是不少见。《抱卜子·疾谬篇》称："今俗妇女，休其蚕织之业，……舌中馈之事，修周旋之好，……或宿于他门，或冒夜而返。游戏佛寺，观视鱼畋；登高临水，出境庆吊。"虽多指东晋以后的事情，但是，似乎西晋时期，妇女所受的禁锢也并不多。

四是广罗姬妾。对于骄奢淫逸的贵族，不仅多养妻妾，而且还喜欢男色。据《晋书·五行志》记载："自咸宁太康以后，男宠大兴，甚于女色，士大夫莫不尚之，天下相仿效，或至夫妇离绝，怨旷妒忌者。"

五是妇女在家庭中不讲敬夫的礼节。如《世说新语》称：（王戎）王安丰妇，常卿安丰，安丰曰："妇人卿婿，于礼为不敬，后勿复尔。"妇曰："亲卿爱卿，是以卿卿。我不卿卿，谁当卿卿？" 又据《晋书·列女传》记载："王浑妻钟氏，字琰，……既适浑，生济。浑尝共琰坐，济趋庭而过，浑欣然曰：'生子如此，足慰人心。'琰笑曰：'若使新妇得配参军，生子故不翅如此。'参军，谓浑中弟沦也。"

门阀制度：

魏晋时期，犹重门阀。归根结底来源于九品选人法。据《晋书·张华传》的记载，以张华如此大才，仍然不免自恃大族的荀勖的嫉妒，更毋宁说他人了。当时的高门大族不仅不服劳役，而且，在车马衣服等诸多方面，与士庶相比，都享有特权。

一是车马衣服不同。庶族不能穿紫绛色的衣服，不能带锦绣的头巾。《晋书·良吏传》记载：（王宏）"太康中，代刘毅为司隶校尉，检察士庶，使车服异制。"到五胡十六国的苻坚时期，更是严刑峻法，穿错了衣裳，就要弃市。

二是平时高门与庶人不同处。《晋书·陶侃传》就记载，豫章国郎中令杨晫，因为欣赏陶侃，而与之一起去见中书郎顾荣。吏部郎温雅就曾经嘲笑杨晫，说，你为什么要和小人坐一个车子？《晋书·郗鉴传》记载："邑人张实先求交于鉴，鉴不许。至是，实于午营来省鉴疾，既而卿鉴。鉴谓实曰：'相与邦壤，义不及通，何可怙乱至此邪！'"不过，也有寒微之人不屑于攀龙附凤的，比如《晋书·李含传》中记载，李含就拒绝了与关中豪族皇甫重之弟皇甫商交友。总之，西晋各个阶层之间鸿沟很深。

三是高门与庶人不通婚。

由于自己的血统是如此重要，因此，在这个时期，就有人虚构自己的家谱，为了严明士庶的区别，政府对于家谱也开始了干预。比如，据《晋书·挚虞传》记载："虞以汉末丧乱，谱传多亡失，虽其子孙不能言其先祖，撰《族姓昭穆》十卷，上疏进之，以为足以备物致用，广多闻之益。"到了后来，谱牒成为一门专门的学问。

社会阶层：

除了高门大族等特权阶级以外，还有一种特殊的阶层：豪右。

在魏晋南北朝时期，由于社会动乱，这一阶层对于社会危害很大，一般而言，这些人都不尊王法，危害一方，其实就是今天所说的黑社会。如《晋书》记载的刘颂、戴渊、皇甫重、麹允等人即是。

最下层的当属奴婢。奴婢分为官奴与私奴。官奴在战时来源于俘虏，平时来源于罪人。私奴往往是因为贫穷而自卖为奴。晋惠帝元康七年，因为关中大饥，一斛米价值万钱，朝廷只好下命令，不再禁止骨肉之间相互买卖了。《晋书·忠义传》也记载，后来做到刘汉帝国太傅的王育，在年少的时候，因为是贫穷的孤儿而为他人放羊谋生，每有空闲时间就学习写字，由于太投入，放的羊给弄丢了，王育没有办法，也曾想把自己卖掉换钱还羊债。贵族可以有奴婢成百上千，如西晋的石崇，有苍头八百人；私奴也可以被主人免除奴婢的身份，而成为平民。如《晋书·熊远传》记载，熊远的爷爷就曾经是石崇的苍头，性格廉洁正直，受到潘岳的赞赏，劝石崇将其免除奴婢身份，放还老家。

比奴婢身份较高的尚有部曲、门生等，不一一叙述。

二九六　日常饮食

食物：

一是主食。

北方人种麦，南方人种稻。小麦的做法有汤饼、蒸饼、馄饨等。汤饼是面片汤的意思，就是把面和好往锅里撕片，技术高的可以把面片撕得很薄，就像束皙的《汤饼赋》描绘的那样“弱如春绵，白若秋绢。”蒸饼就类似今天的馒头，《晋书》记载，何曾只吃那种松软的开成十字裂纹的馒头，这似乎能够证明当时古人已经掌握了发酵的技术，并用之于蒸饼中。除了麦以外，北方地区，还有粟和菽（大豆）作为辅助性主食。

南方人以吃米为主。

二是副食。

猪、马、牛、羊、鸡、狗是我国古代肉食的六畜。北方吃牛羊肉，喝奶酪。南方人喜爱吃鱼等海产品。做法上可以说“脍炙人口”，大致可以形容：南方的脍，就是吃生鱼片；北方的炙，就是烤肉串。吃起来都十分鲜美。当然，随着民族融合的不断加强，到了泰始以后，又出现了一种叫“羌煮貊炙”的做法，《晋书·五行志》记载：“泰始之后，中国相尚用胡床貊槃，及为羌煮貊炙，贵人富室，必畜其器，吉享嘉会，皆以为先。”简单地说“羌煮”就是从羌人那里传来的涮羊肉，“貊炙”就是从东胡人那里传来的烤全羊。而南方吃鱼也不仅仅是生吃鱼片，还将其或做成鱼干，或腌成咸鱼。除此之外，根据《齐民要术》的记载，人们还会做出各种各样的菜羹和肉羹。同时，在调味品方面，有甜酱、酱油、醋等。

当时，人们已经比较喜欢饮茶，最先记载于正史中的，当属《三国志·吴志·韦曜传》，开始的时候，茶被称作荼，郭璞在注释《齐民要术》论荼时，称："今呼早采者为荼，晚取者为茗。"《日知录》称荼字到了唐代才变作茶。根据《广志》的记载，此时人们喝茶的方法是把茶叶碾碎，加上油膏，团成茶团，饮用的时候，把茶团捣碎，在加上葱姜之类，煎熬。饮酒，就更不用说了，当时的人们都比较喜欢饮酒，主要是米酒，还有比较珍贵的来自西域的葡萄酒等。

三是饮食文化。

这一时期，贵者、老者才吃肉的遗风仍然存在，不过，根据《隋书·地理志》的记载，梁州人"虽蓬室柴门，食必兼肉"，可谓属于特例，一般人家吃饭不过盐菜，《晋书·皇甫谧传》记载，他的姑家表兄弟梁柳当官以后，有人劝说皇甫谧以酒肉送行，皇甫谧回答："过去的时候，梁柳来我家，我送迎不出门，招待也不过是盐菜。贫穷的人家不一定非要有酒肉才作为有礼……"从皇甫谧的这段话里可以看出，贫民招待客人也不过是盐菜而已。同时，这一时期也是中国古代的两餐制和分餐制，逐渐向现代的三餐制和合餐制过渡的一个重要时期；西晋高门豪族的穷奢极欲，从一个方面促进了饮食文化的发展，使得中国的饮食趋于精细，也促使了这一时期出现了大量关于饮食的书籍。

舆服：

古代的车，乘车人立于车上，叫作立车，又叫高车；乘车人坐在车上的，叫作安车。根据《周礼》，只有王后才有安车，即使是王也没有安车，所以，即使是王坐车也不是坐车，而是立车。汉代以后，皇帝才有安车。有十种颜色的安车，称为五帝车。《晋书·舆服志》还记载了皇帝以及社会上不同种类的车达几十种。

魏晋时期的冠也分很多种，都记载有不同的式样。而中国古代阴阳家认为，对于奇装异服都代表着一定的预兆，因此，《晋书·五行志》对于怪异的服饰专门设一章，叫作"服妖"，也正是因为此，使得我们对西晋时期的不同阶段的衣服变化有了一定的了解。其上记载：在西晋初年，人们的衣服上面窄小，下面宽大，说明君主虚弱，臣下放纵。开始的时候，人们的木屐，妇人穿的前面是圆的，男子的前面是方的。圆者顺之义，所以别男女也。到了元康年间，男女木屐的前面都是方的，不再有区别；同时，士大夫竞相以拄杖行走为风尚。到永嘉年间，妇女束发，束得很舒缓，以至发都披散在前额上，仅仅能看到眼睛而已。

根据史料和出土的陶俑、壁画可以看出，魏晋时期士人大多以宽衣博带为时尚，而一般妇女日常所服，主要为衫、袄、襦、裙等，也是上俭下丰，上身紧身，袖口肥大，下身裙长拖地，下摆宽大，飘逸，传世的顾恺之所作的《洛神赋图》上的洛神的衣着就集中体现了这一特色。

二九七　文化艺术（一）

西晋王朝存续仅仅五十余年，在帝国的中后期，又发生了“八王之乱”“永嘉之乱”和“建兴之乱”，虽然如此，其在文化艺术上仍然对中国历史作出了独特的贡献，显示出与众不同的魅力。

最引人瞩目的，当属盛行一时、影响深远的西晋玄学。玄学我们过去曾经较为详细地介绍过，需要补充的是，西晋玄学主要对《老子》《庄子》《易经》这三部著作，进行深入的研究。按照今人对于西晋玄学的研究，大致可以分为三个阶段：即正始时期以何晏、王弼为代表的正始玄学，这是魏晋玄学的起始，主要是崇尚“无”；第二阶段为嵇康、阮籍的竹林玄学，从正始玄学的关注宇宙问题，回归到自然和人的自我精神，体现出对人的生命的深切关怀；第三个阶段为郭象“独化论”玄学，是对西晋时期玄学的总结，力图将名教与自然结合起来，使国家政治复归于原始的和谐。此外，西晋玄学在东晋时期仍然还有进一步的发展，并与佛学相互结合，丰富了中国的思想文化内涵，玄学对于这一时期的社会风气、价值取向、思想认识等等产生了深远的影响。

第二是西晋文学，两晋南北朝文学是文字靡丽的时代，西晋时期尚不太明显，不过，在当时的人看来，“以诸葛亮之综事经物，而人或怪其文采不艳”，这也是一个时代的风尚使然。这一时期的代表就是所谓的“太康诗人”，主要是指：钟嵘《诗品》中称的三张（张载、张协、张亢，另一说：张华、张载、张协）、二陆（陆机、陆云）、两潘（潘岳、潘尼）和一左（左思）。相比之下，作为“太康之英”的陆机的诗文成就还是高一些，但是，个人倒是偏爱左思的《咏史诗》，尤其喜欢他的第二首：“郁郁涧底松，离离山上苗。以彼径寸茎，荫此百尺条。世胄蹑高位，英俊沉下僚。地势使之然，由来非一朝。金张藉旧业，七叶珥汉貂。冯公岂不伟，白首不见招。” 第五首：“皓天舒白日，灵景耀神州。列宅紫宫里，飞宇若云浮。峨峨高门内，蔼蔼皆王侯。自非攀龙客，何为欻来游。被褐出閶闔，高步追许由。振衣千仞冈，濯足万里流。”第六首：“荆轲饮燕市，酒酣气益震。哀歌和渐离，谓若傍无人。虽无壮士节，与世亦殊伦。高眄邈四海，豪右何足陈。贵者虽自贵，视之若埃尘。贱者虽自贱，重之若千钧。”感情真挚，直抒胸臆，语言质朴，风骨峻拔，抒发了诗人不甘与世沉浮、不愿趋炎附势而又报国无门的复杂心情。另外，张华的《情诗之三》：“清风动帷帘，晨月叹幽房。佳人处遐远，兰室无容光。襟怀拥虚景，轻衾覆空床。居欢惜夜促，在戚怨宵长。拊枕独啸叹，感慨心内伤。”表达的情感完整而又细腻，个人也比较喜欢。除此之外，就是竹林七贤中的阮籍和嵇康的诗文，前面已经说过，不再赘述了。

第三，就是西晋的史学。西晋史学的最高成就，当属陈寿的《三国志》。陈寿，字承祚，是巴西安汉人。年少之时，拜同郡谯周为师，仕蜀为观阁令史。谯周曾经对陈寿说过：“你肯定会以才学成名，但是，人生要受到挫折，不过，这也未必不是好事。”从《晋书·陈寿传》的记载，可以看出陈寿为人还是比较正直的，当时的蜀国，宦官黄皓一手遮天，大臣们都对其曲意依附，但是，只有陈寿不曾在黄皓面前屈服。《三国志》叙事简洁，语言质朴，剪裁得当，在唐代编纂《隋书·经籍志》的时候，就被列为正史的“四史”。《三国志》成书以后，得到了当时人的赞赏，夏侯湛当时正著《魏书》，看到《三国志》以后，就不再写下去了；张华看到以后，也十分赞赏，并对陈寿说：“将以撰写《晋书》这个重任交付给你。”在汉代，史官在东观，到了魏晋，设置的著作郎，或隶属于中书，或隶属于秘书。因此，张华就将陈寿推荐为中书郎，而当时的中书令是荀勖，他是张华的死对头，就指示吏部将陈寿远调为长广太守，陈寿辞而不去。不过，即便如此，根据刘勰的《文心雕龙·史传篇》中讲，荀勖也认为陈寿为迁、固之才。对于陈寿和《三国志》，历来褒贬不一。第一，父丧丸药婢女事。就是在蜀国的时候，父亲去世，在守孝期间，陈寿有病，在陈寿的房间人们发现有丸药的婢女——这也许在暗示陈寿居丧期间，亲近女色，因此，一直受到乡党的评议和指责。第二，求米做佳传。《晋书》称，陈寿曾经问丁仪、丁廙之子要千斛米，其子不给，所以，就没有给二人立传。其实，二人也在可立不立之间。第三，对诸葛亮父子的评价。《晋书》说陈寿因为其父在马谡手下做参军，马谡被诸葛亮杀掉，陈寿的父亲也被处以髡刑，所以，陈寿对诸葛亮父子的评价不高。其实，对照《三国志》的原文，《晋书》的说法根本是无中生有。第四，对司马氏篡权之事多有曲笔。因为，陈寿依据的曹魏历史多是那位背叛高贵乡公的王沈所著的《魏书》，加上当世人写当世事，也在所难免。第五，不以母亲归葬。惺惺惜惺惺，在杜预去荆州上任以前，又向司马炎推荐了陈寿，陈寿被任命为御史治书，可是好景不长，陈寿的继母（据《华阳国志》记载）不愿意归葬四川，所以，陈寿就将继母葬在了洛阳，因此，遭到贬议罢官。元康七年（公元297年），因病去世，享年六十五岁。不过，《三国志》也还是有些遗憾的：一是没有志和表。二是有些地方过于简略，没有后来裴松之的注引，很多事情的来龙去脉就不太清晰。

另外，张华《博物志》多记载奇闻趣事，别具一格；杜预的《春秋左氏经传集解》是现存最早的对左氏春秋的注释，具有很高的史学价值。

二九八 文化艺术（二）

书法艺术。

魏晋南北朝时期，是中国书法艺术最为辉煌的年代，此时，隶书、楷书、草书、行书交相辉映，涌现出不少书法大家，也出现了很多重要的书法理论著作。

当时，在社会上通行最广的当属隶书。今天能见到的西晋比较著名的隶书碑刻有：《郛休碑》（泰始六年，公元270年），康有为认为此碑书法“朴厚古茂，奇姿百出，与魏碑之《灵庙》《鞠彦云》皆在隶楷之间，可以考见变体源流”；《任城太守孙夫人碑》（泰始八年，公元272年）；《皇帝三临辟雍碑》（咸宁四年，公元278年）；《齐太公吕望表》（太康十年，公元289年），清人刘熙载以为此碑与《孙夫人碑》皆“为晋隶之最”。

章草萌生于汉代，西晋是章草盛行的时期，著名的有卫瓘、索靖和陆机，章草的著名作品有卫瓘的《顿首州民帖》，索靖的《月仪帖》《出师颂》和陆机的《平复帖》等。目前，中国存世的最早的也是最可靠的真迹书法名帖，就是西晋时期的陆机的《平复帖》，被视为稀世珍宝。

在书法理论上，卫瓘之子卫恒所作的《四体书势》较为著名。

科学技术。

一是地图学。司空裴秀在西晋初年，组织大量人力物力，对西晋十六州的山川、城池、交通等进行了较大范围的普查，并据此绘制出了十八幅地图，总称为《禹贡地域图》，这是中国有文字记载的最早的地图集，可惜的是，已经佚失了。

二是音乐。荀勖是西晋著名的音律家，虽然为人品性圆滑，但其人对于音律堪称天才。《晋书》记载了他这方面两件事情，很有趣：很早的时候，荀勖出行路上听到赵国的商人车上的牛铃声，就记了下来，后来，他掌管音律部门以后，在调试音韵的时候，总感觉不和谐，就说："能得到赵国的牛铃声，就好了。"于是，就让郡县送来了各种各样的牛铃铛，果然找到很合适的。《世说新语·术解》还记载一件事情："荀勖尝在晋武帝坐上食笋进饭，谓在坐人曰：'此是劳薪所炊也。'坐者未之信，密遣问之，实用故车脚。"其后人们用"食辨劳薪"，来形容一个人的见微知著、识见卓越。荀勖制成了发音准确的新律笛十二枚，被后世称为荀勖笛律或者叫泰始笛律。泰始笛的制作无论是音律学、乐器声学，还是在竖笛制作工艺方面，都居于当时世界的领先地位，也表明了荀勖在音乐声学上取得的巨大贡献。

三是医学。说到西晋医学，不得不说到两位：一位是皇甫谧，另一位是王叔和。皇甫谧是安定朝那人，是东汉太尉皇甫嵩的曾孙，从小跟着叔父迁居到新安生活，不喜读书，整天游荡，弄来瓜果给婶子吃，婶子哭着说："你年到二十还整日游荡，拿这些无从安慰我。"自叹道："你修身笃学，自己得好处，与我又有什么呢！"由此，皇甫谧感激发愤，折节苦读，手不释卷，被人称为"书淫"，成为一代大师，号玄晏先生，张轨等人都是他的门生，由于自己得了风疾，皇甫谧又钻研针灸，完成了《针灸甲乙经》，十二卷的《针灸甲乙经》，共收录穴位名三百四十九个，比《黄帝内经》多一百八十九个，逐一明确了穴位的归经和部位，介绍了上百种病症及针灸治疗经验，并对五脏与五官关系、脏腑与体表器官关系、津液运行，甚至是精神状态、音乐对内脏器官的影响等诸多问题都作了深入的研究，奠定了中华针灸学的理论基础，对针灸学的发展作出了不可磨灭的贡献。王叔和官至太医令，编撰了我国第一部系统的脉学专著《脉经》，共计十卷，总结发展了西晋以前的脉学经验，将脉的生理、病理变化类列为脉象二十四种，使脉学正式成为中医诊断疾病的一门科学。

术数。

相术在当时社会已经比较流行。关于这方面的记载，在《晋书》上比比皆是。比如，据《晋书·裴秀传》的记载，司马炎在没有被父亲司马昭立为世子的时候，曾经对司马昭的宠臣裴秀说："人有相否？"把自己的超长手臂和超长头发让裴秀看，自此，在裴秀等人的坚持下，司马昭才没有立司马攸为世子。再如，《晋书·陶侃传》记载，在陶侃还没什么名气的时候，遇到一位懂得相术的术士，对他说："您的左手中指上面有垂直的手纹，能够做到三公。如果手上的竖纹能够一直到手指尖的话，那就贵不可言了。”陶侃心存非望，就用针把那条纹往上挑，想让手纹通到手指尖，但是，把手挑破流血，陶侃把鲜血用手一甩，甩到了墙壁上，墙壁上的血迹还是一个“公”字。《晋书·赵至传》也称，嵇康对赵至说：“卿头小而锐，童子白黑分明，有白起之风矣。” 另外，《世说新语》有一篇就是《容止》，就是专门赞美人的容貌和风度的，不过，这里多是从审美的角度赞叹名士们的风范，又与相术相似但又迥异了。除了相术以外，还有望气之术，如《晋书·隐逸传》和《艺术传》中分别记载鲁胜和台产懂得望气之术，可以预知来年的吉凶；还有卜筮之术，如《晋书》记载郭璞“妙于阴阳算历，有郭公者，客居河东，精于卜筮，璞从之受业。公以《青囊中书》九卷与之，由是遂洞五行、天文、卜筮之术，攘灾转祸，通致无方，虽京房、管辂不能过也。璞门人赵载尝窃《青襄书》，未及读，而为火所焚”。相墓之术，如《晋书·羊祜传》记载，有术士看到羊祜家的祖坟，说当出折臂三公，后来，羊祜果然因为骑马摔断了胳膊，并位列三公；另有相物之术，如《晋书·王祥传》称当初吕虔曾经有一把佩刀，术士们说佩带这把刀，将位至三公，吕虔将刀送给了王祥，等王祥临死的时候，又把这把刀送给了弟弟王览，并说：“汝后必兴，足称此刀。”王览一共六个儿子，王裁、王基、王会、王正、王彦、王琛。其中，王导就是老大王裁的儿子，王敦就是老二王基的儿子，王舒是王会的儿子，王廙、王彬是王正的儿子，而王羲之就是王正的孙子等等。王家在东晋可谓是人才辈出，具有很大的影响力。

二九九 宗教信仰

西晋时期，佛教的发展最为引人注目。佛教传入中国的时间，正如《隋志》上说的那样，“推寻典籍，自汉以上，中国未传。或云久已流布，遭秦之世，所以湮灭。”可见，在隋唐时期，就此问题，就一直有两种说法，一种是认为在汉代以前，佛教没有传入中国，根据赵朴初居士的《佛教常识答问》称，公元前二年，大月支国原居我国甘肃的一个强盛的少数民族西迁中亚后建立的国家国王的使者伊存到了当时中国的首都长安（今西安），他口授佛经给一个名叫景卢的博士弟子。这是中国史书上关于佛教传入中国的最早的记录。而另外一种说法，也一直存在，那就是，在先秦以前，佛教就已经传入了中国，只是因为秦王朝的采取法家严酷的统治，才没有得以保存下来。具体而言，据朱士行《经录》及《白马寺记》，是说在印度阿育王约公元前272—前226年在位的同时，即秦始皇公元前246—前210年在位时代，已有印度的沙门室利房等十八人来到我国咸阳。因为，阿育王在位时期，曾经举行第三次结集，其时约在公元前250年，会后，曾经派大德赴各国传教，因此，前来中国也不是没有可能。另外，据日本的羽溪了谛的《西域之佛教绪论》也称，欧洲学者称在公元前425—前375年，自爱莉诺亚海到中国的山东、浙江沿海地带的贸易，曾经被印度人所掌握。晋王嘉的《拾遗记》也曾经记载，在公元前305年，燕昭王曾经接见过来自身毒国的使节。并且，在我国古代《吕览》《淮南子》等典籍里，也记载了很多海外的荒诞不经的事情，如果纯粹是向壁虚造，似乎也不太容易。因此，在我国春秋战国时期，海外贸易不是没有可能，佛教随着海外贸易的发展传入中国，似乎也是可能的。

到东汉时期，又有了汉明帝夜梦金人，迎佛之说。史料记载，东汉明帝曾经梦见了一尊金人飞过宫殿，并问傅毅是什么，傅毅说那是佛，于是，明帝于永平七年（公元64年）派遣郎中蔡愔、秦景等使者十二人前往西域访求佛法，并于公元 67年，带回了两位印度的僧人迦叶摩腾和竺法兰回到洛阳，带回经书和佛像，开始翻译了一部分佛经，相传就是现存的《四十二章经》，并在首都建造了中国第一个佛教寺院，就是今天洛阳白马寺。自此，佛教已经作为宗教，得到了政府的承认崇信，后来，在张衡写的《西京赋》就提到“桑门即沙门”，可见那时佛教僧徒的存在已开始成为引起文人学士注意的社会现象了。汉章帝的时候，楚王刘英以崇敬佛法而知名，三国时期，吴国大帝孙权对佛法也很崇信，并曾经在武昌建昌乐院、宝宁院等佛寺，在建业建建初寺。曹魏后期（《历代三宝记·年表》记载为曹魏甘露五年，也是曹奂的景元元年，公元260年），朱士行出家为僧，成为汉人出家的第一人，朱士行法号八戒，出家以后，就西行西域取经，在于阗翻译《大品般若经》，并想让弟子弗如檀将经文送回国，但是，当时，在于阗处于统治地位的是小乘佛教，因此，国王不许弗如檀出国。传说，朱士行以烧经为誓，说：“若火不焚经，则请国王允许送经赴汉土。”说完，将《大品般若经》投入火中，神奇的是，火焰即刻熄灭，整部经典完好无损，二十年后，此经才被弗如檀于晋太康三年（公元282年）送回洛阳，并于晋惠帝元康元年转至陈留（今河南开封东南）水南寺，由无罗叉、居士竺叔兰等人译成汉文，取名为《放光般若经》，而朱士行却以八十岁高龄终老于阗。

到了西晋末年，由于战乱频仍，人们朝不保夕，佛教思想更是被广大群众所接受。同时，本来玄学是无神论的，追求一种自然的精神境界，与佛教各不相同，但，佛教的空无与玄学的虚无有了一定程度的共鸣，同时，佛家为了消除士大夫们的排斥心理，主动与玄学靠拢，以士大夫的玄学比附佛学，就是所谓的“格义”，于是，佛教的义理和思辨，与晋代崇尚思辨的玄学相互影响，相互吸收，尤其是到了东晋以后，出现了很多跻身社会名流的高僧，如支遁等人，促进了佛教在上层士大夫中间的影响。在北方，佛教知名高僧如佛图澄等人与石勒政权结合，利用神奇的法术逐渐取得石勒的信任，取得了崇高的地位，另外，对于北方少数民族而言，佛教的非本土化与他们具有天然的亲和力，如石勒就曾经说过，佛是戎神，我们也是戎人，所以，对佛教的流传并不反对，也使得佛教在北方得到迅速的发展。

佛教的发展并不代表着中国本土宗教的消亡。汉代发展迅猛的当属道教，

《太平经》、太平道和五斗米道都发生在东汉时期，不过，汉末的黄巾起义失败和张鲁政权的覆灭，太平道和五斗米道受到很大的打击，但是，这并不意味着自此消失了，相反，从晋代的史料上看，道教在山东等不少地区还有很大的影响力，如琅邪王家就世代笃信道教。

三〇〇　治乱之由

西晋灭亡的原因，固然很多，如今看来，也是仁者见仁，智者见智，各抒己见。通过研读这段历史，个人也产生了一些看法，具体如下。

一是，皇权旁落。在封建专制社会里，皇帝个人统治能力的高低，对于整个政局来说，具有举足轻重的作用。从这个角度而言，晋武帝司马炎立智力低下的儿子司马衷为帝，对于晋王朝的灭亡，也是难辞其咎的。北宋在得天下方面与西晋有些许的近似之处，当然，西晋是经过司马氏三代人的共同努力才取得政权的，并且，在西晋承接的是长期稳定、儒家思想确立统治地位的两汉，可以说，司马氏是用“钝刀”杀人；而北宋也是权臣从孤儿寡母手中篡夺的政权，不过，在五代十国那样一个政权更迭频繁的时代，社会思潮对此的抵制力也许相对会小一些，可谓是“快刀”斩乱麻的形式。即便如此，如果在宋太祖去世以后，所立的储君是一位类似晋惠帝司马衷一样的低能儿的话，大宋江山是否能继续存续下去，是否也会发生一次类似“八王之乱”的大规模动乱，以及发生异族入侵的事情，真的也很难说。而相反地，假如司马炎能够从帝国未来前途大义考虑，采取兄终弟及的办法，早点立政治经验丰富而且为众望所归的齐王司马攸为储君的话，从目前看来，也许西晋的国祚会延续的长久一些吧。

二是，贾后诛杀太子。并不是说太子顺利地继承了皇位，西晋帝国的国祚就会延续，相反，从史料对成年以后太子司马遹的描述来看，即便司马遹继位，也不一定能够承担起正处于内忧外患中的帝国的重任，让西晋王朝顺利地渡过敏感的“瓶颈”期。现在要说的是，贾南风在帝国政坛平静了三十五年以后，诛杀了太子，直接激化了诸王与皇后之间的矛盾，开启了“潘多拉”的魔盒，而连绵数年之久的内部纷争，也掏空了帝国的实力，为最终的败亡埋下了伏笔。

三是，诸王权重。过去，我们分析了西晋的分封诸王，并不是像我们想象的那样，每一个王都如何了得，并最终导致了西晋的灭亡。其实，真正的原因还在于诸王都督，担任都督的，那就局限于为数不多的那几位王爷了，我们应该把诸王领兵都督与分封诸王区别开来。正是因为诸王的出镇领兵，掌握一方的大权，才导致了诸王从地方而中央，干预政局，也使得“八王之乱”成为可能。如果诸王仅仅是分封到各地，没有成为大军阀的话，对中央政权的影响应该也是微乎其微的吧。

四是，社会矛盾。任何社会都有矛盾，关键是如何应对和妥善处理好这些矛盾，对于次要矛盾可以暂时置之不顾，但是对于主要矛盾，一定要及时处理。具体到西晋时期，影响到社会长治久安的主要矛盾和问题，突出的有二。一、门阀统治。即使在晋武帝时期，门阀政治已经显现出他的弊端：九品中正制被门阀世族所垄断，有为之士失去进身的希望；相反地，世族骄奢淫逸，杀人越货，广占土地，与国争利，大量给政府的交赋税的编户被高门世族所庇护，这种腐朽的门阀统治带领的社会矛盾是普遍的，在西晋末年的叛乱呈燎原之势，并不局限于异族，从这一点似乎就可以得到印证。当时的有识之士也都向晋武帝提出了社会改革的建议，但是，没有引起重视。二、民族矛盾。据史料记载，将并州的匈奴和南方的山夷被掠卖为奴的事情在当时应该是不少的，这可以说，是民族压迫的一个表现，另外，因缺乏劳动力和兵员而被从塞外或者偏远的山区请进关中、陇西、汉中等地区的羌氐族人，与当地的原居民之间的矛盾也时有发生。不过，虽然西晋的覆灭以异族占领的形式出现，但是，如果没有晋帝国的内乱，相信这些矛盾也无以激化，即使激化也极有可能被扑灭。最先发难的并州刘猛，虽然叛逃塞外，但是也被诛杀就是一个例证。即使是在帝国风雨飘摇之时，处于“先乱后服”的四川李特也险些被扑灭。从这一点来说，司马炎也无法逆料到在他去世十几年以后，帝国内部会发生那么惨烈的内斗，因此，对于江统等人的徙戎并没有高度关注，似乎也情有可原。我们无意苛求古人必须对被征服的异族以“国民”待遇，其实，在晋帝国对于并州的匈奴族也基本上是按照编户进行管理的，并征收比晋人要低的赋税，石勒的遭遇仅仅是在动乱中被司马腾为解决军粮而采取的暂时性措施，似乎不应作为晋朝政府对羯族的常态。不过，仅从帝国的安全考虑，起码在并州、司州地区要加强进一步的统治。从山西处于天下屋脊这一点上看，它东面可以出太行，下冀州，南面威胁首都洛阳，西面越黄河进关中，北面直接就与拓跋鲜卑接壤，对内，一个地方就能威胁三个方面，对外又相当于是边境地区，地理位置的重要性决定了不能不对该地区加强统御，但是，晋帝国做得并不好。从以后刘汉帝国的发展来看，虽然其实力并不雄厚，且缺乏雄主，但是由于占据了十分有利的地理位置，最终还是勉强攻陷了洛阳和长安，由此可以反证山西位置的极端重要性。而刘猛的叛逃行动也应该对当时的晋王朝敲响警钟，但是，可惜的是，对待山西地区的安全和如何进一步瓦解匈奴上层，晋帝国并没有拿出一整套切实可行的措施，以防患于未然。

除此之外，连年的自然灾害也起到了推波助澜的作用。一方面百姓在灾害面前为了活命，不得不卖掉亲人，而得不到及时的赈济；另一方面，高门大族依然花天酒地，纸醉金迷，滥杀无辜。这样的王朝，不灭亡，也难。